Michael Wessel

Üben – Proben – Karriere

12 Interpreten im Gespräch

D1727827

Michael Wessel ist Professor für Klavierspiel, Liedbegleitung und Methodik an der Hochschule für evangelische Kirchenmusik Bayreuth. Er studierte Klavier, Komposition, Tonsatz und Musikpädagogik an den Musikhochschulen Detmold und Stuttgart und war u. a. Schüler von Helmut Lachenmann, Elisabeth Leonskaja, Jürgen Uhde und Karl Heinrich Ehrenforth. Während seines Studiums bei Lachenmann war er Stipendiat der Graduiertenförderung des Landes Baden-Württemberg.

Sein Repertoire umfasst sämtliche Stilepochen vom 18. bis 21. Jahrhundert. Er konzertiert in Deutschland, Italien, Österreich und Frankreich als Solist, Liedbegleiter und Kammermusiker. Außerdem ist er Juror bei deutschen und internationalen Wettbewerben und gefragter Dozent von Meisterkursen, die stets auch das Üben thematisieren.

Michael Wessel

Üben – Proben – Karriere

12 Interpreten im Gespräch

Bärenreiter

Kassel · Basel · London · New York · Praha

Bibliografische Information der Deutschen Nationalbibliothek
Die Deutsche Nationalbibliothek verzeichnet diese Publikation in der
Deutschen Nationalbibliografie; detaillierte bibliografische Daten sind
im Internet über www.d-nb.de abrufbar.

2.Auflage 2013
© 2012 Bärenreiter-Verlag Karl Vötterle GmbH & Co. KG, Kassel
Umschlaggestaltung: www.takeoff-ks.de, christowzik + scheuch, kassel,
unter Verwendung von Fotos von Marco Borggreve, Manfred Baumann
und Georgia Bertazzi
Lektorat: Christiana Nobach
Korrektorat: Felix Werthschulte, Kassel
Innengestaltung und Satz: EDV + Grafik, Kaufungen
Druck und Bindung: Beltz Bad Langensalza GmbH, Bad Langensalza

ISBN 978-3-7618-2261-6
www.baerenreiter.com

Inhalt

»Üben?
Nein danke.
Nie wieder!
Das habe ich hinter mir.«

Alfred Brendel, Freiburg, 2. März 2010

Vorwort

Wie üben bedeutende Musiker? Welche Strategien des Übens und Probens führen sie zum Erfolg? Zwölf prominente Musiker aus verschiedenen Generationen, die ihre ganz persönlichen und wegweisenden Erfahrungen vor dem Hintergrund ihrer menschlichen und musikalischen Entwicklung schildern, gaben mir auf meine Fragen hin Auskunft. Aus der Erkenntnis, dass für diese Entwicklung auch die Konfrontation mit wechselndem Publikum in verschiedenen Sälen und Situationen notwendig ist, wird der Aufbau einer regelmäßigen Konzerttätigkeit – »Karriere« – kritisch unter die Lupe genommen und gefragt, wie es möglich ist, eine erfolgreiche Karriere aufzubauen, die Ausdruck einer authentischen künstlerischen Persönlichkeit ist und nicht Ergebnis gesteuerter PR-Kampagnen. Somit wird erstmalig der Zusammenhang zwischen *individuellem* Üben, *gemeinschaftlichem* Proben und *gesellschaftlicher* Wechselwirkung im Konzert dargestellt.

In meinem Buch »Die Kunst des Übens« habe ich eine Feldbeschreibung geliefert, die ermöglichen soll, die beim Üben wirksamen Zusammenhänge zu erkennen und daraus individuelle Übemethoden zu entwickeln. Aus den dort gewonnenen Erkenntnissen leitete ich die Fragen an meine Gesprächspartner ab. Zum Beispiel, welche Strategie sie verfolgen, um die drei Tätigkeiten des Übens unter einen Hut zu bekommen: das Entwickeln einer *Vorstellung* von einem Werk, das Erarbeiten der klingenden *Darstellung* am Instrument und die Kontrolle durch das *Gehör*. Oder wie das Problem zu lösen ist, dass man einerseits ohne *Wiederholungen* nichts sicher lernen kann, andererseits aber zu viele Wiederholungen die Frische der Interpretation gefährden. Außerdem wird u.a. über die verschiedenen Möglichkeiten des *Auswendiglernens* gesprochen, über die Strukturierung des *Übeablaufs,* über die unmittelbare *Konzertvorbereitung* und das *Lampenfieber.*

Kaum ein Musiker ist als Einzelkämpfer unterwegs, und somit ist das Proben mit anderen ein Bestandteil der musikalischen Arbeit. Welche Unterschiede gibt es zwischen der Arbeit mit Dirigenten und Orchester einerseits und mit Kammermusik- oder Liedpartnern andererseits? Wie wird eine gemeinsame Werkkonzeption entwickelt und mit Auffassungsunterschieden umgegangen, wie ein konzerttaugliches Ergebnis entwickelt? Wie wächst eine Interpretation über mehrere Aufführungen?

In einem Gespräch für »Die Kunst des Übens« bezeichnete Grigory Sokolow die Aufführung als letzte Phase der Einstudierung, womit deutlich wird, dass Üben, Proben und die Konfrontation mit dem Publikum untrennbar miteinander verwoben sind. In den Gesprächen wird die jeweilige musikalische Förderung in Kindheit und Jugend beleuchtet, wobei kritische Streiflichter auf die aktuelle musikalische Jugendausbildung nicht ausbleiben können. Außerdem wird die Gestaltung des Studiums und die Wahl der geeigneten Lehrer diskutiert und die weitere Biografie der Künstler verfolgt: wichtige Beziehungen, entscheidende Weichenstellungen, Wettbewerbe usw. Bei aller Unterschiedlichkeit, ja zum Teil Gegensätzlichkeit der Gesprächspartner lassen sich häufig wiederkehrende Eigenschaften bemerken, die zum Aufbau einer nachhaltigen Karriere offenbar unabdingbar sind.

Im Zentrum aller Gespräche steht der wechselseitige Bezug und möglichst der Einklang von innerer musikalisch-menschlicher Entwicklung und äußerer beruflicher Karriere. Und hier kristallisiert sich die offenbar wichtigste Eigenschaft für eine nachhaltige künstlerische Entwicklung heraus: die realistische Selbsteinschätzung. Dieses Buch zeigt, wie hart Musikerinnen und Musiker daran arbeiten. Vielleicht macht es den Lesern Mut, den eigenen Weg zu finden und beherzt zu gehen.

Michael Wessel

Die Legende:
Paul Badura-Skoda, Klavier

Paul Badura-Skoda (geb. 1927) ist ein legendärer Künstler, der in den Konzertsälen der ganzen Welt zu hören ist und lange Zeit der Pianist mit den meisten Platteneinspielungen war.

Als gebürtiger Wiener gewann er mit 20 Jahren den ersten Preis im österreichischen Musikwettbewerb, der ihm ein für sein Leben richtungsweisendes Stipendium für Edwin Fischers Meisterkurse in Luzern brachte. Wenig später wurden Wilhelm Furtwängler und Herbert von Karajan auf ihn aufmerksam. Die Konzerte mit diesen beiden Dirigenten waren der Beginn einer kometenhaft aufsteigenden Karriere, die ihn in die Konzertsäle aller Kontinente und in die Schallplattenstudios von Europa und den USA sowie in die internationalen Fernsehstudios brachte. Außerdem trat er mit Dirigenten wie George Szell, Karl Böhm, Lorin Maazel, Zubin Mehta, Sir Charles Mackerras, Sir Georg Solti, Kent Nagano und John Elliot Gardiner auf.

Paul Badura-Skoda hat mehr als 200 LPs und an die hundert CDs aufgenommen, darunter die kompletten Sonatenzyklen von Beethoven, Mozart und Schubert, die letzten beiden auch auf historischen Instrumenten. Durch seine besondere Kenntnis der Tasteninstrumente von Bach ·

über Mozart bis heute ist er einer der ersten Interpreten gewesen, die sich mit historischer Aufführungspraxis beschäftigt haben. Er gilt außerdem als internationale Autorität in Textfragen, hat Hunderte von Autographen und Originalausgaben studiert, zahlreiche Urtextausgaben hergestellt und wichtige Aufsätze und Bücher über Bach- und Mozart-Interpretation geschrieben.

Wie gehst Du an ein Werk heran, das Du neu einstudieren möchtest? Mich würde vor allem interessieren, wie Du ein Stück erarbeitest, das Dir noch völlig unbekannt ist, das Du weder gehört noch gelesen hast.

Es gibt zwei Arten von neuen Werken: Die eine besteht aus Stücken, die man schon seit langem kennt und von denen man bereits eine Idee hat. Diese Idee muss nicht unbedingt mit dem übereinstimmen, was man gehört hat. Oft ist gerade der Wunsch, diese andere Idee von einem Stück umzusetzen, der Antrieb, es erarbeiten zu wollen. Die zweite Art besteht aus Werken, von denen man noch gar keine Vorstellung hat. Mein erster Schritt ist dann, ein solches Stück »ohne Rücksicht auf Verluste« vom Blatt zu spielen. Das fällt mir jetzt in meinem Alter natürlich etwas schwerer als z. B. vor fünfzig Jahren. Auch hier kann man zwei Gruppen von Stücken unterscheiden: Die eine besteht aus Werken, die aus der klassischen Tradition kommen – ich meine Stücke von Bach oder Scarlatti bis Debussy, Ravel oder Bartók –, die andere aus neueren Werken, bei denen es oft schwerer fällt, sich ein Bild zu machen.

Was erschließt sich für Dich bei diesem ersten Vom-Blatt-Spiel?

Ich sehe, wie das Stück gebaut ist, was die wesentlichen Inhalte sind, wie es sich entwickelt. Bei gewissen neueren Werken ist es besser, sie erst einmal nur zu lesen, ganz ohne Instrument. So kann man vielleicht besser die Absichten des Komponisten erkennen.

Du sagst, das ist der erste Schritt: durch Lesen und Blattspiel eine grobe Vorstellung vom Werk und seinen Absichten zu erlangen. Welches ist der zweite?

Die genaue Einstudierung. Note für Note.

Wie strukturierst Du diesen zweiten Schritt? Übst Du beispielsweise von vorn nach hinten, oder nimmst Du Dir zuerst besonders schwere oder interessante Stellen heraus? Lernst Du nach Noten oder auswendig?

Ich schätze für die Einstudierung sehr die Methode von Leimer-Giese-king[1], also dass man schon beim ersten Lernen versucht, es ins Gedächtnis zu bringen.

»Es« ist aber nicht gleich das ganze Stück, sondern kleine Teilchen daraus, oder?

Ja, sicher. So merkt man gleich, welche Stellen einem schwerer fallen und die man deshalb mehr arbeiten und feilen muss, und welche nahezu von selbst kommen. Durch das sofortige Auswendiglernen ist einem das Stück auf Anhieb viel näher! Üben ist im Grunde etwas Ähnliches wie das Dressieren von Tieren: Eines der wichtigsten Elemente beim Üben und Einstudieren ist die Wiederholung. Durch Wiederholen lernt ein Kind laufen und sprechen. Je häufiger etwas wiederholt wird, desto tiefer wird es verankert und desto selbstverständlicher wird es. Dazu braucht man keine Noten mehr. Wichtig und unabdingbar bei dieser Methode ist es, schon im allerersten Stadium äußerst präzis zu arbeiten, weil das Gehirn leider so gebaut ist, dass es die fehlerhaften Sachen genauso speichert wie die richtigen. Es ist das Unangenehmste überhaupt, etwas wieder zu ent-lernen, also etwas, das schon automatisch läuft, wieder zu stoppen und mit etwas anderem zu überschreiben. Da gibt es immer Interferenzen.

Spielt bei Dir mentales Lernen auch in späteren Übestadien eine Rolle? Gibt es Phasen, in denen Du ganz ohne Instrument übst? Also z. B. überprüfst, ob Du etwas Erlerntes auch ohne Instrument sicher weißt?

Das fotografische Gedächtnis spielt bei mir keine so große Rolle. Eigentlich kaum. Ich weiß, es gibt Leute, die nur durch Lesen ein Stück erarbeiten können. Ebenso gibt es übrigens Menschen, die nur über das Gehör lernen: Ich kenne einen blinden japanischen Pianisten, Nobuyuki Tsujii[2], der den ersten Preis beim Van-Cliburn-Wettbewerb 2009 gewonnen hat: Der hat ein riesiges Repertoire und eine unglaubliche Sicherheit! Phänomenal, beneidenswert, kennt keine Nervosität! Das mentale Lernen spielt bei mir vor allem bei Klavierkonzerten oder Kammermusik eine Rolle: Schließlich muss man den Orchesterpart bzw. die Stimmen der Kammermusikpartner kennen.

Mit mentalem Lernen meine ich nicht nur den visuellen Teil des Auswendiglernens, sondern alle Kanäle: auch Hören, Tasten und die harmonische Vorstellung; aber rein gedanklich, ohne Hilfe des Instruments.

Ja, das ist etwas anderes! Wie gesagt, ich mache mir das beim ersten Lernen der kleinen Teile zunutze, das sogenannte Mnemotechnische. Aber auch später noch einmal, wenn ich das ganze Werk einstudiert habe. Das ist der beste Test, ob ich es wirklich ganz sicher beherrsche. Meistens passiert das vor dem Einschlafen. Und wenn ich dann nicht weiß, ob ich ein *c* oder ein *cis* spiele, muss ich halt um zwei Uhr nachts aufstehen und nachsehen. Der letzte Test vor einem Konzert ist dann ein Vorspiel vor Freunden oder auch nur vor einer einzigen Person. Es ist ein großer

Unterschied, ob man für sich spielt oder für ein Publikum. Das ist etwas völlig anderes! Sehr seltsam ...

Hast Du schon immer sofort auswendig gelernt? Hat einer Deiner Lehrer diese Methode vermittelt, oder hast Du sie für Dich selbst im Laufe der Jahre entdeckt?

Letzteres. Ich habe das früher nicht so gemacht. Da habe ich ein Stück erst ganz gelernt und dann, so wie man ins Wasser springt und auf seine Schwimmkünste vertraut, versucht, es auswendig zu spielen. Meistens konnte ich es dann schon. Ich *wusste* es bereits auswendig. Aber Unsicherheiten hat es auf diese Weise immer gegeben. Oft musste ich doch einiges im Notentext verifizieren. Heute versuche ich, gleich von Grund auf auswendig zu lernen. *Denn Lernen ist schließlich Auswendiglernen!* Immer wieder erlebe ich – erst letztens wieder auf einem Meisterkurs in Spanien –, dass jemand sich die Noten hinstellt, aber eigentlich doch auswendig spielt. Einem Jungen habe ich die Noten weggenommen, und siehe da: Er konnte es auch ohne.

Das ist einfach so eine Rest-Unsicherheit, die durch die Noten gemildert werden soll.

Jaja, aber die helfen im Ernstfall gar nichts! Die Methode, von Anfang an auswendig zu lernen, ist viel sicherer, da passiert so etwas nicht.

Das heißt, Du spielst ein Stück, nachdem Du es einstudiert hast, überhaupt nicht mehr nach Noten?

Oh nein! Da bin ich vielleicht anders als einige Kollegen. Auch wenn ich ein Stück zum hundertsten Mal spiele – und das ist keine Übertreibung –, nehme ich mir immer wieder die Noten vor und lese sie so, als kennte ich sie noch nicht. Gern wechsle ich auch die Ausgabe, um nicht an einem bestimmten Notenbild zu kleben. Sonst ist etwas nur optisch verankert. Und das bringt mich immer wieder dazu, Dinge zu entdecken, die mir jahrelang, zum Teil jahrzehntelang entgangen sind! Dabei handelt es sich nicht nur um falsch einstudierte Noten (was eher selten vorkommt), sondern um Hinweise im Text, die dem Werk neue oder andere Aspekte abgewinnen. *Die Noten sind immer wieder die Quelle der Interpretation!* Bei Kollegen erlebt man ab und zu, wie sie ein Stück nurmehr noch auswendig spielen und sich dabei falsche Lesarten angewöhnen, die ihnen ganz unbewusst sind.

Würdest Du jungen Musikern raten, von vornherein so zu arbeiten, also immer gleich auswendig zu lernen, obwohl Du es als jüngerer Mensch nicht so gemacht hast?

Das ist immer auch eine Frage der Konstitution. Aber es ist in den meisten Fällen hilfreich, es wenigstens zu versuchen. Das zu frühe Einspeichern ins Gedächtnis kann auch den Nachteil haben, dass das Spontane, Intuitive dabei unterdrückt wird. Wichtig ist, von Anfang an den Ausdruck eines Werkes zu erfassen und die darin komponierten Gefühle auszudrücken.

Über welche Kanäle geschieht bei Dir das Auswendiglernen? Oder gibt es einen Hauptkanal? Ist es eher das Hören, das Manuelle oder der analytische Zusammenhang? Das Visuelle spielt ja nicht die primäre Rolle, hast Du gesagt.

Du nennst eigentlich alle vier Dinge, die bei mir gleichzeitig laufen. Das Gehör spielt allerdings eine enorm wichtige Rolle. Wenn ich bei einem Werk, das ich länger spiele, im Zweifel bin, ob z. B. der Bass eine Oktave höher oder tiefer ist, ist das Gehör immer die erste Instanz. Die Finger finden allerdings meistens von allein den richtigen Weg. Man darf diese Selbstverständlichkeit dann bloß nicht durch zu viel Denken beeinflussen. In diesem Zusammenhang kann Denken ausnahmsweise auch einmal schädlich sein...

Du verlässt Dich also auch darauf, dass die Finger das Stück schon spielen werden...

Ja, wenn sie es richtig gelernt haben. Das muss so sein, denn wir könnten ja niemals bewusst diese Millionen Noten abrufen. Da gilt das bekannte Gleichnis vom Tausendfüßler, der gefragt wird, welches seiner Beine er zuerst bewegt. Beim Nachdenken darüber ist er plötzlich nicht mehr in der Lage zu laufen.

Alles hängt von der gründlichen Einstudierung am Anfang ab: keine Fehler einüben, so lange wiederholen, bis alles sicher im Unbewussten abgespeichert ist. Kann es Dir beim endlosen Wiederholen passieren, dass eine Stelle dabei allmählich sinnentleert wird? Man kann zwar technisch beliebig oft etwas wiederholen, aber die Emotion dabei nicht unbegrenzt reproduzieren. Am Ende neutralisiert man dabei das Stück...

Das Problem existiert für mich nicht. Ich kann sehr oft wiederholen, ohne den geistigen oder emotionalen Gehalt zu vergessen oder zu überspielen. Dabei helfen übrigens Tonaufnahmen. Früher habe ich mich selbst aufgenommen, um mein Spiel zu kontrollieren, dann habe ich auf Produktionen hingearbeitet. Das zwingt einen zur ständigen Gehörskontrolle.

Die Vorstellung, gerade aufgenommen zu werden

Ja. Denn das mechanische Spiel entsteht ja nur, wenn man diese Gehörskontrolle aufgibt. Also für mich stören viele Wiederholungen nicht das Gefühl der Spontaneität. Da kann man von Kindern lernen: Kinder können unendlich oft etwas wiederholen.

Ja, weil sie es jedes Mal wie in einem Kinderspiel neu durchleben und dabei vollständig innerlich und äußerlich beteiligt sind[3]. *Die Idee des Spiels ist dem Erwachsenen leider fremd geworden. Ich kann nicht mehr so unbegrenzt »abtauchen« wie ein Kind.* Nach einer Weile brauche ich für jede Wiederholung ein Motiv, sonst leiere ich irgendwann den Text nur noch mechanisch herunter: Mal möchte ich eine Phrase dynamisch zwingender gestalten, mal ist der Schwerpunkt die Artikulation oder das Pedal, vielleicht auch die rein technisch sichere Ausführung einer schwierigen Passage. Ich wiederhole eigentlich immer aus einem bestimmten Grund, und deshalb bin ich immer innerlich beteiligt. Könnte es bei Dir auch so sein? Dass Du deshalb die Kontrolle durch das Gehör nie aufgibst?

Unbedingt! *Wiederholung gepaart mit Variation, das sind die zwei Grundprinzipien jeder Tätigkeit.* Aber es gibt schon auch die reine Wiederholung einer Sache, nur um sie ganz sicher dem Gedächtnis einzuprägen. Das Wort »prägen« ist wunderbar! Diese Art von Wiederholung ist tatsächlich weniger mit Emotion befrachtet. Ich denke daran, wie ein Schauspieler versucht, eine längere Rolle oder ein Gedicht zu lernen: Erst muss er die Worte lernen; der Ausdruck nützt ihm nichts, wenn er die Worte nicht kennt!

Wenn ich Dich richtig verstanden habe, ist es für Dich schon beim ersten Buchstabieren wichtig, den Sinn, den Ausdruck eines Werkes zu verstehen. Es gibt aber auch Musiker, die anfangs absichtlich ohne Emotion üben, um den Text quasi rein zu speichern und ihn nicht zu früh mit eventuell falschen Gefühlen einzufärben.

Dieses bloß mechanische Einstudieren (ohne den Sinngehalt zu kennen) habe ich gelegentlich in China, Amerika und Russland beobachten können. Und wie falsch es ist, anfangs nur »die Noten« zu lernen und den Ausdruck hinterher hinzuzufügen! So wie man den Schlagobers auf die Sachertorte setzt! Das ist gut für die Sachertorte, wirkt aber in der Musik immer aufgesetzt, unnatürlich. Der Ausdruck ist von Anfang an zu finden und zu integrieren. Unbedingt! Er ist nicht der Schlagobers, sondern die Substanz der Musik! Auch der Schauspieler, von dem ich gerade sprach, wird den Ausdruck von Anfang an – automatisch – integrieren. Ich wollte mit dem Vergleich nur sagen, dass der Ausdruck nichts nützt, wenn man den Text nicht sicher beherrscht.

Kann der Ausdruck nicht sogar helfen, den Text sicher zu lernen?

Unbedingt! Den muss man sogar mitlernen mit den Worten, weil die sonst gar keinen Sinn ergeben.

Noch einmal das Thema »Wiederholung«: Wie wiederholst Du ein vor längerer Zeit studiertes Werk, sagen wir vor zehn Jahren, das Du seitdem nicht mehr geübt hast?

Du siehst auf dem Flügel Chopins h-Moll-Sonate aufgeschlagen. Die habe ich seit mindestens zehn Jahren nicht mehr gespielt. Aber natürlich habe ich noch ein Bild von früher. Eine erstaunliche Rolle spielt der Umstand, wie alt man bei der ersten Einstudierung gewesen ist. Ein Stück, das man mit zwölf oder fünfzehn Jahren das erste Mal gespielt hat, ist besser verankert – auch ein wunderbares deutsches Wort! – als eines, das man vor drei Jahren einstudiert hat. Erst kürzlich ist mir so etwas passiert. Ich habe nach über vierzig Jahren eine Toccata für Klavier meines Freundes Jenö Takács[4] wieder neu geübt. Am Anfang war es wie ein Stück, das ich nie gespielt habe, aber schon nach zwei Tagen merkte ich, wie die vor langer Zeit eingeübten Reflexe auf einmal wiederkehrten. Das ist schon ein bisschen unheimlich.

Du wartest aber wahrscheinlich bei einem wieder aufgenommenen Stück nicht nur darauf, dass die Fingerreflexe wiederkehren ...

Nein, natürlich nicht. Das ist nur ein sehr angenehmer Teil des Wiedereinstudierens. Ich begebe mich aber auch nicht auf die krampfhafte Suche nach neuen Varianten der Interpretation, nach »persönlichen Deutungen«, sondern ich habe die Absicht, dieses Mal den Komponisten noch ein bisschen besser zu verstehen, ihm näherzukommen. Wieder spielt der Notentext eine entscheidende Rolle. Als Erstes lese ich – so als kennte ich das Stück noch nicht – alles ganz gründlich bis ins kleinste Detail. In Bezug auf den Notentext gibt es bei mir eine Besonderheit: Ich hege ein großes Misstrauen gegenüber allen Editionen und habe immer eine Fotokopie des Autographs oder der Erstausgabe dabei. So auch hier bei der Chopin-Sonate. Die »Zwischenausgaben« interessieren mich fast gar nicht: Mich interessiert nicht, was der Sauer oder der Scholz in ihren Chopinausgaben hinzugefügt – seltener auch weggelassen – haben.

Die Fingersätze? Die finde ich in den alten Ausgaben oft hilfreicher als in modernen.

Ja, gut, die Fingersätze. Aber bei einem Stück, das man oft gespielt hat, sind die meistens stabil. Also in jedem Falle: immer wieder neu lesen; das ist wichtig.

Wie ist das Verhältnis zwischen dem Wunsch, eine alte Interpretation aufzufrischen, und dem Drang, eine neue Erkenntnis hörbar zu machen?

Mein Lehrer Edwin Fischer sagte, in jeder Interpretation solle etwas Spontanes übrig bleiben, und wenn es nur so wenig ist wie auf den Zifferblättern einer Uhr das Radium, das im Dunkeln leuchtet. Es sind ja auch viele Jahre an Lebenserfahrung hinzugekommen. Es kann gar nicht genauso sein wie z. B. vor 15 Jahren. Was bei mir am meisten variiert über die Jahre, ist das Tempo. Aber auch dabei gibt es keine absolute Festlegung. Eine Anekdote aus meiner Erfahrung fällt mir ein: Ich studierte das mir gewidmete zweite Klavierkonzert von Frank Martin, und bei der zweiten oder dritten Probe mit Orchester war der Komponist zugegen. Er hatte für den ersten Satz ein Tempo von punktierten Vierteln 63 angegeben. Das war mir beim Üben nach und nach etwas zu langsam geworden, und ich bin auf ein etwas höheres Tempo gekommen. Der Dirigent aber, ein alter Martin-Verehrer und -kenner, fragte mich, ob das nicht etwas zu schnell sei, und ich antwortete: Ja, Sie haben recht. Wir haben es bei der Probe in dem vorgeschriebenen Tempo gespielt, woraufhin der Komponist meinte, es sei doch etwas zu langsam! Ich habe ihn gebeten, das zu korrigieren. Es wurde mit der neuen Metronomzahl 69 gedruckt. Ähnliches gibt es auch bei Chopin: Im *Andante spianato et Grande Polonaise* hat er umgekehrt das Tempo für eine Schülerin verlangsamt.

Das zeigt, dass Metronomangaben des Komponisten immer relativ zu sehen sind.

Einerseits ja. Andererseits zeigen die Beispiele, dass Komponisten die Angaben mit Bedacht gewählt haben. Jedenfalls Chopin. Deshalb kann man sie nicht einfach vernachlässigen. 95 Prozent aller Pianisten – ob jung oder alt – spielen beispielsweise die Nocturnes viel zu langsam! Chopin ist da selbst schuld: Er schreibt z. B. Lento oder Largo und fügt eine Metronomzahl hinzu, die für unser Gefühl alles andere als langsam ist.

Das berühmte Beispiel der *Kinderszenen* von Schumann: Um die für unsere Begriffe zum Teil merkwürdigen Metronomzahlen ignorieren zu können, wird behauptet, sein Metronom sei kaputt gewesen. Für einige Stücke funktionieren die Zahlen aber bestens, da war das Metronom auf einmal nicht mehr kaputt.

Ja, bei Schumann ist es dasselbe wie bei Chopin. Unser Tempoempfinden ist zum Teil anders, vor allem was langsame Stücke anbelangt. Das geht bis zu Ravel: Er schreibt in der *Ondine* [5] »Lent«, also langsam, aber für unsere Begriffe entspricht das tradierte Tempo eher einem Andante con moto. Zum Glück gibt es die lebendige Tradition durch seine Schüler, die besagt, dass das Stück nicht länger als fünf Minuten dauern soll. Das ist weit entfernt von »Langsam«. Hinzuzufügen ist noch eine Bemerkung von Reger, der gesagt hat: »Ich habe zwar Metronomzahlen angegeben, aber die ändern sich bei mir ständig und sind nur ein ganz allgemeiner Hinweis.« Zurück zum Badura: Im Laufe der Zeit bin ich in langsamen Sätzen immer flüssiger, immer schneller geworden. Hier folge ich dem Rat, den Brahms Clara Schumann gegeben hat: »Versuche ruhig, ein Tempo mit dem Metronom festzulegen, schreibe es auf, aber mit dem Datum dazu. In ein paar Wochen wirst du ein anderes Tempo haben und noch später wieder ein anderes«. So mache ich es auch. Ich notiere das einmal gefundene Tempo mit Datum und freue mich, wenn es mit dem übereinstimmt, was ich vor – sagen wir – fünf Jahren hatte.

Brahms hat zu Clara auch gesagt: Ich bin doch kein Esel, der seine Stücke jeden Tag gleich spielt.

Ja, er war schon manchmal ekelhaft. Als ihn Musiker um einen Hinweis baten, da hat er gesagt: Spielen Sie es einmal langsam und einmal schneller. Selbst mit Bülow gibt es so eine Szene. Einmal schreibt er auf Wunsch des Verlegers Metronomzahlen, nämlich für das zweite Klavierkonzert, aber die werden von keinem eingehalten, bis auf den vierten Satz! Jeder spielt das Andante um 20 bis 30 Prozent langsamer als von Brahms angegeben. Und den ersten Satz im Übrigen auch.

Wie sieht der Ablauf eines Konzerttages aus? Das macht ja jeder anders. Manche sehen fern, andere üben bis zur letzten Minute vor dem Auftritt... Wie ist es bei Dir?

Da entwickelt jeder im Laufe der Zeit eine gewisse Routine. Ich schaue, dass ich möglichst einen Tag vorher am Konzertort bin, damit ich am Konzertvormittag auf dem Flügel – falls der Saal frei ist – ein bis zwei Stunden üben kann. Das Üben hat dann allerdings einen ganz anderen Schwerpunkt: Ich übe in erster Linie, mich auf das jeweilige Instrument und die Akustik einzustellen. Das geht nur ganz selten ohne Intonationsänderungen am Instrument. Zu 90 Prozent ist immer irgendein Ton zu laut, zu leise, zu dumpf oder zu scharf. Mittags folgt eine Siesta – auch das ist Routine. Die dauert zwischen einer halben Stunde und zwei Stunden, auf keinen Fall länger, sonst ist man zu schläfrig. Danach trinke ich eine Tasse Kaffee. Am Abend gibt es zwei Alternativen: Entweder komme ich im letzten Moment an und stürze direkt auf die Bühne, oder ich bin eine Stunde vorher da, um mich zu akklimatisieren.

Die zweite Variante ist doch wohl vorzuziehen, oder?

Nur wenn in dem Gebäude ein Übeinstrument steht, sonst hat es keinen Sinn, vorher da zu sein.

Kontrollierst Du nicht, ob der Stimmer alles zur Zufriedenheit erledigt hat oder noch einmal kommen muss?

Das hängt davon ab, wo ich spiele. In Wien oder New York, auch in Paris kann ich mich auf den Stimmer verlassen. Aber in kleineren Städten mache ich das lieber selber. Ich habe sowohl von Steinway wie von Bösendorfer ein Dokument, das mich autorisiert, nicht nur zu stimmen, sondern auch zu intonieren. Ich habe nämlich bei Steinway eine Lehre gemacht! Das Steinway-Dokument kann ich Dir mitgeben. Aber trotzdem sind die Klavierstimmer beleidigt, wenn man als Pianist selber Hand anlegt. Das Tollste ist mir in Nowosibirsk passiert: Da war ein fabelhafter nagelneuer Steinway, aber ein völlig unfähiger, junger Stimmer. Nach wenigen Tönen habe ich gemerkt, dass der arme Junge weder stimmen noch intonieren konnte. Dann habe ich das Instrument für das Konzert tadellos gestimmt. Der Stimmer war zu Tode beleidigt. Er hat dann – das haben mir Kollegen bestätigt – dieses wunderbare Instrument in nur zwei bis drei Jahren vollkommen zugrundegerichtet.

Hast Du eine spezielle »Philosophie«, wie das Instrument klingen sollte?

Mir ist sehr wichtig, dass die Verwendung des linken Pedals einen tatsächlich deutlich veränderten Klang ergibt, so wie ein Orgelregister. Bei den meisten Klavieren ist fast keine oder sogar gar keine Veränderung hörbar. Das hat praktische Gründe, zum Beispiel in Russland. Sieht ein Russe eine *Piano*-Vorschrift in den Noten, drückt er automatisch das linke Pedal. Das liegt vielleicht am Zustand der meisten Konservatoriumsinstrumente, dass man das linke Pedal treten muss, um mit dem etwas weniger beschädigten Teil des Hammerkopfs einen etwas schöneren Klang zu produzieren. Meine Flügel hier zu Hause sind alle von mir selbst intoniert, alle haben einen deutlichen Registerunterschied bei Verwendung des linken Pedals. In meinem Mozart-Buch habe ich ganz klar geschrieben: Man soll *piano* mit den Händen und nicht mir den Füßen spielen[6].

Wie strukturierst Du den Übeablauf? Machst Du Dir z. B. einen Übeplan, beginnst Du mit bestimmten Übungen, oder steigst Du sofort in die Literatur ein?

Das hängt vom jeweiligen Körper- und Seelenzustand ab. Wenn ich eine Weile nicht gespielt habe oder aus irgendeinem Grund zu steif bin, fange ich mit Finger- oder Lockerungsübungen an. Wenn ich viel spiele, brauche ich das aber in der Regel nicht und beginne sofort mit den Stücken. Gern habe ich eine gewisse Routine: Ich liebe die Chopin-Etüden, von denen ich die eine oder andere auch an Konzerttagen spiele. Seltsamerweise spielt man die Etüden wenig in Konzerten, sie werden vor allem bei Musikwettbewerben forciert.

Was für Übungen machst Du? Tonleitern z. B.?

Tonleitern gehören selbstverständlich dazu, aber sicher nicht jeden Tag. Es ist erstaunlich, wie Tonleitern nach Mozart und Beethoven außer Kurs kommen. Ich stimme die Übungen auf das jeweilige Problem ab, das ich habe: sei es stückbedingt oder konditionsbedingt. Die Umstellung von Hammerflügel auf Konzertflügel oder umgekehrt ist immer wieder wegen der unterschiedlichen Spielart ein Problem, für das ich bestimmte Übungen habe, um mich schnell wieder auf das jeweils andere Instrument einstellen zu können.

Wie lange übst Du am Tag? Oder kann man die Frage so gar nicht stellen, weil die äußere Dauer natürlich von verschiedenen Umständen abhängt?

So ist es! Ich kann die Frage aber tendenziell beantworten: Die Übezeit ist im Laufe des Lebens immer weniger geworden. Dafür übe ich aber viel intensiver und konzentrierter. Als junger Mensch habe ich oft acht oder neun Stunden geübt, dann viele Jahre vier bis fünf Stunden. Heute bin ich nach drei Stunden so erschöpft, dass ich aufhöre. Aber das ist mehr eine geistige als physische Erschöpfung. Wichtig beim Üben sind Pausen zwischendurch: zehn bis fünfzehn Minuten, bevor die Erschöpfung kommt. Aber ich halte mich selber zu selten daran. Meinen Schülern aber empfehle ich, täglich 26 Stunden zu üben.

Du hast vorhin das Erlernen des Orchesterparts bzw. der Stimmen von Kammermusikpartnern angesprochen. Geschieht das tatsächlich rein aus der Vorstellung, oder spielst Du Dir doch die eine oder andere Stelle am Klavier an?

Ich gehe sogar noch weiter: Klavierkonzerte von Mozart oder Beethoven studiere ich direkt aus der Partitur, nicht aus einem Klavierauszug! Ich halte das für äußerst wichtig, um den eigenen Part immer im Kontext der anderen Stimmen zu üben. Ich will genau wissen, welches Instrument was spielt. Das ist aus einem Klavierauszug in der Regel nicht ersichtlich. Eine Nebenbemerkung zu Klavierauszügen kann ich mir nicht verkneifen: Viele der modernen Auszüge sind ganz schrecklich schlecht! In der Beziehung war das 19. Jahrhundert besser: Die alten Klavierauszüge waren einerseits sehr genau in der Wiedergabe der wirklich wichtigen Stimmen, andererseits immer gut spielbar, und zwar vom Blatt spielbar! Die modernen Herausgeber machen es viel zu kompliziert, indem sie versuchen, jede Nebenstimme mit hineinzunehmen, die für das Verständnis des Stücks gar nichts bringt. Am Ende ist das Ganze vollkommen unlesbar.

Ja, das ist eine entsetzliche, musikwissenschaftliche Manie. Das Unsinnigste ist die getreue Wiedergabe aller möglichen Oktavverdopplungen, die für den Orchesterklang wesentlich sind, aber auf dem Klavier ganz schlecht klingen. Da muss man als Erstes alles Mögliche streichen, bevor man diesen Unsinn überhaupt spielen kann. Angeblich wird der Interpret damit freier in der Auswahl der wichtigen Stimmen ...

Paul Badura-Skoda   19

So ein Unfug! Das Bild ist vollkommen unübersichtlich, und der Klang ist ein ganz anderer als in Wirklichkeit. Bei modernen Werken bin ich allerdings froh, wenn der Komponist eine Art Klavierauszug macht. Da gibt es Partituren, die nur sehr schwer lesbar sind. Auf der anderen Seite sind die modernen Partituren wieder leichter, weil sie alle Instrumente nach C transponiert bringen. Es war allerdings auch eine hervorragende Übung, eine alte Partitur zu lesen mit lauter Instrumenten in verschiedenen Stimmungen und verschiedenen Schlüsseln. Meine Lehrer konnten das noch flüssig! Da hat die junge Generation noch viel Nachholbedarf.

Es ist heute vielleicht auch nicht mehr so nötig. Damals gab es noch keine CDs oder den schnellen Zugriff auf jede Musik über das Internet.

Ja, was es noch nicht gegeben hat, war diese leichte akustische Zugänglichkeit. Wir haben ja früher nichts gehabt, wir mussten uns von Grund auf eine eigenständige Vorstellung von einem Stück erarbeiten. Heute sieht man sich auf YouTube gleich zwanzig verschiedene Versionen an, was überhaupt nichts bringt für das Stückverständnis. Aber das ist halt die moderne Zeit: eine totale Überfütterung mit Information, die zu Unsicherheit und chaotischem Verhalten dem Werk gegenüber führen kann und kaum Platz lässt für eine eigene und eigenständige Sicht eines Werkes.

Du hast Klavierkonzerte und Kammermusik erwähnt; wie ist es, wenn Du mit Sängern arbeitest: Welche Rolle spielt da der Text für den Klavierpart?

Der Text ist immer ganz wesentlich, manchmal sogar bei Werken ohne Text. Denn die nicht wortgebundene Musik ist aus dem Gesang entstanden. Sie ist ein Abkömmling der Gesangsmusik. Sie singt und sie spricht! Wie oft haben Komponisten Motive aus Werken genommen, die mit Worten versehen waren!

Schuberts *Wandererfantasie* ...

Ja, aber auch aus fremden Werken. Aus dem Stegreif fällt mir der Schluss aus dem ersten Satz von Schumanns *Fantasie* op. 17 ein. Das ist ein Zitat aus Beethovens Liederzyklus *An die ferne Geliebte* op. 98: »Nimm sie hin denn, diese Lieder«. Man kann es schon auch gut spielen, wenn man das nicht weiß, aber die Deklamation hilft enorm viel! Übrigens auch bei Mozart. Darüber habe ich ausführlich in meinem neuen Mozart-Buch geschrieben[7].

Mich interessiert, wie bei Dir die erste Probe mit den Partnern verläuft. Spielt ihr einfach einmal ein Stück durch, um zu hören, wie es läuft, oder gibt es erst einen langsamen Durchgang?

Das hängt natürlich von der Formation ab. Mit Kammermusikpartnern ist es der Normalfall, erst einmal alles langsam zu spielen und genau zu hören. Mit Orchester ist das nicht möglich. In England war ich immer froh, wenn wir wenigstens eine Probe hatten! Die Engländer gaben so wenig Geld für ihre Orchester, dass Proben ein Glücksfall war. Aber leider nicht nur in England. Die liebste Geschichte ist mir mit Sawallisch passiert – immerhin mein Debüt mit den Berliner Philharmonikern 1964 – und seines leider auch! Ich spielte das auch für die Bläser sehr schwierige Mozart-Konzert KV 482, das mit Kadenzen gut 35 Minuten dauert, und hatte nur 28 Minuten zum Proben, weil Sawallisch die Probenzeit für die reinen Orchesterwerke, also für sich, nutzte. Das war hart, hat nicht sehr viel genützt und mir auch nicht sehr gefallen. So kann auch mit dem besten Orchester der Welt nichts Großartiges entstehen. Etwas Ähnliches hatte ich nur noch in Philadelphia mit dem zweiten Martin-Konzert. Das war praktisch nur eine Anspielprobe, aber es war sagenhaft, wie das Orchester es trotzdem geschafft hat!

Was geschieht bei Auffassungsunterschieden zwischen Dir und beispielsweise dem Dirigenten?

Das hängt vom Alter ab. Inzwischen bin ich immer der Ältere und sage, wie es geht. Als junger Mensch habe ich den Fehler gemacht, mit Karl Böhm[8] einen Auffassungsunterschied über das Tempo auszutragen. Mit dem Resultat, dass mein erstes Konzert mit ihm auch mein letztes war. Er hatte ein fürchterlich langsames und zähes Tempo gewählt, das ich allmählich beschleunigt habe. Er als alter Routinier hat das natürlich gemerkt und gesagt, der Backhaus habe es schließlich auch so langsam gespielt. Und statt in Ehrfurcht zu versinken, habe ich gesagt, der Backhaus ist sechzig Jahre älter als ich, vielleicht werde ich bis dahin auch langsamer. Das war keineswegs als Frechheit gemeint, aber er hat es als einen unglaublichen Affront aufgefasst. Ich habe daraus gelernt und mich, solange ich jung war, immer an den Dirigenten angepasst. Heute fragen die Dirigenten mich, welches Tempo ich möchte. Es hat auch Vorteile, älter zu werden.

Ich verstehe, ehrlich gesagt, Dirigenten nicht, die gegen das Zeitgefühl des Solisten arbeiten. Die großen Dirigenten haben sich meistens mit den Solisten verständigt. Das Extrembeispiel ist sicher das erste Brahms-Klavierkonzert mit Glenn Gould und Bernstein, bei dem Bernstein vor das Publikum tritt und auf humorvolle Art erklärt, dass die Meinungsverschiedenheiten mit Mr. Gould beim Proben nicht zu überbrücken waren und das Konzert jetzt in einem Tempo gespielt werde, von dem er sich ausdrücklich distanziere. Wobei in diesem Falle Bernstein schlicht vor der Starrköpfigkeit Goulds kapituliert hat ...

Ja, die wirklich Großen waren anders: Furtwängler z. B. hat immer gefragt, wie ich es mir vorstellte. Da habe ich mich gut aufgehoben gefühlt. Oder es gab solche, mit denen man sich auf freundschaftliche Weise gestritten und geeinigt hat. In dieser Beziehung habe ich George Szell[9] sehr geschätzt. Überhaupt geht es mit den meisten Dirigenten, wenn sie nicht verrückt sind, ganz problemlos.

Gibt es solche Probleme auch mit Kammermusikpartnern?

Weniger. Meist hat man ohnehin mehr Zeit zum Proben, dabei renkt sich vieles ein. Allerdings ist es stückabhängig, wie notwendig bzw. sinnvoll es ist, viel zu proben. Es gibt Stücke, deren optimales Funktionieren davon abhängt, dass der Ablauf beim Proben sehr genau festgelegt wird. Für eine ganze Reihe von Stücken aber ist es besser, wenn man sich nicht zu genau festlegt und der Spontaneität der Aufführung mehr Raum gibt. Da kann es spannender sein, nicht zu viel zu proben.

Wenn man – etwas altmodisch ausgedrückt – sein Leben der Musik widmet, sind Üben und Proben nur der eine, nicht-öffentliche Teil, der die Vorbereitung ist auf den öffentlichen, vom Publikum wahrgenommenen Teil, nämlich die Konzerttätigkeit. Als Student vergisst man oft, sich um diesen öffentlichen Teil zu kümmern, in der Annahme, dass, wenn man nur genügend übe, die Leute schon auf einen aufmerksam würden und sich die Karriere wie von selbst einstellen werde. Was kann man als junger Mensch tun, um sich rechtzeitig Kontakte und Konzertmöglichkeiten zu verschaffen?

Das ist heute schwieriger als zu meiner Jugendzeit. Es gibt immer weniger Konzertgesellschaften und Veranstalter, weil auch das Publikum abnimmt. Das ist vor allem in den kleineren Städten, in denen man als Musiker seine ersten Konzerterfahrungen sammelt, ein Problem. Man lebt heute viel mehr in der virtuellen Sphäre. Die Computer spielen dabei eine große Rolle, nicht die einzige, aber eine negative für das Konzertleben als Gemeinschaftserlebnis. Man braucht heute noch viel mehr *Rückhalt und Ansporn in der Erziehung* als früher. Das wird total unterschätzt.

Ohne helfende und aufopferungsvolle Eltern kann man es nicht schaffen?

Es gibt verschiedene Typen von Eltern: Da sind die fanatischen Eltern, die wir alle von Jugendwettbewerben kennen, mit diesem schon krankhaften Ehrgeiz, dem die Kinder wehrlos ausgeliefert sind; sehr verbreitet z. B. in China. Das ist bei wirklichen Wunderkindern natürlich berechtigt, aber meist wird eine ganze Kindheit und Jugend sinnlos und vollständig ruiniert. Und da sind die helfenden Eltern, die, wie ich schon sagte, dem Kind oder Jugendlichen Rückhalt und Ansporn sind. Ohne eine solche Hilfe kann ich mir schwer vorstellen, dass ein junger Mensch von sich aus weiß, welche Schritte in welche Richtung zu tun sind.

Welche Einflüsse außer dem Elternhaus sind noch wichtig?

Es gibt immer noch Mäzene, also Persönlichkeiten, die auf junge Musiker setzen, deren Begabung erkennen, ihnen in vielen Situationen helfen, Konzerte vermitteln etc. Da ist zum Teil viel Geld dahinter, manche schaffen es bis zu Produktionen bei der Deutschen Grammophon und verschwinden dann wieder in der Versenkung. Früher war es normal, dass es Manager bzw. Agenten gab, die sich von einem Talent begeistern ließen und sich mit ganzer Energie dafür einsetzten. Das war auch schon lange vor meiner Zeit so. Diese Manager haben eine enorme Macht entwickelt. Diese Macht haben sie heute noch, aber kaum noch die Fähigkeit, wirkliche Talente zu erkennen.

Das überlassen sie den Wettbewerben. Und dass aus einem Wettbewerb eine große Begabung mit wirklicher Persönlichkeit und einmaliger Musikalität hervorgeht, passiert zwar immer wieder, ist aber eher die Ausnahme.

Die Macht der Manager – oder besser Managements, denn auch das ist entpersonalisiert – ist so groß, dass sie sich auf die nicht gemanagten Musiker negativ auswirkt. Aber dennoch schaffen es manche mit harter Arbeit, sich trotzdem durchzusetzen, indem sie auch die ganze Korrespondenz machen und ein bisschen Glück haben. Ohne Glück geht sowieso nichts.

Noch wichtiger als je zuvor sind offensichtlich Wettbewerbe, da man kaum noch einen Agenten trifft, der sich selbstständig ein qualifiziertes Urteil erlauben kann. Bei der Inflation von Wettbewerben nimmt deren Bedeutung im Einzelfall gleichzeitig ab. Wie stehst Du zu Wettbewerben?

Gute Wettbewerbe vergeben als Preis immer eine Reihe wichtiger Konzerte. Das ist für Preisträger eine einmalige Chance. Aber das Wichtigste ist dann, ein zweites Mal eingeladen zu werden, wenn man gut gespielt hat! Überhaupt das Aufrechterhalten von wichtigen Kontakten. Man kann erst vom Beginn einer Karriere sprechen, wenn man ein *zweites* Mal eingeladen wird. Wenn das nicht passiert, gilt das Wort des Wiener Geigers Hellmesberger, der berühmt war für seine sarkastischen Aussprüche und gesagt hat: »Je preiser jemand gekrönt wird, desto durcher fällt er.«

Dennoch sind Wettbewerbe sinnvoll?

Was heißt schon sinnvoll! Sie sind für viele die einzige Möglichkeit, auf sich aufmerksam zu machen. Und viele große Musiker sind auf die Weise bekannt geworden. Ich denke an Martha Argerich: Chopinwettbewerb in Warschau. Ebenso Ashkenazy und Pollini, beide beim Chopinwettbewerb. Oder Leon Fleisher beim Brüsseler Reine-Elisabeth-Wettbewerb. Aber das sind nicht nur Beispiele, es sind gleichzeitig auch Ausnahmen. Von unzähligen Wettbewerben mit unzähligen Preisträgern sind nur wenige übrig geblieben. Für den Rest trifft der Helmesberger-Satz zu. Das gilt für Komponisten ebenso. Frank Martin hat überspitzt gesagt: Die Erstaufführung interessiert mich nicht, ich möchte eine Zweitaufführung! Das Geschäft ist für Komponisten noch viel härter.

Waren Deine Eltern eine wichtige Unterstützung?

Geistig und seelisch ja, aber um meine Karriere haben sie sich nicht gekümmert. Sie haben mich moralisch unterstützt, so wie es sein sollte. Manchmal sollten Eltern allerdings besser abraten. Zu einer Karriere gehört eine unglaubliche Widerstandskraft und *persévérance*, Ausdauer. In diesem Fall finde ich das französische Wort bildhafter und passender. Das beinhaltet auch die Fähigkeit, Schläge einzustecken. Das scheint mir sogar das Wichtigste für eine Karriere zu sein: dass man durch eine negative Kritik nicht gleich am Boden zerstört ist. Ich habe von einem Koreaner gehört, der nach einer vernichtenden Kritik seine Karriere aufgegeben hat.

Vielleicht hat er gespürt, dass die Kritik berechtigt war. Dann war es vielleicht sogar eine richtige Entscheidung.

Das bezweifle ich. Das Buch »Sie irren sich, Herr Kritiker!«[10] ist eine tolle Sammlung krasser Fehlurteile.

Eines der Themen, die mich besonders beschäftigen, ist unsere deutsche Jugendförderung. Hier in Österreich ist es vielleicht ähnlich desolat. Es kann kein Zufall sein, dass sich an deutschen Hochschulen fast keine Deutschen mehr für die künstlerischen Studiengänge bewerben. Seit Jahrzehnten stehen die Asiaten an erster Stelle, dann noch ein paar Osteuropäer, vielleicht zwei Deutsche. Sicherlich wollen wir nicht so einen Drill wie in Korea. Aber unser System, bei dem in Musikschulen oft nur auf den Spaßfaktor für das Kind geachtet wird, aber keinerlei Leistungskontrolle stattfindet und wichtige Begleitfächer wie Musiktheorie oder Gehörbildung – falls überhaupt vorhanden – nur Zusatzangebote sind, ist ganz offensichtlich gescheitert. Jedenfalls was das Hinführen zu professioneller Musikausübung und -ausbildung anbelangt. Aus Lettland habe ich gerade gehört, dass dort jeder ein Musikinstrument ausleihen und lernen darf, für nur zehn Euro im Monat. Dort ist dem Staat die Kultur sichtlich mehr wert.

Sehr schön! Das freut mich. Aber was Du aus Deutschland schilderst, kann ich für Österreich nur bestätigen. Das ist schon rein äußerlich festzustellen bei den großen Wettbewerben. Beim Franz-Liszt-Wettbewerb warst Du auch in der Jury und konntest an den Teilnehmerzahlen aus Deutschland und Österreich ablesen, wie es hier um den Nachwuchs bestellt ist. Es war, glaube ich, ein Österreicher dabei oder zwei. Letztens in Brüssel waren es zwei oder drei Deutsche.

Siehst Du Möglichkeiten, die Jugendförderung zu verbessern? Es gibt ja sicher genauso viele Begabungen wie vor fünfzig Jahren, nur werden sie nicht mehr erkannt. An den Lehrern kann es nicht liegen, die sind besser ausgebildet denn je.

Ich glaube, es liegt nicht an der mangelnden Förderung, sondern an der Grunderziehung. Es fehlt nicht an *Förderung*, sondern an *Forderung*! Die Kinder sind nicht gefordert. Was zu leicht ist, ist kein Anreiz für den Ehrgeiz. Ich habe mich letztens mit einer Managerin hier in Österreich quasi gestritten. Sie meinte, es werde ja so viel getan für die Jugend. Das gebe ich zu, aber was nützt es, wenn es zwar im Musikverein jetzt eine Konzertreihe für junge, noch unbekannte Musiker gibt, in der immer wieder tolle Leute zu hören sind, aber anschließend nichts davon in der Presse steht? Wenn ich früher als Debütant in Österreich spielte – auch in einem kleinen Saal –, dann saßen da die Kritiker von fünf verschiedenen Zeitungen. Heute muss man dankbar sein, wenn für ein Konzert im Großen Saal ein oder zwei Kritiker erscheinen.

Ja. Die Presse hat an der Kulturvernichtung erheblichen Anteil. Auch dort wird als Erstes an der Kultur gespart. Kein Blatt kommt auf die Idee, etwa am Sport zu sparen. Darüber kann ja jeder Idiot berichten, für die Kultur aber braucht man ausgebildete Leute. Die kosten Geld.

Jedenfalls muss den Medien ihre Verantwortung klargemacht werden. Da hapert es gewaltig. In Mailand ist es inzwischen so schlimm, dass nicht einmal mehr in die Sala Verdi noch ein Kritiker kommt. Die Zeitungen bringen immerhin noch die Ankündigungen, aber hinterher erscheint nichts darüber. Eine Katastrophe! Nur über Opern schreiben sie noch. Die Berichterstattung darüber kann man in Italien nicht wegstreichen.

Das ist leider auch in Deutschland schon der Fall. In Chemnitz, einer recht großen Stadt mit einem reichen Musikleben dank einer der aktivsten Mozartgesellschaften Deutschlands, erscheinen grundsätzlich keine Musikkritiken. Viele Tageszeitungen verkommen zu ganz primitiven Blättern.

Ungeheuerlich! Das meinte ich vorhin, als ich sagte, dass es heute für junge Leute schwerer ist als früher. Trotz aller Förderung.

Was müsste sich noch ändern? Sprechen wir ruhig von Jugend-*Forderung* statt nur -*Förderung*.

Der Kern des Problems liegt meiner Meinung nach in der Familie: Die Eltern sind zu sehr gefordert und fordern zu wenig von den Kindern. Man schickt die Kinder in Kindergärten oder Internate oder Ganztagsschulen und ist nicht so sehr dahinter, dass sie wirklich etwas lernen. Alles Mögliche wird in sie hineingestopft, aber für Kunst und Musik bleibt kein Platz.

Das ist schmückendes Beiwerk, das wird in der Leistungsgesellschaft nicht gebraucht...

Ich habe Freunde in Deutschland, deren Tochter um sechs Uhr abends von der Schule nach Hause kommt. Was kann sie da noch lernen? Ein Instrument jedenfalls nicht!

Das ganze System ist pervers und nur auf die Tauglichmachung der Jugend für den Produktionsprozess ausgerichtet. In Deutschland gibt es ein Schuljahr weniger, die Kinder sollen mittelfristig noch ein Jahr eher eingeschult werden, damit sie möglichst früh und möglichst unreif in die Mühlen der Wirtschaft und der Industrie geschickt werden können. Das müsste als Erstes rückgängig gemacht werden. Leider gibt es nur eine Minderheit von Politikern, die das vertritt.

Recht gut sind die sogenannten Musikgymnasien. Da spielt Musik eine gewisse Rolle, und da kann man sein Kind hinschicken.

In Bayern sind soeben die Musikleistungskurse abgeschafft worden. Damit gräbt man den musischen Gymnasien das Wasser ab. Als Hobby dürfen das die lieben Kinder schon weiter machen. Aber wirklich wichtig ist eigentlich nur Mathematik.

Die Schulbildung ist überall sehr einseitig ausgerichtet. Das wird eher schlimmer als besser. Auch Kulturminister haben überhaupt keine Kultur. Das kann nur von der Familie korrigiert werden.

Ich muss noch ein gutes Wort für die Musikschulen einlegen. In Österreich sind sie auf dem Lande für Blasinstrumente oft hervorragend. Da gibt es auch den Anreiz, wenn man gut blasen kann, in einer Blaskapelle zu spielen und zu besonderen Anlässen in einer feschen Uniform durchs Dorf zu marschieren. Das ist für die österreichische Jugend immer noch eine Motivation ... Aber für die anderen Instrumente fehlt so ein Anreiz, deshalb ist die Förderung weniger ausgeprägt.

Für Dich war sicher ein ganz wichtiger Schritt, bei Edwin Fischer studieren zu können. Wie hat sich das ergeben?

Ich hatte das Glück, ihn bei den Salzburger Festspielen zu treffen, als ich neunzehn war. Ich durfte ihm vorspielen, und er fand, dass ich Talent habe. Außerdem bekam ich ein Stipendium aufgrund eines gewonnenen Musikwettbewerbs, um bei ihm einen Meisterkurs zu machen. Das war 1948, ich war einundzwanzig. Danach ergaben sich zwei Chancen für mich: Bei einem Konzert dieses Wettbewerbs hat mich ein echter Manager gehört und mich in seine Agentur aufgenommen. Der hatte hervorragende Verbindungen und mich um die ganze Welt geschickt, erst durch ganz Europa, mit vierundzwanzig nach Australien, dann nach Amerika und ganz zum Schluss nach Japan. Er hat meine Karriere angeworfen. Ich würde gern seinen Namen erwähnen: Er hieß Martin Taubman.

Was war die zweite Chance?

Die Erfindung der Langspielplatte, das Bedürfnis der ganzen musikalischen Welt, endlich große Musik ohne Unterbrechungen zu Hause hören zu können. Damals war jede neue Platte ein Ereignis, über das geschrieben wurde. Heute ist die Nachfolgerin CD durch das Internet beinahe zur Belanglosigkeit heruntergekommen. Jedenfalls ist sie kaum noch ein Mittel, Karriere zu machen. Sie kann schon helfen, bekannt zu werden, aber nur bei einer großen Gesellschaft mit dem entsprechenden Werbeapparat dahinter. Ach, es gab noch eine dritte Chance: Ich durfte bei den Salzburger Festspielen 1950 für den erkrankten Edwin Fischer einspringen, und zwar aufgrund seiner Empfehlung. Ich spielte das Brahms-Trio in H-Dur mit seinen Partnern Wolfgang Schneiderhan und Enrico Mainardi[II]. Darüber hat natürlich nicht nur die Salzburger Presse, sondern die gesamte Weltpresse berichtet.

Und in den Folgejahren gab es eine »Zweitaufführung«...

Ja, tatsächlich, ich wurde daraufhin immer wieder eingeladen.

Sammeln wir abschließend, welche Eigenschaften und Umstände für eine erfolgreiche Karriere notwendig sind: Rückhalt und Ansporn in der Erziehung; möglichst Förderer, idealistische Mäzene, fachkundige Agenten; evtl. der Weg über gewonnene Wettbewerbe und vor allem daran anschließende Konzerte...

... und Wiedereinladungen...

... Widerstandskraft und *persévérance*.

»Man muss die Seele eines Engels und die Haut eines Nilpferds haben.« Ich glaube, das hat einmal eine Sängerin gesagt. Und wenn wir schon bei Nilpferden sind: Gute Gesundheit und gute Verdauung sind ebenso hilfreich wie gute Finger! Ach ja, und sich nicht zu früh in Liebesabenteuer stürzen, jedenfalls keine unglücklichen! So etwas frisst furchtbar viel Energie.

Wie ist es mit Vielseitigkeit? Die meisten großen Musiker lesen Literatur, lernen Fremdsprachen für ihre Konzertreisen oder aus allgemeinem Interesse für eine andere Kultur, oder sie erweitern ihren Horizont durch Dinge, die mit Musik direkt gar nichts zu tun haben. Die reinen Klavierspieler sind doch meist völlig uninteressant.

Das ist richtig. Ich verdanke Edwin Fischer die Erkenntnis, dass ein Künstler allgemein kulturell gebildet sein sollte. Aber ich bin sicher ein Sonderfall, weil ich auch Musikwissenschaftler bin. Nicht jeder kann noch zusätzlich Bücher schreiben.

Du hast aber nicht »nur« Deine Bücher geschrieben, sondern auch viele Vorträge zu musikwissenschaftlichen Themen, insbesondere aus der Quellenforschung, gehalten.

Ja, das begann, indem ich mich für die Handschriften der Werke interessiert habe, die ich spielen wollte. Nahm ich drei Ausgaben desselben Werkes, alles sogenannte Urtexte, erhielt ich drei verschiedene Versionen! Ich wollte nicht mehr von Herausgebern abhängig sein. Also habe ich mit meinen Forschungen begonnen und mich in die Quellen eingearbeitet.

Du sagst richtig, nicht jeder kann außerdem noch Bücher schreiben, sollte er vielleicht sogar möglichst gar nicht. Aber die Vielseitigkeit kann ja auch anders aussehen...

Oh ja! Ich habe auch Komposition studiert. Das kann ich nur empfehlen: selbst zu komponieren, auch wenn es nicht gut ist. Es trägt enorm zum umfassenderen Musikverständnis bei. Man erfährt, was es bedeutet, ein Werk zu schreiben, welche Gedanken man sich dabei machen muss, wie man mit Einfällen umgeht etc. Außerdem sollte man nicht nur die Musik kennen, die man selber spielt, sondern auch alle großen Opern, Sinfonien, auch Schauspiel, Literatur...

Der Visionär:
Pierre-Laurent Aimard, Klavier

Der französische Pianist (geb. 1957 in Lyon) studierte am Pariser Conservatoire bei Yvonne Loriod und in London bei Maria Curcio. Als Zwölfjähriger
wurde er Olivier Messiaen vorgestellt und avancierte innerhalb weniger
Jahre zum Lieblingsinterpreten des Komponisten. Er ist als zentrale Persönlichkeit in der zeitgenössischen Musik berühmt und hat über 15 Jahre
eng mit György Ligeti zusammengearbeitet, dessen gesamtes Klavierwerk
er aufnahm. Er genießt auch großes Ansehen als einer der führenden
Interpreten des Standardrepertoires und tritt weltweit mit internationalen
Spitzenorchestern und Dirigenten von Rang auf.

Seine Karriere beginnt 1973 mit dem Ersten Preis beim Olivier-Messia-
en-Wettbewerb. 1976 ernennt ihn Pierre Boulez zum Ersten Solopianisten
des Ensemble Intercontemporain, dessen Mitglied Aimard 18 Jahre lang
bleibt. Seine ersten Aufnahmen gelten Ligetis Klavierkonzert, Messiaens
Réveil des oiseaux, Weberns Klavierquintett und Konzert op. 24, Boulez'
Notations und *Structures*. 2005 ernennt ihn die Royal Philharmonic Society
zum »Instrumentalisten des Jahres«. 2006 führt er eine siebenteilige
Konzertreihe in der New Yorker Carnegie Hall auf. Musical America wählt
ihn ebenfalls zum Instrumentalisten des Jahres. Weitere viel beachtete

Aufnahmen sind die fünf Klavierkonzerte von Beethoven mit Nikolaus Harnoncourt, mozartscher Klavierkonzerte mit dem Chamber Orchestra of Europe, der *Kunst der Fuge* von Bach, der Klavierkonzerte von Ravel mit Pierre Boulez und zuletzt das *Liszt-Projekt*. Er gibt Liederabende u. a. mit Christine Schäfer und Matthias Goerne und Klavierabende mit Rezitation mit Alfred Brendel.

Als weltweit gefragter Pianist werden Sie sicher nicht wie ein gewissenhafter Student täglich ein bestimmtes Übepensum absolvieren können. Ihr Üben wird abhängig sein von Konzertverpflichtungen mit wechselndem Repertoire, den damit zusammenhängenden Reisen usw. Können Sie trotzdem sagen, wie Sie die notwendigen Übephasen strukturieren?

Das Üben sollte eigentlich eine regelmäßige Disziplin sein. Sie muss aber in einem meistens unregelmäßigen Leben organisiert werden. Wenn man fast ständig unterwegs ist, ist man abhängig von verschiedenen Orten und der Zeit, die man zum Üben auf sehr verschiedenen Instrumenten erhält. Man muss versuchen, die Erfordernisse des Übens mit den realen Gegebenheiten in Kongruenz zu bringen. Da wird es immer eine gewisse Diskrepanz geben. Das ist die *eine Sache*.

Die *zweite Sache* ist das Repertoire: die Auswahl, die Menge, die Zusammenstellung, und wann ich welche Stücke spiele. Ich habe mich entschieden, nicht mit nur einem Programm pro Saison zu leben. Das würde ich nicht aushalten. Ich brauche den Kontakt mit den verschiedensten Stücken, ich freue mich, ganz unterschiedliche Programme zu spielen. Das hat auch mit Achtung vor den künstlerischen Leitern der Institutionen zu tun, bei denen ich auftrete, mit deren »Themen«, deren Besonderheiten, der Prägung ihres jeweiligen Publikums, das immer verschieden ist. Für mich ist es unvorstellbar, ein »Paket« zu machen, das ich überall auf dieselbe Art und Weise »verkaufe«. Das bedeutet, ich muss im Jahreslauf sehr viel verschiedenes Repertoire für unterschiedliche Gelegenheiten üben. Die Priorität ist zunächst einmal zu wissen, *wann* ich mit einem Stück *anfangen* muss, damit ich es zu einem bestimmten Zeitpunkt spielen oder in ein Programm integrieren kann. Ich muss im Voraus den Aufwand – ja auch die Art von Aufwand – für die Einstudierung oder Wieder-Einstudierung realistisch einschätzen können. Und entsprechend muss ich mich organisieren. Es ist ein großer Unterschied, ob man ein Stück als Jugendlicher oder Zwanzigjähriger schon gespielt oder es in seinen Dreißigern gelernt hat oder gar – wie es jetzt bei mir der Fall ist – in den Fünfzigern. Das Verhältnis zu den Stücken, die Geschichte, die mich mit ihnen verbindet, ist jeweils ganz anders. Übrigens gibt es auch eine persönliche Geschichte mit den verschiedenen Stilen. Wenn man ein neues Stück lernt in einem Stil, den man sehr gut kennt – in meinem Falle Messiaen beispielsweise – ist die Arbeit gut überschaubar und geht technisch leichter von der Hand. Man muss sich nur noch bemühen, diesem Stück ein besonderes Profil zu geben. Aber wenn man ein neues Stück von einem Komponisten lernt, von dem man bislang nichts gespielt hat, muss man eine ganz andere Grundarbeit machen, um sich erst einmal mit dem Stil des Autors auseinanderzusetzen.

Der *dritte Punkt* ist die Frage, welcher Parameter in einer Komposition vorrangig ist. In einem Fall ist es vielleicht die Innerlichkeit, das gefühlsmäßige Wesen der Musik, in einem anderen das Nachdenken über die kompositorische Architektur, die durch die Darstellung lebendig werden soll. Vielleicht geht es um die Freisetzung von musikalischer Gestik oder – wieder ein anderer Fall – um eine bestimmte Art von Virtuosität. Natürlich ist keiner dieser genannten Parameter jemals einzig und allein in einem Stück vorhanden, es ist immer eine Mischung; aber oft dominiert ein Aspekt, und deshalb muss ich meine Arbeit daran orientieren. Zwei Beispiele: Wenn ich eine schwere Liszt- oder Ligeti-Etüde einstudiere, muss ich viel Zeit am Klavier verbringen, wenn ich aber die *Winterreise* für einen neuen Sänger übe, weniger. Ich muss mich aber umso mehr noch einmal in den Text vertiefen, die verschiedenen Stationen der einzelnen Lieder vergegenwärtigen, den Parcours innerlich noch einmal neu durchleben, mich an eine weitere Stimme adaptieren usw.

Für mich ist die wichtigste Frage, *wie* ich eigentlich eine Komposition darstelle. Und daraus folgend: *Was* übe ich? Ich will ein Stück nicht so darstellen, wie es im kollektiven Gedächtnis gespeichert ist, sondern zu einer individuellen Interpretation im besten Sinne gelangen. Wenn ich das will, muss ich die Interpretation üben! Das ist eine ganz andere Sache. Da muss ich immer alle kompositorischen Dimensionen mit meinen persönlichen Reaktionen in Dialektik bringen. Das verstehe ich eigentlich unter Üben. Und natürlich übe ich auch die Fähigkeit, das aus dieser Konfrontation gewonnene Resultat sicher präsentieren zu können. Das ist das Faszinierende, und daher kommt es, dass Üben – in diesem Sinne verstanden – nicht langweilig sein kann!

Das war eine ganz umfassende Theorie des Übens, sehr knapp und übersichtlich geschildert! Nun folgt aber die Konfrontation mit den wechselnden Veranstaltungsorten, mit verschiedenen Instrumenten und Akustiken. Was bleibt von dem beim Üben gewonnenen Konzept eines Stücks?

Da kann es Unfälle geben! Ganz sicher. Das Instrument ist nicht immer geeignet für das Repertoire, das ich spielen muss. Die Arbeit mit dem Klavierstimmer ist sehr wichtig und nimmt eine gewisse Zeit in Anspruch. Aber vor allem muss ich mich an den Raum und das Instrument mit seinen Möglichkeiten anpassen. Z. B. muss ich üben, das Cantabile zu realisieren. Das ist in jedem Raum, an jedem Instrument etwas anders. Ich muss die klanglichen Möglichkeiten, die mir zur Verfügung gestellt werden, kennenlernen. Und immer eine Herausforderung: Ich muss hören können, wie mein Spiel im Saal klingt, nicht vorne bei mir, sondern im Saal, damit ich nicht für mich selbst spiele, sondern für die Zuhörer. Das heißt, ich muss die Klangdisposition üben. Das ist eine wechselnde, aber · permanent wichtige Dimension. Wenn ich den Saal und das Instrument schon kenne, geht das viel leichter, weil ich mich schon vorher beim Üben darauf einstellen kann. Aber selbst dann ist es immer noch schwierig, beispielsweise ein intimes Stück von Schumann und ein wildes Stück von Boulez unter denselben Bedingungen zu spielen. Das muss man immer vor Ort üben.

Aus dem bisher Gesagten höre ich, dass Sie sehr genau unterscheiden zwischen dem Erarbeiten einer genauen *Vorstellung* von einem Stück und deren technisch-klanglicher *Realisierung* – die dann unter verschiedenen Umständen noch jeweils modifiziert werden muss. Können wir einmal ein Stück vom Beginn der Einstudierung bis zur Aufführung verfolgen? Nehmen wir den Fall, dass Sie ein ganz neues Stück uraufführen müssen. Wie sehen Ihre ersten Arbeitsschritte aus? Wie verschaffen Sie sich einen Überblick, wie eine Klangvorstellung? Erst einmal nur lesend oder doch gleich am Klavier?

Ich habe keinen festgelegten Weg, kein System. Es hängt von dem jeweiligen Stück ab. Ist es ein neues Stück von einem jungen Komponisten, der in einem bisher unbekannten Stil schreibt, würde ich zunächst den Notentext studieren; ich würde aber auch versuchen, Aufnahmen von seiner Musik zu hören, um herauszufinden, was seine künstlerische Welt ist, um mich in seiner Klangsprache, seinem Stil zu orientieren.

Sie haben schon sehr früh Stockhausen gespielt. Wie sind Sie da vorgegangen?

Ja, ich habe mit siebzehn Jahren schon das erste Stück von ihm geübt und danach oft das Privileg gehabt, mit ihm zu arbeiten. Ich werde bald das Klavierstück Nr. 6 neu einstudieren. Dazu werde ich mir als Erstes die Noten intensiv vornehmen. Ich werde eine Ordnung zwischen den Zeichen herzustellen versuchen. Ich beobachte und reagiere, sodass ich die Organisation, die Konstruktion nach und nach verstehe und *spüre*. Ich mache das, um den Sinn zu verstehen und die richtigen Gesten darstellen zu können. Ich werde sicher auch Interpretationen von Kollegen hören und die Texte von Stockhausen wieder lesen, auch die Texte von Musikwissenschaftlern. Was übrigens in einem gewissen Übestadium viel hilft, ist, sich aufzunehmen. Das ist immer furchtbar, aber man lernt enorm viel davon. Nach und nach übe ich, dass die Interpretation mehr Sinn ergibt und am Ende die richtige Kraft und Energie, die richtige Präsenz hat.

Sie beschäftigen sich also nicht nur intensiv mit dem Notentext und seiner Analyse, sondern immer auch mit dem Umfeld einer Komposition: dem Gesamtwerk eines Komponisten, seiner Gedankenwelt und mit den Reflexionen anderer über sein Werk.

Ja, das ist ganz wichtig! Ich möchte auch noch ein anderes Beispiel nehmen, die *Kunst der Fuge*, die ich vor einigen Jahren gespielt und aufgenommen habe. Das war ein alter Wunsch von mir, aber ich hatte es bis dahin nie gewagt.

Haben Sie aus der Partitur gespielt oder aus der Übertragung in zwei Systeme für Cembalo bzw. Klavier?

Ich habe beides gemacht. Es hängt von dem jeweiligen *Contrapunctus* ab. Zum Studium habe ich gern die Partitur, zum Konzert den Klavierauszug, der für die sehr virtuosen Stücke natürlich praktischer ist. Ich habe vor allem viel den Notentext gelesen, weil ich nicht sofort gestisch interpretieren wollte. Dafür habe ich viel innerlich gehört, gesungen und reflektiert. Und sehr viel darüber gelesen und andere Bach-Interpretationen verglichen. Ich habe auch versucht, es auf anderen Instrumenten zu spielen und erst nach und nach auf dem Klavier. Ich musste erst herausfinden, welcher Typ von modernem Klavier hierfür geeignet wäre. Das ist eine Frage, die sich zum Beispiel für ein Stück von Chopin nicht in dieser Weise stellt.

Wie wäre es mit so einer »typischen« Konzertliteratur? Bisher haben wir eher von Sonderfällen gesprochen, Neue Musik und *Kunst der Fuge*.

Wenn ich Chopin spiele, gehe ich eigentlich sofort ans Klavier. Chopin hat ja ganz natürlich für unser Instrument komponiert, und zwar so, wie wir es als »pianistisch« bezeichnen und es auch bei vielen anderen Komponisten der Fall ist. Wenn ich meinen persönlichen Zugang gefunden habe, höre ich auch andere Interpretationen.

Sie lernen beim Einstudieren offenbar viel rein mental durch Lesen, Singen usw. Gab es auch den Fall, dass Sie mental auswendig gelernt haben?

Ich habe als junger Mensch ganz viel so gearbeitet. Ich habe z. B. in meiner Conservatoire-Zeit systematisch Gedichte auswendig gelernt. Das nicht zu Zwecken des Trainings, sondern aus einer inneren Notwendigkeit. Später habe ich das genauso mit Musik gemacht, auf dieselbe Art und Weise. Die Vorstellungskraft und das Gehör sind für uns Künstler das Allerwichtigste. Ich habe eine ganze Saison über ein Experiment gemacht: Ich habe kaum das Instrument gespielt und immer Noten gelesen, gelernt und innerlich gehört. Erst dann bin ich ans Klavier gegangen.

Welche Stücke waren das? Doch wohl nicht die Ligeti-Etüden?

Es waren die 12 Debussy-Etüden. Das ist genau die Art von Literatur, die man so eigentlich *nicht* lernt, weil sie so frei ist und ganz auf die akustische Wirkung hin komponiert. Aber genau das war für mich die Herausforderung. Ich glaube, mit Stockhausen habe ich es auch so gemacht.

Das stelle ich mir mental noch schwerer vor!

Das ist sogar leichter, weil es viel mit Konzept und Konstruktion zu tun hat. Davon habe ich sehr profitiert, als ich später viel reisen musste. Zum Beispiel habe ich im Flugzeug mental Interpretation geübt oder auch tatsächlich auswendig gelernt. Ich erinnere mich, dass ich die *Turangalîla-Symphonie* von Messiaen im Flugzeug auswendig gelernt habe. Ich hatte den Text schon auf dem Instrument geübt, aber das mentale Auswendiglernen war sehr gut, um die Konstruktion zu lernen, sehr gut für die Konzentration.

Aber die Debussy-Etüden haben Sie sofort mental auswendig gelernt, noch bevor Sie ans Klavier gegangen sind.

Ja, ich habe versucht, mein inneres Ohr, meine Vorstellungskraft zu entwickeln. Das war ein Experiment.

Wie groß waren die Einheiten, die Sie von einem Stück gelernt haben, *bevor* Sie sie am Instrument ausprobiert haben? Einzelne Takte oder schon ganze Teile?

Soweit ich mich erinnere, waren das ganze Etüden. Ich habe das Klavier nicht angerührt, bis ich ein Stück vollständig im Kopf hatte. Das war natürlich sehr radikal als Arbeitsmethode, aber es hat mir sehr viel im Nachhinein genutzt. Es war auch eine Reaktion, fast eine Art Protest gegen Spieler, die meistens nur an ihre Finger denken und routiniert so ein Gewohnheitsmodell von Musikstücken reproduzieren, wie es in unserem, auf Starkult ausgerichteten Wirtschaftssystem zu oft erwartet wird. Es war eine Art Überlebensstrategie. Ich habe zum Glück viele Leute und Freunde kennengelernt, die genauso denken, sodass man Netzwerke bilden konnte, um ungewöhnliche Projekte zu realisieren.

Ihr Repertoire lässt sich ja tatsächlich nicht in die gängigen Kategorien einordnen, Sie sind weder ein Pianist nur für Neue Musik, noch ein typischer Spieler des üblichen Konzertrepertoires, Sie verbinden alle Stile miteinander und zeigen Querverbindungen auf. Sie haben Ligetis Klavierkonzert, aber auch die Beethoven-Konzerte gespielt. Gibt es da Ähnlichkeiten bei der Einstudierung? In keinem Fall genügt ja das Erlernen der eigenen Stimme. Oder gibt es fundamentale Unterschiede?

Bei jedem Komponisten gibt es einen etwas anderen Schwerpunkt. Bei Mozart-Konzerten zum Beispiel ist es so ein gewisser Konversationston. Es hat in diesem Fall keinen Sinn, wie ein vom Orchester abgetrennter Solist zu spielen. Man spielt gemeinsam mit Freunden, es geht um gemeinsames »Spiel und Leid«, ein lebendiges Gespräch, schließlich das Atmen der Sache. Jede Imitation eines Motivs in einer anderen Stimme muss ich als Solist mitverfolgen. Ich bin mittendrin und kein Einzeldarsteller.

Wie ist es bei Ligeti?

Ligeti ist irrsinnig polyrhythmisch. Man teilt sich mit anderen Kollegen meistens eine rhythmische Schicht und muss sich vor allem darin sehr gut auskennen und absolute Aufmerksamkeit für deren Stimmen haben, mit denen man sich polyphon ergänzt. Dazu laufen noch all die anderen Schichten ab, die zum Teil eine ganz andere Art von Musik machen und mit denen man sich koordinieren muss. Nicht nur rhythmisch, auch klanglich-dynamisch muss alles zueinanderpassen. Es genügt also nicht, einfach die eigenen dynamischen Zeichen zu beachten, ohne auf das Gesamtgefüge zu hören und sich dort einzufinden. Man kann nicht erwarten, dass der Dirigent alles macht. Sonst ist man nur ein Exekutant, der von einem zentralen Motor angetrieben wird. Das würde im Übrigen gar keinen Spaß machen…

Das ist ja ganz ähnlich wie die Konzeption des Zusammenspiels, wie Sie es gerade für Mozart geschildert haben.

Ja, in gewissem Sinne. In einem übertragenen Sinne vielleicht.

Sie haben vorhin die Winterreise *angesprochen. Wie ist es, wenn die Textebene hinzukommt? Es genügt ja nicht, den Text zu kennen und ihn quasi neben der Klavierstimme zu lernen. Wie erarbeiten Sie sich die unendlichen Verflechtungen von Text, musikalischem Sinn und dem eigenen Klavierpart?*

Das ist eine Balance, die sehr, sehr schwer zu beschreiben ist und die immer davon abhängt, wie das Lied geschrieben ist. Wenn der Text sehr bedeutungsvoll ist, ist er der Grund für die Existenz der Musik, für ihre besondere Gestalt. Wenn beispielsweise im Text eine Änderung im Sinn durch ein bestimmtes Wort herbeigeführt wird, wird dieses Wort die Ursache sein für eine fremde Harmonie oder eine neue Textur, eine leichte Änderung im Tempo oder in der Vokallinie. Wie Melodie und Klavierpart darauf reagieren, ist immer anders: Manchmal ändert sich die Begleitung, während die Linie scheinbar gleich bleibt, manchmal ist es umgekehrt, manchmal ändern sich beide. Manchmal ändert sich auch gar nichts, dann muss man die Veränderung der Stimmung fühlen lassen, das neue Licht oder das neue Dunkel. *C'est l'univers du Lied! Les sens exprimés ou inexprimés*[1]. Eine faszinierende Welt semantischer Komplexität. Insbesondere die großen Schubertzyklen wie *Winterreise* oder *Schöne Müllerin*, die so viel Ambiguität aufweisen, sind unerschöpflich in ihren Deutungsmöglichkeiten.

Wie begegnen Sie der Routine, die durch wiederholtes Üben derselben Stelle entstehen kann? Wie bleiben Sie trotz notwendiger Wiederholungen musikalisch frisch, ohne am Ende nur noch rein technisch zu spielen?

Das ist die große Frage! Es gibt Kollegen, die viele Strategien gegen die Langweiligkeit von Wiederholungen entwickelt haben. Die berühmteste und gleichzeitig provokanteste stammt wohl von Glenn Gould, der laut Unterhaltungsmusik gehört hat, während er an der Tastatur übte. Das ist natürlich eine sehr exzentrische Antwort auf die Problematik, die immer wieder eine große Herausforderung ist: einerseits Kontrolle und Professionalität zu erlangen, andererseits sich musikalische Frische und Unmittelbarkeit zu erhalten. Schauspieler haben dieselbe Problematik.

Die müssen aber nicht zwei Zeilen zweihundertmal sprechen, bis sie sie können, das kann aber bei einer Chopin- oder Ligeti-Etüde schon vorkommen. Das Gould-Beispiel ist eine Möglichkeit ins Extrem getrieben: nämlich Emotionalität, die bei engagiertem Spiel unweigerlich dabei ist, durch akustische Übermalung völlig herauszunehmen, damit sie sich nicht abnutzen kann. Ist der rein technische Übevorgang abgeschlossen, wird wieder zugehört und emotional gestaltet. Machen Sie etwas Ähnliches, also dass Sie im technischen Erarbeitungsstadium die Emotion irgendwie ausklammern und erst später wieder »hinzufügen«, oder üben Sie immer mit Emotion?

Man muss mit Emotion üben, aber auf verschiedene Art und Weise. Es gibt Stücke, bei denen man gerade eine bestimmte Dramaturgie von Emotionen üben muss, damit man sie am Ende sicher darstellen kann. Man muss diese Dramaturgie immer wieder neu erwecken können. Das meinte ich, als ich sagte, es sei ähnlich wie bei Schauspielern. Bei einem Stück, in dem die emotionale Welt relativ einfach zu begreifen ist, ist vielleicht die technische Dimension schwieriger. Dann können Sie unbesorgt rein technisch üben. Umgekehrt kann es auch vorkommen. Wenn Sie zum Beispiel die *Sechs kleinen Klavierstücke* op. 19 von Schönberg spielen wollen, ist die Welt des Unsagbaren viel schwerer als die Welt des technisch Auszuführenden. Die Zeit, die man hierfür am Klavier verbringt, dient viel mehr dazu, zum Beispiel die Spannung der Pausen oder das Aphoristische der Zeitgestaltung zu üben als technische Schwierigkeiten. Sie sprechen von Emotionen und vom zeitweisen Trennen zwischen Technik und Emotion. Das sind keine getrennten Bezirke, aber es sind Kategorien, die man Emotionen, Gefühle, Charaktere, Stimmungen etc. nennt. Es gibt auch eine Arbeit am Klang, die mit dem jeweiligen Zeitstil zu tun hat und die im Laufe der Musikgeschichte immer wichtiger wird. Die klangliche Arbeit ist in Barockmusik nicht das Hauptthema der Interpretation. Da geht es um Rede, Artikulation, Affekte, Agogik, also das richtige Timing usw. Das sind viele, viele Aspekte, die wichtiger sind als die Arbeit am Klang. Wenn wir von Debussy sprechen, ist das aber das Zentrum der Sache! Da müssen wir die permanente Änderung von Klangkomplexen gestalten. Das ist untrennbar von emotionalen und charakterlichen Schattierungen, die ich beim Üben nicht »wegfiltern« kann, weil genau das zu üben ist.

In welcher Phase des Übens lernen Sie normalerweise auswendig? Bei den Debussy-Etüden war es ja eine Ausnahme, dass Sie sofort auswendig gelernt haben, nicht der Normalfall, oder?

Dazu möchte ich zwei grundsätzliche Dinge sagen. Zunächst etwas zur Dauer und Qualität des Auswendiglernens: Heute lerne ich langsamer auswendig als mit 15. Aber ich lerne umfassender und auf mehreren Ebenen, weil ich viel mehr Musik kenne. Zweitens: Die Konventionen des Auswendigspiels sind manchmal sinnlos. So muss man eine Solo-Sonate von Beethoven auswendig spielen, ein Kammermusikwerk aber nach Noten. Warum? Ich persönlich komme aus der Welt der Neuen Musik, wo man viel aus dem Notentext entdeckt, und so spiele ich viel mit Noten. Ich finde das sehr vorteilhaft, weil die Konzentration, die sonst für die reine Gedächtnisleistung absorbiert wird, für andere, wichtigere Dimensionen zur Verfügung steht. Ich habe kein fotografisches Gedächtnis, das es mir ermöglichen würde, ein Stück zu spielen, nachdem ich es einmal gelesen habe. Wenn man sich intensiv mit einem Stück befasst hat, ist das Gedächtnis sowieso nicht so ein großes Problem. Bei sehr komplexer Musik wie Bach oder Boulez ist es immer schwieriger als bei anderen Komponisten. Dann muss ich, wenn ich ein Stück auswendig lernen will, dafür extra Zeit einplanen. Bei jedem Musiker ist die naturgegebene Disposition des Gedächtnisses etwas anders ausgeprägt: Jemand hat zum Beispiel ein sehr gutes strukturelles Gedächtnis, ein anderer vielleicht ein gutes akustisches Gedächtnis, ein Dritter lernt sehr gut haptisch usw. Man muss seine Stärken und Schwächen kennen und seine Methodik entsprechend wählen.

Wie ist es bei Ihnen?

Es ist eine Mischung, die sich mit den Jahren immer weiter verändert, weil man sich selbst kultiviert.

Gibt es noch den Fall, dass Sie – wie einst die Debussy-Etüden – etwas ohne Klavier sofort auswendig lernen?

Früher hatte ich, wenn ich zum Beispiel in einem Flugzeug saß, immer Noten bei mir, um systematisch die Zeit zu nutzen und schon etwas zu lernen. Heute lese ich lieber oder sehe mir die Landschaft an. Generell bin ich ein besserer Leser als Auswendiglerner. Die künstlerischen Dimensionen, die das aufmerksame Lesen öffnet, sind unbeschreiblich. Es gibt so viele Wege, sich Musikstücken zu nähern!

Wie wiederholen Sie ein vor längerer Zeit einstudiertes Stück?

Ich versuche, nicht Gefangener meiner eigenen Gewohnheiten zu sein. Das wäre sehr gefährlich. Manchmal höre ich eine alte Aufnahme von mir, die mich unbefriedigt lässt – nicht immer, aber hin und wieder –, und so weiß ich, was ich bei der Wiederholung anders oder besser machen will. Ich nehme oft neue Noten und vergleiche nach einer Weile des Übens mit den alten. Ich lerne aber niemals ein altes Stück bei der Wiederaufnahme sofort auswendig. Da ist die Gefahr zu groß, in alte Gewohnheiten zu verfallen. Immer wieder studieren, lesen, das ist wichtig! Sonst kann man leicht eine Karikatur von sich selbst werden. Das habe ich sogar bei großen Musikern beobachtet. Die Gefahr ist groß, in einem bestimmten Augenblick sein Ideal zu erreichen und danach zu seiner eigenen Karikatur zu werden.

Woran kann das liegen?

Ich glaube, es gibt das Risiko einer *confusion*, eines Missverständnisses zwischen Erfolg und persönlichem, künstlerischem Weg. Erfolg an sich ist noch kein Teufelswerk. Aber man wird korrumpierbar. Man muss jedoch den Erfolg nutzen, um den persönlichen Weg weiter zu verfolgen. Das ist großen, kraftvollen Komponisten gelungen und auch unabhängigen Interpreten. Für Interpreten ist es vielleicht noch schwerer als für Komponisten, weil sie ständig in Kontakt mit der Bühne, dem Publikum, dem Musikbetrieb sind und nicht so lange Phasen der inneren Einkehr und Reflexion haben können wie Komponisten.

Sie sagten, Sie spielen pro Saison mehrere verschiedene Programme. Wie halten Sie ein so großes Repertoire spielbereit?

Das ist eine Frage der realistischen Einschätzung der spezifischen Probleme, die ich mit einem Stück habe. Es gibt welche, bei denen ich genau weiß, welche Stellen ich noch einmal drei Tage sehr intensiv werde üben müssen, dann gibt es welche, die ich jederzeit spielen könnte. Da werde ich nur zweimal zweieinhalb Stunden benötigen. Genauso ist es mit Kammermusik-Proben. Für einige Komponisten wie Bartók oder Brahms braucht man viele zeitintensive Proben, für andere ist es vor allem eine Stimmungssache, wenn man die Partner und die Instrumente gut kennt. Das Gleiche gilt für Klavierkonzerte. Man muss zum Teil am Telefon lange um ausführliche Probenzeiten kämpfen. Und um Übezeiten am Konzertinstrument. Ich habe acht Stunden vereinbart und entdecke vor Ort, dass man für mich nur anderthalb Stunden eingeplant hat. Das ist eine Katastrophe.

Wie bereiten Sie sich am Konzerttag selbst vor? Sind Sie ein Interpret, der viel üben muss, oder schonen Sie sich eher für den Auftritt am Abend?

Nein, ich muss üben. Man arbeitet mit dem Körper, und der Körper muss eingespielt sein. Wie man den Körper erweckt, ist von Stück zu Stück unterschiedlich. Wenn Sie ein einfacheres Klavierkonzert spielen müssen, das Sie schon fünfzigmal gemacht haben, reicht wenig Zeit zur Vorbereitung. Dann können Sie in eine Ausstellung gehen oder die Zeit zum Üben anderer Sachen nutzen. Aber bei einem schweren Programm muss ich den Tag über üben. Ideal ist es, am Vormittag in Ruhe etwa vier Stunden arbeiten zu können und sich mit dem Klaviertechniker abzustimmen, nachmittags zu schlafen und abends vor dem Konzert noch einmal zu arbeiten.

Haben Sie früher, als Ihre Karriere anfing, die Konzertsituation irgendwie geübt?

Nein, das kann man so nicht sagen. Wir haben als Jugendliche Hauskonzerte gemacht, mit meiner Schwester und mit Freunden. Da konnte ich so etwas in gewisser Weise üben. Mit fünfzehn, sechzehn Jahren habe ich angefangen, Konzerte zu geben. Später – und das war eine hervorragende Hilfe! – wurde ich Mitglied des Ensemble Intercontemporain. Das bedeutete, dass ich schon recht früh sehr oft auf der Bühne stand, und zwar in verschiedenster Funktion: als Solist allein oder mit Orchester an einem Abend – manchmal mit Fernsehübertragung und Politikern! –, dann am nächsten Abend in einem Stück eines völlig unbekannten Komponisten in der Provinz mit drei Akkorden auf der Celesta, für die ich 85 Takte vor meinem Einsatz zählen musste. Dadurch lernt man, worauf es auf der Bühne ankommt: Disziplin, Respekt, Präsenz, der richtige Moment für das, was man tut. Ich konnte auch zum Beispiel erleben, wie große Künstler vor Publikum auftraten und wie sie sich hinter der Bühne verhielten.

Und wie ist es heute? Spielen Sie neue Programme immer gleich im Konzert oder erst einmal vor Freunden?

Bevor ich sehr schwere Stücke zum ersten Mal öffentlich spiele, mache ich das, ja. Oder ich versuche, sie erst einmal an Orten mit weniger Werbewirksamkeit zu spielen. Ich überlege mir genau die Reihenfolge, wann ich ein Stück wo spiele.

Wie genau ist Ihre Vorstellung von einem Kammermusikwerk, wenn Sie zur ersten Probe mit einem Ensemble gehen? Wissen Sie ganz genau, was Sie wollen? Ist Ihre Vorstellung von dem Stück schon fertig?

Es sind oft Stücke, die man gut kennt, sodass die Vorstellung natürlich schon sehr genau ist. Ich habe auch viele Stücke bereits unterrichtet, was ebenfalls sehr hilfreich ist. Eine Kammermusikprobe ist etwas anderes als

Pierre-Laurent Aimard   **39**

die erste Probe mit einem Klavierkonzert, man spielt eine ganz andere Rolle. Es ist ein Treffen, um eine gemeinsame Sicht der Dinge zu erarbeiten. Dazu ist es nötig, sich anzupassen, vorauszuahnen, wie die Kollegen spielen werden, und sich darauf einzustellen.

Wie beginnen Sie die erste Kammermusikprobe mit einem neuen Stück? Spielen Sie einfach mal durch und sehen, was geschieht, oder machen Sie es erst einmal langsam zum genauen Hören?

Normalerweise spielt man erst einmal durch und spricht dann darüber. Bei einem neuen Stück werden schon auch einzelne Passagen sehr langsam geprobt, um sie genau kennen und verstehen zu lernen. Aber es hängt stark davon ab, welche Kollegen es sind und welche Gattung. Mit Liedern muss man sich sehr viel Zeit zum Diskutieren und für die Einstellung auf die Erfordernisse der Stimme nehmen. Bei Kammermusik braucht man auch Zeit zum gemeinsamen Analysieren und Ausprobieren von Vorschlägen. Aber wenn man sich gut kennt, geht das alles viel schneller.

Was geschieht, wenn man im Ensemble sehr unterschiedliche Auffassungen zum Beispiel vom Tempo hat?

Dann wird diskutiert...

... und sich immer geeinigt?

Das hängt von den Menschen ab und ihrer Art und Weise, mit menschlicher Gesellschaft umzugehen. Es ist auch hier ein großer Unterschied, schon rein physisch, ob man mit Sängern oder Kammermusikpartnern arbeitet. Ein Sänger ist von der Leistungsfähigkeit seines Körpers, vor allem seines Atems abhängig. Diese Tatsache diktiert bereits sehr vieles. Mit Kammermusikpartnern hingegen spielt man unter ähnlicheren instrumentalen Bedingungen. Dann trifft man eine Auswahl, mit welchen Kollegen man weiterarbeiten möchte und mit welchen besser nicht. Man muss sich musikalisch *und* menschlich verstehen. Das Leben wird kürzer und kürzer, und man muss die Zeit nutzen.

Wie ist es mit Dirigenten? Die können ja manchmal sehr autoritär sein.

Das Problem jedes Dirigenten ist der Zeitplan des Orchesters. Es gibt viel Druck und dadurch wenig Probenzeit. Ein Dirigent wird oft am meisten Zeit zum Proben der Sinfonie einplanen und weniger Zeit mit dem Solisten. Das kann sehr frustrierend sein. Ich habe manchmal Dirigenten erlebt, die in keiner Weise bereit sind, auf die Tempovorstellung des Solisten einzugehen, und die, um zu imponieren, ihre Tempi durchdrücken, obwohl sie absolut unsinnig sind. Selbstverständlich arbeitet man niemals mehr mit einem solchen Dirigenten. Schließlich muss man nicht mit jedem Dirigenten und jedem Orchester gespielt haben. Ich lerne sehr gern neue Dirigenten kennen, die ihre Position nicht so dominant sehen und am Dialog interessiert sind. Das ist für mich wichtig. Ich möchte Dirigenten, die die Verbindung suchen zwischen Solist, Orchester und sich selbst. Der Dirigent ist kein absoluter Herrscher, aber er ist auch nicht nur ein passiver Begleiter.

Wie war es mit Harnoncourt, mit dem Sie die fünf Beethoven-Konzerte aufgenommen haben?

Das war wunderbar. Wir haben uns jedes Mal einige Monate vorher getroffen, um die Interpretation jedes einzelnen Konzertes so detailliert wie möglich festzulegen. Das würde ich mir immer wünschen, denn dann wird das Resultat nicht einfach eine weitere Mainstream-Fassung sein.

Und Boulez?

Fantastisch! Da gibt es immer diese innige Dreiecks-Verbindung von Solist, Orchester und Dirigent, durch die man in eine gemeinsame Welt mit einer eigenen Identität gelangt, immer im Dienste des Werkes.

Sie arbeiten auch viel mit Jonathan Nott.

Mit Jonathan Nott machen wir niemals einfach ein routiniertes Konzert, es ist immer ein Projekt, für das wir gemeinsam arbeiten. Wir waren auf Tournee mit allen drei Bartók-Konzerten, jetzt arbeiten wir an einem Ravel-Projekt, früher haben wir ein Beethoven-Ligeti-Projekt gemacht. Mit ihm ist etwas Einmaliges passiert: Wir hatten einfach keine Möglichkeit, einen gemeinsamen Termin zum Proben zu finden, da hat er sich an einem seiner ganz wenigen freien Wochenenden ins Flugzeug gesetzt und ist zu mir nach Paris gekommen, um mit mir einen ganzen Nachmittag zu arbeiten. Wir haben jeden Punkt genauestens diskutiert. Das sind Idealfälle. Und eigentlich ist nur ein solches Arbeiten wirklich sinnvoll.

Ihre Aufnahme der Beethoven-Konzerte wirkt ganz besonders frisch und durchartikuliert. Nicht nur das Orchester ist sehr transparent, auch das Klavier viel filigraner und feiner, als es normalerweise zu hören ist. Liegt das an dieser sehr intensiven Probenarbeit zu zweit?

Harnoncourt wollte damals jemand als Solisten, für den diese Stücke neu sein würden. Ich kam durch meine musikalische Ausbildung und meinen Lebenslauf aus einer ganz anderen musikalischen Ecke. Ich hatte immer geplant, die Beethoven-Konzerte mit etwa vierzig Jahren zu spielen, aber es war keine Priorität, weil so viele sie spielen und gespielt haben. Seither habe ich damit sehr viel Erfahrung gesammelt, die Konzerte auch selbst dirigiert, während ich gespielt habe, und mache heute einiges ganz anders als damals.

Sie haben vorhin gesagt, dass die musikalische Weiterentwicklung eines Künstlers das Hauptmovens für die Karriere sein sollte. Die Karriere quasi als Fortsetzung und Entsprechung dessen, was man durch Üben getan hat. Wie fing bei Ihnen alles an? Wann haben Sie entdeckt, dass Sie Musiker werden wollten? Hatten Sie dabei Unterstützung durch die Eltern, oder mussten Sie gegen deren Widerstände ankämpfen?

Die Musik hatte immer eine große Anziehungskraft auf mich. Ich wusste als Kind nicht, wie ich mir diesen Wunsch professionell erfüllen könnte, weil das Leben unvorhersehbar ist. Das war meine eigene Wahl, mein eigener Wunsch. Ich war kein Wunderkind, ich wollte auch keines sein. Mit fünf Jahren habe ich angefangen und hatte immer viel Unterstützung durch meine Eltern. Mit sieben Jahren bin ich nicht mehr in eine Schule gegangen, sondern habe per Post gearbeitet, damit ich Zeit genug hatte für das Klavierspiel. Das geht in Frankreich.

Das ist ja fantastisch! In Deutschland undenkbar. Da kommt sofort die Polizei …

In Frankreich geht man sonst den ganzen Tag in die Schule, da bliebe keine Zeit für Musik. Mit zwölf ging ich ans Pariser Conservatoire, habe ein paar Wettbewerbe gemacht, u. a. den Messiaen-Wettbewerb, wodurch ich die ersten Konzerte bekam. Meine Lehrerin hat mir den Kontakt zu dem Schallplattenlabel Erato vermittelt und zu einer Agentur.

War das schon Yvonne Loriod, die Frau von Messiaen?

Ja, bei ihr war ich, seit ich zwölf Jahre alt war.

Wie haben Sie sie kennengelernt?

Sie saß in meiner Prüfungskommission und hat mir angeboten, bei ihr zu studieren. Zeitgenössische Musik und insbesondere Messiaen, den ich durch sie kennengelernt habe, interessierte mich schon damals sehr, sodass ich die Möglichkeit gern ergriffen habe, mich auf diesem Gebiet weiterzubilden. Ich wollte auch nicht zu früh auf den Podien verheizt werden. Ich habe beobachtet, wie viele gleichaltrige Kollegen, die damals sofort eine Karriere gestartet haben, recht bald wieder verschwunden sind. Sie haben sich künstlerisch nicht weiterentwickelt und sind nur eine Weile von Agenturen gepusht worden. Zu früher Erfolg kann gefährlich sein. Aber ich wollte das auch gar nicht. Ich wollte nicht nur Solist sein, sondern auch Mitglied eines Ensembles, das heißt: gemeinsam mit anderen etwas gestalten. Zu der Zeit gründete Boulez sein Ensemble Intercontemporain, was für mich gerade im richtigen Moment passierte.

Wie ist der Kontakt zu ihm zustande gekommen?

Er war auf der Suche nach jungen, engagierten Musikern. Er hat mich angerufen bzw. mich anrufen lassen. Nach einem Vorspiel bei ihm wurde ich Mitglied im Ensemble und durfte außerdem zwei Konzerte auf einer Tournee mit ihm spielen.

Die Mitgliedschaft in dem Ensemble ist doch sicher ziemlich zeitaufwendig.

Ich durfte mit einem Dritteldeputat teilnehmen, sodass ich die Möglichkeit hatte, weiter zu studieren, zu experimentieren und unabhängig andere Musik zu spielen. Ich habe versucht, alles zu machen, was mir für meine Entwicklung notwendig schien.

Sie haben schon früh an Wettbewerben teilgenommen und mit fünfzehn den Messiaen-Wettbewerb gewonnen. Stehen Sie heute Wettbewerben noch positiv gegenüber?

Es ist schon gut, dass es Wettbewerbe gibt. Sie geben jungen Leuten die Möglichkeit, ein Repertoire vorzubereiten, vor einem Fachpublikum zu spielen, auf sich aufmerksam zu machen, manchmal auch Geld zu verdienen. Aber selbstverständlich sind Wettbewerbe auch problematisch, wir wissen das. Ich war einmal Mitglied der Jury eines großen internationalen Wettbewerbs und habe erfahren, wie man als Jury Fehler machen und wie schlimm das für junge Pianisten sein kann. Das Auswahlsystem, also eine Mehrheitsentscheidung, ist nicht unproblematisch, wenn es um Kunst geht.

Wie ist Ihre Klavierklasse an der Kölner Musikhochschule zusammengesetzt?

Die Klasse ist sehr gemischt. Ich habe Studenten aus vielen verschiedenen Ländern unterrichtet. Das könnte daran liegen, dass ich einen Schwerpunkt habe, der von vornherein schon eine gewisse Auswahl schafft: Das ist das Ziel, Neue Musik zu integrieren. Ich gebe zu diesem Thema auch jedes Semester einen Workshop für die ganze Hochschule. Es kommen überhaupt nur Leute in meine Klasse, die dafür ein besonderes Interesse haben.

Wie beurteilen Sie die deutschen Bewerber für Musikhochschulen? Sind die genauso gut vorbereitet wie ausländische Bewerber?

Die generelle Musikkultur in Deutschland ist immer noch besser als anderswo, aber die pianistische Vorbereitung könnte anspruchsvoller und besser strukturiert sein. Wenn ich es mit manchen Ländern des ehemaligen Ostblocks vergleiche, die immer noch eine sehr gute Instrumentalausbildung haben, muss ich sagen, dass es in Deutschland schwächer geworden ist. Leider!

Was meinen Sie, woran liegt das?

An der kulturellen Ignoranz, die sich zunehmend in unserer heutigen Welt etabliert. An dem Mangel an Disziplin. An einer Gesellschaft, in der man immer »cool« sein muss. Solch eine Grundeinstellung ist hochproblematisch in einem Metier, in dem es so sehr auf Disziplin ankommt.

Welche Eigenschaften außer Disziplin finden Sie noch wichtig für den Aufbau einer Karriere?

Ein starkes Bewusstsein von der möglichen Diskrepanz zwischen innerer und äußerlicher Welt. Und vor allem von der Gefahr, die von der äußerlichen auf die innere Welt ausgeht. Heutzutage verstehen schon viele junge Leute etwas von Marketing und Public Relations und wissen sich gut zu verkaufen, weil sie verstehen, wie unsere Gesellschaft funktioniert. Ein wirkliches künstlerisches Projekt gibt es sehr selten. Darunter leidet der Inhalt. Und wichtig ist Kreativität, die nicht von dem Terrorismus der Wirtschaft diktiert wird. Kreativität muss aber selbst die Regeln diktieren. Das ist kaum irgendwo zu erkennen, und das ist die größte Gefahr für die klassische Musik. Man muss ernsthaft kämpfen für Kreativität, künstlerische Visionen und Projekte. Man muss sich fragen: Was hat wirklich Sinn – heute und für diese Welt? Welche künstlerische Welt wollen wir? Das ist für mich die Herausforderung.

Der Empfindsame: Hartmut Höll, Liedgestaltung und Kammermusik

Der Pianist Hartmut Höll (geb. 1952 in Heilbronn) gibt seit 1973 mit Mitsuko Shirai Liederabende in aller Welt. Von 1982 bis 1992 war er Partner von Dietrich Fischer-Dieskau, mit dem er Liederabende u. a. bei den Salzburger Festspielen, den Festivals von Edinburgh, Florenz, München, Berlin und in New York gab. In der Kammermusik ist er mit der Bratschistin Tabea Zimmermann seit 1985 verbunden, mit der er in ganz Europa, den USA, Kanada und Israel konzertiert. Seit 2001 begleitet Hartmut Höll Renée Fleming, weitere Partner waren und sind u. a. Thomas Hampson, Jochen Kowalski, René Pape, Christoph Prégardien, Hermann Prey, Andreas Schmidt und Peter Schreier. Rund 60 CD-Produktionen liegen vor, mehrfach international ausgezeichnet. Nach Professuren in Frankfurt und Köln ist Hartmut Höll Professor an der Hochschule für Musik Karlsruhe, seit 2007 deren Rektor.

Von 1985 bis 2007 war er künstlerischer Leiter der Internationalen Hugo-Wolf-Akademie für Gesang – Dichtung – Liedkunst e. V. in Stuttgart.

Beginnen wir mit einer jungfräulichen Situation: Sie möchten ein neues Werk einstudieren, das Ihnen noch völlig unbekannt ist. Wie gehen Sie vor?

Zuerst sehe ich mir die Noten an, um einen allgemeinen Eindruck zu bekommen. Dabei fallen mir bestimmte Dinge auf, die z. B. im grafischen Bereich liegen können und vielleicht sogar schon eine Tür zum Verständnis öffnen. Wenn es sich um ein Lied handelt, ist hierfür natürlich auch der Text von großer Bedeutung. Dem Notenbild kann man auf den ersten Blick schon einige grobe Informationen entnehmen: ob es zum Beispiel eher lyrisch ist oder eher Ruhelosigkeit ausdrückt; ob vielleicht Stille komponiert ist, wenn viele Pausen vorkommen. Ansonsten fange ich einfach mal an; vor allen Dingen damit, die Noten zu lernen. Das ist ein ziemlich trockener Prozess, den ich *ganz grundsätzlich sehr, sehr neutral in Angriff nehme* – egal, ob es eine neue Komposition ist oder etwas Traditionelles, wobei man unter Umständen dazu neigen könnte, sofort zu romantisieren. Ich lese die Noten, überlege mir Fingersätze, schreibe auch Anmerkungen hinein. Aber bewusst neutral, geradezu distanziert, um das Material nur als Material zu begreifen und keine Vorentscheidungen zu treffen in Bezug auf Klangfarbe, auf Art der Darstellung, auf Emotionalität. Und dann kann es sein, dass beim Spielen plötzlich eine Stelle wie von selbst zu klingen beginnt, sich spontan ordnet. Aus diesem klangsinnlichen Erleben heraus überlege ich mir, wie es von dort aus weitergehen kann und was davor geschehen muss, damit die Stelle aus einem sinnvollen Zusammenhang erwächst. Auch das kann wieder ein ganz spontanes Empfinden und Erleben sein.

Welche Rolle spielt der Text, wenn Sie ein neues Lied einstudieren?

Ich bin nicht der Meinung, dass man erst das Gedicht in seiner ganzen Tiefe verstanden haben sollte, bevor man auf die Komposition zugeht, sondern ich denke, dass der Komponist ja mit den Tönen seine eigene Interpretation des Textes mitliefert. Deshalb bin ich sehr bemüht, diesen aus dem musikalischen Zusammenhang heraus zu verstehen. Erst wenn ich in einer viel späteren Phase den Eindruck habe, alle Deutungsmöglichkeiten ausgeschöpft zu haben, schaue ich ihn mir noch einmal neu an. Dabei stelle ich z. B. fest, welche Strukturierung er hat. Diese macht vielleicht auf bestimmte Dinge aufmerksam, die ich in der Komposition auch finden kann. Oder ich finde etwas ganz anderes, wenn ich die beiden Schablonen gegeneinander halte und feststelle, dass sie nicht 1:1 übereinander passen. Daraus entstehen dann neue Ideen.

Ich sprach gerade von Emotionalisierungen. Mir ist persönlich wichtig, dass *Empfindungen* – und darum geht es ja in der Kunst zu einem Großteil – immer auf *Verstehen* basieren. Darum unterscheide ich auch mit Mitsuko Shirai[1] den Studierenden gegenüber sehr stark Gefühl und

Empfindung. Gefühl kann man auch mit einer Gießkanne willkürlich über ein Stück gießen. In dem Wort »Empfindung« ist ja auch »Finden« enthalten. Empfindung ist dem Verstehen eng verbunden. Daher meine Abneigung gegen voreiliges Romantisieren, gegen willkürliche Rubati oder auch eine Klanggestaltung, die das Stück so vielleicht gar nicht haben will.

Irgendwann kommen auch Momente, in denen es sich nicht mehr spontan ordnet, die Elemente nicht ineinander passen. Dann beginnt der *zweite Akt*: das Verstehenwollen. Es kann sogar sein, dass sich die Stelle, die so spontan zum Klingen kam und die Tür zu einem ersten Verständnis geöffnet hat, in diesem Kontext wieder vollkommen ändert. Dafür wird aber ein größeres Stück Zusammenhang sinnvoll. Es kann auch sein, dass man das Ganze mal frustriert in die Ecke legt und es zwei, drei Tage überhaupt nicht anschaut. Am vierten Tag läuft es dann plötzlich. Das heißt, der Körper lernt sehr viel auch unbewusst, ohne dass man selbst immer alles kritisch überwacht. Das betrifft Technisches wie Musikalisches.

Also ist das Üben für Sie in erster Linie ein fortschreitender Prozess des Verstehenlernens, geistig wie körperlich?

Ja, sicher. Man kann unter Üben auch das Erlernen der bloßen technischen Umsetzung verstehen, z. B. einer Passage. Aber es ist ein großer Unterschied, ob ich die Passage einfach technisch organisiere oder ob ich sie sinnvoll ordne, weil ich sie verstehe. Schon beim Finden des Fingersatzes sind ja Entscheidungen zu treffen, die nicht nur der Bequemlichkeit dienen.

Kann man sagen, dass bis zu einem bestimmten Moment des Übens das Verstehenlernen im Vordergrund steht und danach erst das Lernen der Darstellung am Instrument? Oder sind dies Vorgänge, die ständig parallel verlaufen?

Bei mir laufen sie permanent parallel. Kaum habe ich auf meine nüchterne, neutrale Art ein paar Noten gelernt, kommt schon das Verstehenwollen hinzu. Aber ich halte gewissermaßen die Basis stabil, indem ich mich anfangs möglichst neutral verhalte.

Aus einer erste Phase des Buchstabierens entwickelt sich also allmählich der »zweite Akt«, wie Sie das genannt haben, nämlich das Verstehenwollen. Kann sich bei dem Experimentieren, das Sie beschrieben haben, beispielsweise etwas so Grundlegendes wie ein Fingersatz, den Sie anfangs benutzt haben, oder eine zusammenfassende Spielbewegung durch ein neues Verständnis der Stelle wieder ändern?

Natürlich. Die anfängliche Neutralität beinhaltet auch, dass ich persönlich beim Musizieren wie beim Unterrichten immer davon ausgehe, *dass jede Emotion* – und Emotionen sollen, müssen ja entstehen! – *die Körperspannung ändert.* Deshalb ist es besonders wichtig, dass Empfindungen durch

Verstehen gefunden wurden. Im *dritten Schritt* lasse ich diese Emotionen so Körper werden, dass sie auch technische Auswirkungen haben. Ich habe früher manchmal verrückte Sachen gemacht, indem ich zum Beispiel einen traurigen, langsamen d-Moll-Satz aus einer Beethoven-Sonate einfach einmal lustig gespielt habe, also dasselbe Notenmaterial mit einer anderen Körperspannung. Man bekommt dann spontan eine andere Phrasierung, Artikulation etc., und man merkt, wie stark die reine Emotionalität technisch wirksam ist, sich umsetzt in Klang.

Dadurch wird wahrscheinlich die »richtige« Version in ihren interpretatorischen und technischen Abläufen viel reflektierter.

Genau. Nehmen wir als Beispiel ein Staccato. Das führt zu der nur scheinbar einfachen Frage, wie kurz ein Ton sein soll. Sie ist gar nicht zu beantworten, wenn man den Ausdruck nicht kennt. Ich kann meine Mittel, also staccato / legato, einen Akzent, die Dynamik etc. nicht einfach musikwissenschaftlich klären, ich kann sie immer nur im Kontext entscheiden. Und Kontext heißt, dass die verschiedenen einzelnen Parameter alle mitgedacht sein müssen.

Um Empfindung und Verständnis wirklich »Körper werden zu lassen«, muss man in einem technisch schwierigen Stück einige Passagen sehr häufig wiederholen, damit sie wirklich sicher verankert werden. Viele Wiederholungen bergen aber die Gefahr, dass sich der emotionale Gehalt, um den es zum großen Teil geht, abnutzt. Übt man zum hundertsten Mal einen besonders schwierigen Takt einer Liszt-Etüde, kann man die Emotionalität sicher nicht mehr reproduzieren.

Deswegen trenne ich das von Anfang an und halte mir meine Basisarbeit so lange wie möglich neutral. So lange wie möglich heißt, bis ich wirklich eine sinnvolle Verständnisidee habe. Zunächst geht es um eine ganz nüchterne Bewegungsfindung: Wie verhält sich hier das Handgelenk, ist es zu tief, oder stelle ich es zu hoch, oder ist die Schwierigkeit einer Passage nur dadurch zu bewältigen, dass ich mit dem Ellbogen aushelfe, oder kann ich mir das abgewöhnen? Das heißt, da ist von Emotion überhaupt nicht die Rede. Aber in dem Moment, in dem sich diese Dinge geordnet haben, ist der Übergang in den klingenden Bereich – und damit meine ich auch, dass Farben und Empfindungen transportiert werden – sehr fließend. Dann springt man immer mal wieder zurück und hin und her.

Einer meiner Lehrer, Jürgen Uhde, hat immer davor gewarnt, zu lange ohne Verständnis und Empfindung zu üben. Er sprach von den »Narben«, die rein technisches Üben sogar langfristig an dem Stück hinterlässt.

Ich verstehe sehr gut, an was er gedacht hat, aber ich meine keine routinierte Kälte. Oder kalte Routine. Es wäre auch technisch nicht gut, wenn das Spiel nur ein Finger-Auf-und-Ab wäre. Jede Phrase hat ihren Atem, der von Anfang an umgesetzt werden will, wobei das Atmen eines Tages auch emotional sein wird. Bei den Studierenden erlebt man ja sehr oft, dass sie sich mit Herz in die Materie hineinstürzen, aber eigentlich nichts stimmt. Dann werden ganz konventionelle Übergänge gemacht, weil man halt diese oder jene Kadenz üblicherweise mit Rubato spielt. Oder aber sie glauben, gar kein Rubato zu machen, weil es kein musikalisch gewolltes ist, sondern nur durch technische Unachtsamkeit entstanden ist. Sie brauchen es und bilden sich wirklich ein, geradeaus zu spielen, dabei spielen sie permanent um die Kurve. Wenn man das alles neutral hält, bis es funktioniert, kann man reflektieren, was man wirklich an Gestaltungsmitteln will.

Auch umgekehrt erlebe ich es oft: Studierende kommen aus den Semesterferien mit einem neu einstudierten Stück, das »technisch« schon ganz gut läuft, gestalterisch aber völlig neutral ist, weil sie Interpretationsvorschläge vom Lehrer erwarten. Auch später, nachdem man das Stück mit ihnen mehrfach gestalterisch gearbeitet hat, sind die »Narben« des fantasie- und verständnislosen Übens noch zu hören, weil bei der geringsten Konzentrationsschwäche wieder in die alte Gewohnheit verfallen wird.

»Narben« sind in dieser Art des Denkens natürlich Festsetzungen. Und diese Festsetzungen gibt es im musikalischen wie technischen Bereich. Solche »Kalksteinbildungen« sind überall möglich. Da muss man lernen, stets wach zu sein. Ich persönlich beginne meinen Übetag mit Stücken, deren Material ich beherrsche, sodass ich mich vollständig einbringen kann. Für mich ist es so, dass ich mit einem Stück erst dann verschmelze, wenn die Emotionalität, von der ich sprach, auch Körper geworden ist, wenn die Balance zwischen technischer Erfordernis und technischer Bestimmtheit durch die Emotion gefunden ist. Das ist eine Arbeit, die ich nur machen kann, wenn ich wach bin. Das heißt, ich muss mir sehr bewusst sein über das Werk, mich selbst und meine Situation. Dann wächst mein Körper in die Musik und die Musik in meinen Körper. Das Notenlernen neuer Stücke steht bei meinem Übetag an zweiter Stelle. Ich würde nicht damit anfangen. Dann habe ich einen müden Kopf und keine Lust mehr. Aber wenn ich von dem Bewusstsein getragen werde, Musik gemacht zu haben, trinke ich einen Kaffee und nehme mir anderthalb Stunden, um ein neues Stück zu lernen. Denn dazu brauche ich nicht die volle Kapazität, die ich vor allem morgens habe, wenn ich frisch bin.

Spielt das Auswendiglernen für Sie eine Rolle?

Ich hab's immer gehasst.

Gibt es trotzdem etwas, das Sie auswendig gelernt haben?

Auswendig *gelernt*, nein. Auswendig *gespielt*, ja. Es ist so: Wenn Musik Körper wird, stehen die Noten auch nicht mehr auf dem Blatt Papier vor mir. *Man muss erinnernd Noten lesen.* Viele starren so krampfhaft auf die Noten, dass sie allein deshalb schon einen steifen Rücken haben. Alles ist nach vorn gerichtet. Erinnerndes Notenlesen heißt aber, dass ich die Noten rückwärts in mich aufnehme, denn die Erinnerung ist hinter mir, nicht vor mir. Wenn man Studenten darauf hinweist, dass sie erinnernd Noten lesen sollen, hat das meist sehr große körperliche Auswirkungen. Insofern können wir alle auswendig spielen. Wenn ich sage, ich habe es gehasst, dann deshalb, weil ich immer beim ersten Takt schon daran dachte, wie der fünfte geht, und über diese Hürde lange Zeit nicht hinwegkam. Da hatte ich auch im Studium keine Hilfe.

Welche Hilfen geben Sie zum Auswendigspiel?

Wenn ich ein Stück analytisch weiß, kann ich es natürlich auch leichter spielen. Es darf nicht so sein, dass nur die Finger laufen und man rausfliegt, sobald der Kopf einmal einsetzt. Ich hörte letztens von einem fantastischen 15-jährigen Vorschüler die Berg-Sonate op. 1 und habe mich gewundert, wie differenziert er das Stück in seinem Alter schon spielen konnte. Ich habe ihn gefragt, wie er es gelernt hat. Als Erstes hat er es für acht Streicher aufgeschrieben. Großartige Idee! Wer kommt schon mit fünfzehn darauf, sich nicht gleich emotional in das Stück zu werfen, sondern es erst einmal für eine andere Besetzung zu schreiben, um die Struktur zu begreifen? Und das war hörbar! Er konnte es natürlich auswendig. Es gibt viele andere Möglichkeiten, aber das erinnernde Lesen halte ich für fundamental, weil das wirklich bis in die Technik, in das eigene Singen, in das Atembewusstsein hineinreicht.

Wie gehen Sie an ein Stück oder einen Zyklus heran, den Sie vor längerer Zeit einstudiert und einige Jahre nicht gespielt haben? Ich meine den Fall, bei dem man noch eine ziemlich genaue Vorstellung von dem Stück hat, die mechanische Ausführung aber weitgehend wieder geübt werden muss.

Ich sagte ja: Am Ende des Einstudierens ist die Musik mein Körper geworden. Davon ist also mein ganzes Ich betroffen. Daher habe ich das Glück, dass ich Dinge, die ich so gelernt habe, eigentlich nicht mehr vergesse. Am Anfang fühlt sich natürlich einiges ein bisschen steif an, das ist klar, man muss auch die eine oder andere Stelle wieder »in die Finger bekommen«, aber mein Körper hat eine ganz starke Erinnerung. Es ist also eher ein Sich-lösen, ein Wiederfreiwerden, um die Kraft für das Stück zu gewinnen.

Was steht im Vordergrund: sich wieder zu erinnern oder vielleicht auch dasselbe Stück neu zu hören?

Zuerst einmal das Erinnern. Dann ist es auch ein Training, die Kräfte für das Werk wiederzufinden. Es ist im Liedbereich ein großer Unterschied, ob man einen ganzen Mahler-Abend oder *Die schöne Müllerin* vor sich hat. Das sind auch von den konditionellen Anforderungen her sehr verschiedene Dinge. Ich habe solche Programme immer auch konventionell-emotional technisch trainiert in dem Sinne, dass ich immer versuche, alles so stark wieder körperbewusst zu machen, dass ich noch eine Reserve habe, also es nicht mit letzter Kraft noch schaffe. Dann kann ich ganz aus dem Vollen schöpfen. Wenn also alles wieder zurückgekommen ist, ist der Rest, der wichtige Rest, ein intellektueller Vorgang. Ich habe ja zwischenzeitlich andere Erfahrungen gemacht, vielleicht besonders rhythmischer Natur durch andere Stücke. Dann werde ich mir das Werk mal unter diesem Gesichtspunkt anschauen. Das kann auch der Kraftstrom in der Sprache sein oder auch Hinweise, z. B. eine Stelle im *Gebet* von Hugo Wolf / Eduard Mörike. Da steht:

»Herr! schicke, was du willt,
Ein Liebes oder Leides,
Ich bin vergnügt, dass beides
Aus Deinen Händen quillt.
Wollest mit Freuden
Und wollest mit Leiden
Mich nicht überschütten!
Doch in der Mitten
Liegt holdes Bescheiden«.

Ich fand die Stelle »wollest mit Freuden und wollest mit Leiden« immer etwas mühsam. Mir ist dazu nicht besonders viel eingefallen. Dann las ich das kleine Buch von Peter Härtling, »Der Wanderer«, wo er die freche, die wunderbare Frage stellt: Wem rät Mörike zu holdem Bescheiden? Sich selbst oder Gott? – Jedenfalls nicht sich selbst! Das ist wirklich sehr provokant, und ich dachte, wie schade, dass das Wolf nicht komponiert hat. Ich habe erneut in die Noten geschaut und festgestellt, dass genau bei »mich« ein Sforzato im Klavier steht, womit ich zuvor nie zurechtkam. Ich habe zwar immer ein bisschen lauter gespielt; der Punkt war aber genau der, dass ich diese Stelle nicht wirklich verstanden hatte. Durch die Leseerfahrung und durch Gespräche mit Peter Härtling wurde mir klar, dass das Ganze überhaupt nicht biedermeierlich fromm bzw. frömmelnd ist, sondern das pure Gegenteil. Mörike ist ein frecher Hund! Und Wolf hat es gesehen. Nun ist es leicht, dieses Sforzato mit provokanter Lust zu spielen. So kommen im Laufe der Zeit neue Erfahrungen hinzu.

Wie halten Sie Ihr großes Repertoire spielbereit? Hilft da einfach die Häufigkeit der Aufführungen, oder sind Sie geistig permanent damit beschäftigt?

Die Frage kann ich wirklich sehr schwer beantworten. Ich spiele zum Beispiel jetzt im Dezember einen ganzen Szymanowski-Abend in Moskau. Zuletzt haben Urszula Kryger und ich dies Programm im April gemacht. Deshalb bin ich mir sicher, dass ich, wenn ich mir ein paar Tage vorher zwei bis drei Stunden nehme und die Musik Körper werden lasse, alles wieder weiß. Dann noch eine schöne Probe und am Vormittag vor dem Konzert etwas Zeit für mich allein zum Ausprobieren, so bin ich sicher, dass wir mit Freude musizieren werden. Anfangen werde ich übrigens immer mit den Stücken, die ich als speziell diffizil in Erinnerung habe. Vieles ordnet sich unter Umständen von selbst. Man durchlebt ja in der ersten Erarbeitungsphase sehr viele Dinge gleichzeitig so tief, dass man einfach etwas blockiert sein kann. Wenn man solche Stücke später noch einmal lockerer angeht, ohne Stress, dann findet man plötzlich neue Lösungen, die einem helfen, eine gelassenere Einstellung zum Alten zu finden.

Ist es für Sie der ideale Ablauf, dass Sie am Vormittag eines Konzerts Zeit für sich selbst haben?

Ich habe sehr gern am Konzerttag Zeit für mich selbst. Geprobt wird ja am Tag vorher. Ich habe mir allerdings den Luxus erlaubt, mit nur wenigen Kammermusik-Partnern zu arbeiten, aber dafür ausführlich zu proben. Nicht weil es anders nicht ginge, sondern weil es einfach mehr Freude macht. Es geht ja nicht um eine kurze Verständigung – und dann spielt jeder seinen Teil möglichst gleichzeitig mit dem Partner –, sondern *Kammermusik ist ein Gespräch*, ein gemeinsames Eindringen in ein Werk. Trotzdem entscheiden sich die Details im Konzert. Man weiß, dass der Partner das Vermögen eines großen Reichtums hat, und hofft, dass man dem selbst auch gerecht wird und etwas anzubieten hat. So greifen beide Partner ineinander. Das ist es ja, was Spaß macht. Am Konzerttag selbst kann ich, wenn ich für mich bin, alle Dinge noch einmal gelassen bedenken. Was besonders gut tut, wenn bei der Probe am Vortag Überraschendes geschehen ist, das ich verarbeiten möchte.

Sie proben also am liebsten gründlich und ausführlich, um gemeinsam mit dem Partner das Werk zu erschließen?

Im Prinzip ja. Wobei ich nicht der Meinung bin, dass man endlos proben muss. Ich erinnere mich an eine *Schöne Müllerin* mit Hermann Prey im Prinzregententheater. Ich musste ganz kurzfristig einspringen. Am Vorabend kam ich zu ihm nach Hause. Er hatte ein Metronom in der Hand und sagte: »Ich habe die Idee, alles auf einen einzigen Puls zu machen.«

So hatte er eine einzige bestimmte Metronomzahl festgelegt und alle Lieder sollten auf diesem Puls basieren. Prey hat keinen Ton gesungen, nur den Text im Metrum gesprochen. Ich habe jedes Lied angespielt – die ersten zwei, drei Takte – dann war klar: So machen wir es. Ich erinnere mich, dass es eine faszinierende Aufführung wurde, nicht leicht, weil manches sehr langsam war, das eigentlich eine gewisse Unruhe braucht. Doch wir schafften eine Aufführung aus einem Guss, waren immer hundertprozentig zusammen – es hat einfach Spaß gemacht.

Wie läuft der Konzerttag weiter ab?

Wenn es irgend möglich ist, spiele ich gern von zehn bis halb eins im Saal. Denn der musiziert ja mit. Ich kann nicht einfach meine Interpretation in irgendeinen beliebigen Raum pflanzen. Und vor allem schenkt mir das Instrument – und wie es im Saal klingt – jeweils andere Möglichkeiten. Und nimmt mir auch eventuell welche. Aber ich reagiere gern auf überraschende Nuancen, die ein Instrument von sich aus bringt und die ich dankbar aufnehme. Zum Beispiel dass sich schwebende Klänge, um die man in anderen Räumen kämpfen muss, in dem Saal wie von selbst ergeben. So kann man manchmal einem Stück Schattierungen geben, die woanders nicht möglich sind. Dann übe ich, wie ich diese Besonderheiten Körper werden lasse, um da am Abend wieder ansetzen zu können. Das empfinde ich auch als Erholung vom Alltag.

Und nachmittags?

Da habe ich früher ein bis zwei Stunden geschlafen. Heute nehme ich es oft lockerer und mache das eine oder andere, Museumsbesuche oder so etwas.

Wie sah denn ein normaler Übetag aus, bevor Sie an der Hochschule für Musik Karlsruhe Rektor wurden und sicher etwas mehr Zeit zum Üben hatten? Wie haben Sie den Übeablauf strukturiert?

Ich muss gestehen, dass ich nie sonderlich strukturiert war. Ich habe eigentlich immer in Phasen gearbeitet, nie täglich. Mir ist es lieber, vier Tage am Stück zu haben, an denen ich mich auf eine Sache vollständig konzentrieren kann, als jeden Morgen von acht bis zwölf so eine Routine abzuspulen. Ob das gut ist, weiß ich nicht, denn an Vormittagen schafft man sehr, sehr viel. Es gibt auch konditionelle Unterschiede. Der eine macht Kammermusik, der andere hat ein Rachmaninow-Konzert vor sich. Man ist Kurz-, Mittel oder Langstreckenläufer. Wenn ich einen ganzen Mahler-Abend vor mir hatte, habe ich deutlich mehr am Klavier geübt, um auch Kräfte zu trainieren für die orchestrale Präsenz. *Es gab aber immer soviel anderes, was mich interessiert hat.* Ich habe die Hugo-Wolf-Akademie geleitet, die mich sehr in Anspruch genommen hat. Ich habe sehr viel gelesen. Auch das Leben zu leben und zu erfahren, gehört dazu.

Die Gefahr des Vielseitigen ist ja, dass er auf jedem Gebiet von den Einsei-
tigen überholt werden kann.

Aber man bekommt so viel geschenkt! Wenn man sich einer neuen Sache
widmet, kann es schon sein, dass man kurzfristig woanders schlechter
wird. Aber als Künstler ist man immer unterwegs, man ist nicht festlegbar.
Wenn man nicht bereit ist, etwas Neues zu bekommen und dafür etwas
Altes aufzugeben, entwickelt man sich nicht weiter. Bei Studierenden ist
man als Lehrer oft betrübt, weil es an einer bestimmten Stelle nicht weitergeht, obwohl man ständig darum kämpft. Ich habe dann sehr häufig
durch ein Gespräch mit dem Studierenden erfahren, dass ihm irgendetwas sehr wichtig ist, wovon er nicht lassen will. Er ist wohl bereit, das
Neue zu bekommen, aber er will das Alte nicht aufgeben. Das führt zu
einer Unbeweglichkeit, die ihm das Neue verschließt. Wenn er aber bereit
ist, auf das Alte für das Neue zu verzichten, kann er das Alte auf neue
Weise wiedergewinnen. Es kann aber sein, dass jemand während des ganzen Studiums von den alten Gewohnheiten nicht wegfindet. Ich komme
mir beim Unterrichten oft vor wie auf einem Globus. Lehrer und Schüler
wollen zum Mittelpunkt dieses Globus, ins Zentrum der Sache. Jeder wandert an verschiedenen Punkten. Und ich rufe, sehe den anderen jedoch
nicht oder nur selten. Aber wir wollen beide nach innen. Das heißt, man
kann eigentlich immer nur von den unterschiedlichen Punkten aus durch
Zuruf Mut machen. Das fordert viel Fantasie und immer neue Einfälle,
denselben Sachverhalt immer wieder anders zu formulieren. Ist man aber
gemeinsam im Mittelpunkt, im Zentrum angekommen, ist der Weg über-
allhin gleich kurz.

Das ist ein sehr schönes Bild. So ähnlich ist es auch mit Kammermusik-
und Liedpartnern, mit denen man gemeinsam tiefer ins Werk eindringen
möchte. Wie sieht die erste Probe mit einem neuen Programm aus?

Zunächst habe ich es natürlich für mich erarbeitet und bringe meine eigenen Ideen mit.

Sind Sie demnach mit dem eigenen Üben über die neutrale Anfangsphase
bereits hinaus? Oder bleiben Sie noch etwas im Neutralen, um offen für
die Vorstellungen des Partners zu sein?

Es ist noch etwas von der anfänglichen Neutralität da. Aber ich überlege
mir natürlich – nicht dass ich den Text mitspreche, das nie! – wie der Kraftstrom verläuft, der durch die Worte bewirkt wird. Es ist ein großer Unterschied, ob es Deutsch oder Französisch oder eine andere Sprache ist. Die
Sprache ordnet sich auf verschiedene Weise, das hängt von der Melodie,
von der Dynamik, vom unterschiedlichen Sprachstrom ab. Ich habe also
schon eine genaue Vorstellung von meinem Part und davon, was ich vom

anderen erwarte. Das natürlich immer vor dem Hintergrund des Textverständnisses. Das Ganze ist auch »mein« Körper geworden. In der ersten Probe mit einem neuen Partner bin ich in dieser Hinsicht »nicht gut«: Ich gebe nicht viel vor, ich spiele eher eine Nuance zu zurückhaltend, um zu lernen, was der andere will. Das Zusammenspiel entwickelt sich dann, wenn ich allmählich begreife, wohin der andere will, was sich von meiner Vorstellung unterscheidet, wo wir uns treffen.

Kann es da auch gravierende Auffassungsunterschiede geben?

Wenn es so gravierend ist, dass wir uns nicht verstehen, wird natürlich darüber geredet, dann werden die verschiedenen Ansätze ausprobiert. Wenn es überraschend war im Sinne einer Lösung, die ich selbst nicht bedacht habe, dann muss ich die innere Logik, die dazu geführt hat, schnell zu meiner machen. Wenn ich es nicht schaffe, warte ich bis zum nächsten Tag. Dann hab ich's.

Nehmen wir einen häufigen und gewichtigen Auffassungsunterschied, das Tempo.

Das Tempo im Lied – bei instrumentaler Kammermusik ist das anders ist immer durch den inneren Textzusammenhang vorgegeben.

Und durch den Atem ...

Unbedingt. Ein Sänger nimmt natürlich kein Tempo, das er nicht schafft. Aber außerdem *muss das Tempo im sprachlichen Erleben sinnvoll sein.* Natürlich kann man durch den gesungenen Ton die Sprache langsamer transportieren; aber wenn ich ein Tempo so sehr dehne, dass der innere Sprachzusammenhang, der Erlebenszusammenhang nicht gegeben ist, dann ist das ein falsches Tempo. Wenn über einem Lied »sehr langsam« steht, heißt das, es ist sehr langsam *im Kontext der Sprache,* des Textsinns. Insofern werden ganz extreme Dinge nicht vorkommen. Wenn etwas wirklich überraschend langsam ist, frage ich mich, was es emotional bedeutet: Soll es unermesslich traurig sein, oder schildert es eine desaströse Leere, oder soll es eine über das normale menschliche Ermessen hinausgehende Schönheit ausdrücken? Ich würde es in der Weise umsetzen. Und wenn ich dafür eine Lösung finde – das ist das Begreifen –, dann kann ich es auch spielen.

Dennoch werden ja langsame Lieder mitunter so langsam und zäh zelebriert, dass man als atmender Hörer glaubt, ersticken zu müssen.

Oh ja. Wenn man z. B. die *Mondnacht*[2] endlos dehnt, weil man zeigen möchte, dass alles sooo schön ist, verstehe ich das zwar, würde aber darauf hinweisen, dass der Konjunktiv am Ende[3] ein Ausdruck ist für die Unruhe, die Zerbrechlichkeit der Schönheit, die die Schönheit erst ausmacht. Es ist also wieder ein emotionales Verstehen, das mir das Tempo vorgibt. Ich habe das Glück, mit solchen Partnern wie Tabea Zimmermann zu spielen, die in genau solchen Kategorien denken. Da kann man vor dem Konzert sagen – zum Beispiel erster Satz *Arpeggione* –, heute nehmen wir es mal melancholischer oder eher ein bisschen virtuoser oder nachdenklicher oder eleganter. Das sind ja alles Begriffe – außer der Virtuosität –, die menschlichen Erlebenssituationen entsprechen. Ich übertrage da meine Erfahrungen mit dem Lied und mit Sängern in den kammermusikalischen Bereich, in dem es ja viel mehr um Strukturen geht, um Architekturen, um Symmetrien. Trotzdem sind auch die scheinbar abstrakten Kammermusik-Gebilde einem Text, einem literarischen Text, zugeordnet. Deshalb ist eine solche Herangehensweise noch keine Programmmusik. Im zweiten Satz des Schubert-Quintetts beispielsweise – mit seinem Stocken, mit seinen Pausen – steckt eine humane Bedeutung, auch wenn man die nicht in Begriffe fassen kann. Es ist jedenfalls kein nur abstraktes Gebilde, das irgendein extrem langsames Tempo vertrüge.

> Was sind bei den nächsten Proben die Arbeitsschritte, damit alles Geprobte zu einem Ganzen zusammenwachsen kann? Denken wir an den Extremfall eines großen Zyklus.

Für Mitsuko Shirai und mich war immer der Gedanke extrem wichtig, dass ein Zyklus eine Veränderung des Ich bedeutet. Das heißt, derjenige, der in der *Winterreise* oder in op. 39 von Schumann aufbricht, ist am Ende nicht mehr derselbe. Wenn es im Lied »Ich« heißt, dann muss das die Person sein, die vorn am Flügel steht. Insofern werden Lieder nicht »vorgetragen«. Der Sänger hat das Publikum nicht zu füttern, indem er in die Leute hineinsingt. Im Gegenteil: Das Publikum bekommt geschenkt, dabei sein zu dürfen, die Geschichte in Gestalt des Sängers mitzuerleben, eine eigentlich äußerst intime Angelegenheit. Und was mich als Pianisten betrifft: Ich spiele genauso als Ich in diesem Stück. Nur kommt mir manchmal die Aufgabe zu, Atmosphäre zu schaffen, dem Lied die Szene zu bereiten, manchmal auch die zweite Stimme dieses Ichs zu sein. Da muss ich wechseln zwischen Szene, »Begleitung« und Singen der singenden Melodie als persönlicher Äußerung. Das sind ganz verschiedene Prozesse. Wenn man von dieser Verstehensbasis aus musiziert, stellen sich ganz andere Fragen beim Erarbeiten. Dann geht es nämlich darum, dass z. B. bei einer *Winterreise* das erste und zweite Lied sicherlich zusammengehören, während das Ich zwischen zweitem und drittem Lied einen Riesenschritt macht. Als ob da ein Gedicht fehlen würde. Oder einfacher gesagt: In den *Gefror'nen Tränen* ist dieses Ich bereits weit weg, ganz woanders. Das heißt, die Aufgabe im Zyklus ist zweierlei: Wie binde ich *Fremd bin ich eingezogen* und *Die Wetterfahne* aneinander, und wie fülle ich die Zeit zwischen der *Wetterfahne* und den *Gefror'nen Tränen*. Das ist dann ein ganz anders zu gestaltendes Alleinsein. Man lernt insofern ein Stück erst auf dem Podium zu Ende, auch wenn man sich vorher schon viel überlegt haben kann. Man geht nach dem ersten, zweiten, zehnten oder hundertsten Mal jeweils anders an das Programm heran.

Was uns auch immer beschäftigt hat, ist, dass Schubert den *Leiermann* einen Ton höher geschrieben hat, als er im Druck erschienen ist. Also h-Moll statt a-Moll. Wir haben das für uns zu Hause ausprobiert und immer eigenartig gefunden. Das klang nicht, passte nicht. Ich habe es auch nie so von anderen Sängern gehört. Auf der anderen Seite war es Schuberts Wille; der Verleger hat es eigenmächtig geändert. Das hat uns immer beschäftigt. Vor drei Jahren vor einem Konzert in Tokio sagte ich zu Mitsuko: Probieren wir es wieder einmal. Dann fiel mir auf, dass im vorletzten Lied, den *Nebensonnen*, am Anfang *pianissimo* steht, aber am Ende des Liedes *piano*. Normalerweise hört man das immer anders herum, weil es so seltsam ist, extrem leise anzufangen und in der Reprise lauter zu sein. Erst als ich 1997 Schuberts gesamte von ihm selbst für den Druck vorbereitete 108 Opera geschlossen aufführte, ist mir klar geworden, dass Schubert, wenn er pianissimo schreibt, damit nicht einfach »sehr leise« meint, sondern immer eine spezielle Situation der Erinnerung. Sonst ergibt es keinen Sinn, dass er auch bei »Fremd bin ich eingezogen« regelmäßig pianissimo fordert, nicht erst bei »Will dich im Schlaf nicht stören«, wie es dann üblicherweise auch besonders leise gemacht wird. Es steht *immer* pianissimo da. Und wenn man das bei Schubert als Erinnerung versteht und nicht nur als dynamische Anweisung, sehr leise zu spielen bzw. zu singen, dann erst ergibt alles einen Sinn. Gegenüber dem Realismus, den das Piano bringt (»Im Dunkeln wird uns wohler sein«), erscheint der *Leiermann* einen Ton höher in ganz fahlem Licht, in einer ganz anderen Dimension. Nach der Todessehnsucht des »Im Dunkeln wird mir wohler sein« schaut der Winterreisende in eine Region, die wir als Hörer nur erahnen können. Hier steht wie oft bei Schubert das Piano als Ausdruck von Realität gegen das Pianissimo des gedachten Raumes.

Wie nähern Sie sich beim Proben der konkreten Aufführungssituation an?

Ein Sänger kann vor dem Konzert markieren, um die Stimme zu schonen, ein Pianist kann das in der Weise nicht. Für mich ist ganz wichtig – ob nun markiert wird oder nicht –, dass ich im musizierenden Strom des Anderen ganz deutlich eine gestalterische Kraft spüre. Dann kann ich die Details abnehmen, dann bin ich mit dem Partner zusammen. Wenn man in der Weise ein Werk durchgegangen ist, kann man sicher sein, dass es auch auf dem Podium funktionieren wird. Wenn man beim Proben nur alles antippt, bin ich unglücklich. Das mag ich nicht. Beim Proben muss der Kraftstrom spürbar sein.

Ist die letzte Probe vor dem Konzert eine Generalprobe, oder spielen Sie nur hier und da das Programm an, um für das Konzert ganz offen zu sein?

Das hängt vom Programm und von der Situation ab. Es ist vor allem ein Gespräch. Manchmal geht man auch das Ganze durch und stellt fest, dass es ein paar Probleme gab. Deshalb muss man es nicht unbedingt noch mal machen, um sich zu beweisen, dass man es jetzt kann. Man lernt, worauf man achten muss. Es kann auch sein, dass man sich schwerpunktmäßig mit einem Stück beschäftigt oder dass man feststellt, dass etwas noch nicht recht geht. Dann probiert man aus, wie man hineinfindet. Es ist also eine relative Offenheit, die auch notwendig ist.

Sie beschrieben vorhin, wie ein Programm von Aufführung zu Aufführung wächst. Es ist also für die eigene Entwicklung notwendig, gute und möglichst immer bessere Aufführungsmöglichkeiten zu bekommen, was eine gewisse »Karriere« notwendig macht. Mich zum Beispiel hat als Student Karriere überhaupt nicht interessiert. Mir war und ist wichtig, immer tiefer in die Musik einzudringen, viel Verschiedenes kennenzulernen. Ich hatte im Gegenteil das Gefühl, dass mich eine Karriere an dieser Verinnerlichung gehindert hätte. Erst später mit einiger Konzerterfahrung musste ich feststellen, dass ein Konzert kein Endpunkt der Entwicklung ist, sondern diese geradezu schubhaft fördert. Deshalb meine Frage an Sie: Wie ist es möglich, sobald man in der persönlichen und musikalischen Entwicklung weit genug ist, rechtzeitig eine gesunde Karriere aufzubauen, die in dem gerade beschriebenen Sinne die Entwicklung der künstlerischen Persönlichkeit fördert und sie nicht durch Äußerlichkeiten verschleudert? Beginnen wir mit dem Studium.

Das ist eine sehr schwierige Frage für mich, weil ich es eigentlich genauso sehe: Karriere ist als Selbstzweck gar nicht wichtig. Ich möchte mich deshalb von einer anderen Seite her annähern. Wenn ich gute und interessante Leistungen bringe, wirklich etwas vorzuweisen habe, dann wünsche ich mir, dass es Menschen gibt, die darauf aufmerksam werden und dann weiterhelfen. Shirai/Höll hatten damals beim Hessischen Rundfunk Hans Koppenburg, der für die sogenannte »Junge Szene« verantwortlich war. Mich hat Gerhard Oppitz darauf aufmerksam gemacht und mir geraten, ihm zu schreiben. Das habe ich gemacht, denn die Welt kann ja nicht wissen, dass es einen gibt. Das ist wichtig! Dafür, dass wir uns vorstellen durften, war ein 1. Preis beim Hugo-Wolf-Wettbewerb[4] hilfreich. Beim Rundfunk hörten sie sich das ganze Programm an. Von da an war Hans Koppenburg ein ganz wunderbarer Ratgeber, initiierte Programmideen, förderte durch Konzertvermittlungen, war ein hilfreicher, ein kritischer Ratgeber. Er lehrte mich auch, für eigene Ideen und Programme zu werben, und half mir, dies in der jeweils richtigen Form zu tun. So hat sich alles weiterentwickelt. Zusammen mit Gisela Walter hatte Hans Koppenburg die Weilburger Schlosskonzerte gegründet. Schon früh bekamen Mitsuko und ich die Einladung, dort einen ganzen Schubert-Abend zu machen. Nach wenigen Jahren der regelmäßigen Präsenz merkten wir, dass wir uns ein eigenes Publikum aufgebaut hatten. Und das ist gerade für Konzertsänger ein ganz wichtiger Punkt: das eigene Publikum!

Solche Art von Förderung wünsche ich mir für die eigenen Studierenden heute, muss aber sagen, dass es nach meinem Kenntnisstand in Deutschland leider solche Persönlichkeiten wie Hans Koppenburg nicht mehr gibt. Diese wesentliche Förderung der jungen Generation wurde bei den öffentlichen Rundfunkanstalten schlichtweg wegrationalisiert. Und die privaten suchen mit Deutschland den Superstar ... Statt persönlicher Betreuung und Förderung bietet man heute an den Hochschulen Selbstmanagement und Marketing an. Damit tue ich mich schwer, weil ich mich scheue, diese Fächer für Studierende anzubieten, von deren künstlerischen Leistungen ich nicht überzeugt bin. Wenn ich aber von der Einzigartigkeit von Leistungen überzeugt bin – und das macht ja Kunst aus: Unverwechselbarkeit und Einzigartigkeit –, dann gehe ich von meiner Seite auf solche Studierenden zu. Als ich die Hugo-Wolf-Akademie noch leitete, konnte ich auch selbst Chancen geben.

Wie wichtig ist *Flexibilität* für das berufliche Fortkommen? Manchmal zeigt sich die Einzigartigkeit erst, nachdem man mit seiner ursprünglichen Absicht gescheitert ist...

Wichtig ist zu wissen, dass es mit dem Hauptfach nicht getan ist oder damit, dass man schneller spielen oder höher singen kann als jemand anders. Wichtig ist das Interesse an lebendigem Leben. Und aus solchem Interesse wachsen auch gute Programme. Vielleicht werde ich langsam etwas altmodisch, aber ich habe den Eindruck – ganz vorsichtig formuliert –, dass es Generationen gab, die sich wesentlich lebendiger darstellten als andere. Ob es daran liegt, dass man unter 16 Jahren Helmut Kohl aufgewachsen ist oder aber aus einer bewegteren Zeit kommt oder aus bewegteren Ländern, wo es in der politischen Situation drunter und drüber geht, wo ich nicht bedient werde, sondern mich selbst behaupten muss? Wir können uns ja nicht wünschen, dass es uns schlechter geht, aber ich denke schon, dass die Lebensumstände prägend sind. Ich bin mir als Rektor sehr bewusst, dass ich in Bezug auf Allgemeinbildung oder übergeordnetes Bewusstsein viel tun kann und muss. Für mich als Student gehörte z. B. dazu, dass ich mit einer Schauspielerin befreundet war und endlos bei Theaterproben saß, weil ich mich dafür interessiert habe. Ich bin da nicht mit der heute verbreiteten Mentalität hingegangen, mich zu fragen, ob mir das für mein Berufsziel jetzt direkt etwas bringt, ob ich dafür ECTS-Punkte bekomme.

Es gibt viele Dinge, von denen ich überhaupt im entsprechenden Augenblick gar nicht merken kann, ob oder dass sie mir etwas bringen, aber 15 Jahre später stehen mir vielleicht deshalb alle Türen offen. Wie man solch *lebendiges Interesse* in die Köpfe und Herzen wieder hineinbekommt, wüsste ich gern und lasse im eigenen Bemühen nicht nach.

Ich möchte eigentlich diese einseitig gerichteten Begabungen gar nicht auf dem Podium hören. Das mangelnde Interesse an übergeordneten oder auch nur anderen Bewusstseinsinhalten wird ja durch entsprechende Sterilität hörbar.

Ja. Das vielseitige Interesse gehört mit zur Karriere. Nicht so eine einseitige, eitle Aufdringlichkeit, sondern eine ganz unschlagbare Lebendigkeit und Einzigartigkeit.

Welche Rolle spielen Wettbewerbe Ihrer Meinung nach?

Wettbewerbe sind wichtig, weil sie Türöffner sind, wenn man einen Preis bekommt. Das bedeutet nicht übermäßig viel, aber es zeigt doch, dass man sich von anderen abgehoben hat. Ich würde nicht an Wettbewerben teilnehmen, um schneller zu spielen als andere und unbedingt einen Preis zu gewinnen, sondern um zu zeigen, was ich persönlich möchte, auch um anderen Teilnehmern zuzuhören und mich einmal von Jurymitgliedern beraten zu lassen, um zu hören, wo ich eigentlich stehe.

Der zeitliche Aufbau der Karriere ist ebenfalls von großer Bedeutung. Vielleicht habe ich einen Manager, der mir mit achtzehn schon die Möglichkeit verschafft, in der Carnegie Hall aufzutreten: Kann es für so etwas auch zu früh sein?

Das kommt auf den Manager an, der eine solche Möglichkeit eröffnet. Wenn dieser eine verantwortungsvolle Persönlichkeit ist, kann ich ihm auch sagen, was ich mir noch nicht zutraue, womit ich noch warten möchte. Dann ist er ein Berater und Gesprächspartner. Es ist überaus wichtig, so jemanden zu finden. Solch vermittelnde Persönlichkeiten gibt es schon. Die Künstler, die in der Weise betreut werden, können sich glücklich schätzen. Alles andere hört sowieso sehr schnell auf.

Wo findet man diese Persönlichkeiten?

Durch Gespräche, durch Vermittlung von Freunden. Ich persönlich bin überzeugt, dass jeder, der künstlerisch einzigartig und unverwechselbar ist, in irgendeiner Weise seine – ich sage bewusst: *seine* – Nische findet, wo er Sympathie erfährt und eine gewisse Förderung. Ob das die große Karriere bringt oder nicht, ist ein ganz anderer Punkt. Ich kann auch ohne diese Voraussetzungen eine große Karriere machen und viel Geld verdienen oder aber mich mit besten Voraussetzungen in nur bescheidenem Rahmen bewegen und vielleicht Menschen glücklich machen und von dort viel Zuspruch erhalten, obwohl es mir selbst vielleicht gar nicht besonders gut geht. Das gehört zum Künstlertum dazu, und insofern lebt man auf eigenes Risiko – trotz aller Master- und Meisterklassen-Abschlüsse. Wer den Musikerberuf, wer einen künstlerischen Beruf wählt, muss sich äußerst beweglich halten. Und Patchwork ist das Arbeitsmotto unserer Zeit.

Das ist vor allem eine Frage der Selbsteinschätzung, die aber gerade in jungen Jahren so wahnsinnig schwer ist.

Ich denke, wenn man offen mit der eigenen Situation, dem eigenen Erfolg oder Misserfolg umgeht und dabei wirklich als Künstler etwas zu sagen hat, wird man einen Bereich, seine eigene Nische finden. Ich habe das Wort »Karriere« von Ihrer Seite aufgenommen, aber ich kann eigentlich nicht über so etwas sprechen. Denn wenn einer eine »Karriere« im landläufigen Sinne plant, braucht er einen starken Manager und ein genauso starkes PR-Büro. Das heißt, er braucht enorm viel Geld, um beide bezahlen zu können. Dann kann eine Pressekampagne gemacht und der Welt verkauft werden, dass er der Größte ist. Das werden auch viele Leute glauben, wenn nur der Name häufig genug auftaucht. Und das reicht immerhin dafür, dass er sich fünf Jahre am Leben erhält. Irgendwann wird es aber künstlerisch dünn, und er verschwindet wieder. Das Geld ist im übrigen in den Sand gesetzt. Solche »Karrieren« gibt es, aber das ist nicht das, was ich unter Kunst verstehe. Kunst bewahrt Erinnerungen und Entwürfe für die Zukunft. Und dafür lohnt es sich zu leben und zu arbeiten.

Der Magier:
Christian Tetzlaff, Violine

Christian Tetzlaff (geb. 1966 in Hamburg) ist als einer der bedeutendsten Geiger seiner Generation anerkannt. Die Zeitschrift *Musical America* kürte ihn 2005 zum »Instrumentalist of the Year«. Er spielt mit allen großen Orchestern der Welt, u.a. über mehrere Spielzeiten einen Zyklus großer Violinkonzerte mit dem MET Opera Orchestra und James Levine in der Carnegie Hall, New York. Er setzt sich intensiv für Neue Musik ein und hat u.a. das Violinkonzert von Jörg Widmann uraufgeführt. Aufnahmen schließen folgende Werke ein: die Violinkonzerte u.a. von Brahms, Schumann, Mendelssohn, Dvořák, Lalo, Tschaikowsky und Beethoven, alle Werke für Violine und Orchester von Sibelius, eine Gesamtaufnahme aller Violinkonzerte von Mozart, die Solosonate und die Sonaten für Violine und Klavier von Bartók mit Leif Ove Andsnes, die Solosonaten und -partiten von Bach sowie die drei Brahms-Sonaten mit Lars Vogt. Viele seiner Aufnahmen sind mit großen Preisen wie u.a. dem Diapason d'Or, dem Edison Preis, dem ECHO Klassik und dem Preis der deutschen Schallplattenkritik ausgezeichnet worden.

Sie haben das gesamte klassisch-romantische Repertoire gespielt und engagieren sich außerdem aber auch für neue Werke. Wie studieren Sie ein solches Werk ein? Ich denke an die Uraufführung eines neu komponierten Stücks. Machen Sie es ähnlich wie Casals, über den berichtet wird, dass er nicht eher zum Cello gegriffen habe, als bis er den Notentext gelesen, gesungen und evtl. mit Hilfe des Klaviers verinnerlicht hatte?

Ich gehe einfach von den letzten beiden Konzerten, die ich gelernt habe, aus. Vor zwei Wochen habe ich das Violinkonzert von Oliver Nassen gespielt, das ich vorher nie gehört hatte. Ich hatte bis kurz vorher unheimlich viel anderes zu spielen, das heißt, ich habe »physisch« in der Woche vor dem Konzert zu üben angefangen. Aus dem Grund habe ich bei diesem Stück die Noten vorher sehr viel gelesen, obwohl ich mir so eine Partitur klanglich nicht gut vorstellen kann. Ich habe mir schon einmal Fingersätze hineingeschrieben, um die Abläufe ein paar Mal bei Zugfahrten im Hirn durchzuspielen. Als ich dann in der Woche vor dem Konzert anfing zu üben, hatte ich schon das Gefühl, dass das vorherige Durchdenken den Prozess beschleunigte. In diesem Jahr habe ich das zum ersten Mal bei zwei Stücken gemacht, und es hat komischerweise ganz gut funktioniert. Vorher dachte ich immer, all diese Geschichten seien nur aus dem Anekdoten-Bereich; etwa Gieseking, der sich ganze Stücke auf Zugfahrten eingeprägt haben soll u. ä. Ich habe etwa zehn Stunden in das praktische Üben des Stücks investiert und hatte bei der Aufführung das Gefühl, gut vorbereitet zu sein. Aber das ist von Stück zu Stück verschieden. Und bei dem vorigen Stück, einer Uraufführung des finnischen Komponisten Jouni Kaipainen[1], ganz ähnlich. Ich spiele im Jahr etwa hundert Konzerte hauptsächlich Standardrepertoire –, sodass es nicht mehr möglich ist, sich wie früher in der Kindheit mehrere Wochen oder Monate Zeit zu nehmen, um ein Stück einzustudieren, sondern man muss das gut timen. Es ist ein ausgedehntes Violinkonzert, etwa 26 Minuten lang und ziemlich schwer. Ich habe es ähnlich gemacht: alles vorher mal angetippt, aber richtig geübt erst in der Woche vor dem Konzert, dann allerdings intensiv und jeden Tag zwei, drei Stunden. So sind insgesamt vielleicht 16 Stunden an praktischem Üben zusammengekommen.

Das spricht ja auf jeden Fall für eine gute Übedisziplin.

Ja. Ich habe Glück, da ich sehr gut vom Blatt spielen kann. Meine ganze Kindheit habe ich mit meinem Bruder alle Violinkonzerte und -sonaten, einfach alles vom Blatt gefetzt. Ein Teil ist vielleicht Veranlagung, ein Teil Training, sodass ich die meisten Stücke prima vista ganz gut spielen kann. Was den Übeprozess natürlich »verlagert«: auf die Arbeit an schweren Stellen. Eigentlich übe ich jetzt selten mehr als eine Stunde am Tag, seit etwa 17 Jahren.

Aber bis das Repertoire stand, haben Sie doch wahrscheinlich länger geübt?

Das hatte weniger etwas mit dem Repertoire zu tun, eher mit dem Erlernen des Geigenspiels überhaupt. Aber vielleicht sollte ich einen kurzen Abriss davon geben, weil es sich, glaube ich, sehr davon unterscheidet, wie man normalerweise übt. Ich habe das erste Mal in meinem Leben mehr als anderthalb Stunden geübt, als ich fümfzehn war. In einer Zeit, in der die meisten Kollegen, wie ich weiß, vier bis fünf Stunden jeden Tag geübt haben. Das war, weil ich zu einem Lehrer kam, der einfach mehr verlangt und mehr erwartet hat: jede Woche eine Etüde, auswendig, jede Woche Tonleitern und Dreiklänge in einer neuen Tonart, ganz normal eigentlich. Ich war mit fünfzehn auch bereit dafür. Vorher lebte ich relativ sorgenfrei, weil meine Lehrerin immer glücklich war, da ich alle Stücke sehr schnell bewältigt und zu ihrer Zufriedenheit gespielt hatte.

Die Frage, die ich mir wirklich stelle, ist, ob es überhaupt sinnvoll ist, als Kind mehr als – sagen wir mal – drei Stunden am Tag zu üben. Es gibt keinen Versuch am Menschen, der das beweisen würde. Ist es vielleicht nur eine Dynamik, die sich in bestimmten Ländern entwickelt hat? Etwa: »Kind, du übst jetzt so lange, bis dir die Arme abfallen, denn das ist die einzige Art, wie du dich vernünftig vorbereiten kannst!«

Wenn man nicht weiß, wie man übt, muss man sicherlich länger üben.

Selbst wenn das gut geübt wäre. Wobei ich mir natürlich bei einem Kind nicht vorstellen kann, dass es sechs Stunden am Tag wirklich strukturiert und sinnvoll übt. Was ich sagen will, ist, ob nicht diese Leute, die dann damit erfolgreich sind, einfach wegen ihrer Begabung erfolgreich sind. Sodass sie mit einer normalen Kindheit vielleicht genauso weit gekommen wären oder sogar deutlich weiter in anderen Bereichen! Dieser Mythos des sich für die Musik aufopfernden und deshalb zu erstaunlichen Resultaten kommenden Musikers stößt mir immer schlecht auf, weil ich weiß, dass die, die durchkommen, anders wohl auch durchgekommen wären. Aber die 95 Prozent, bei denen sich herausstellt, dass sie es nicht packen oder dass sie vollkommen unmusikalisch sind, haben umsonst ihre Kindheit dafür geopfert. Dieser ganz blöde Haken ist, dass man, wenn ein Kind mit acht Jahren extrem gut Geige spielt, leider noch nicht wissen kann, ob dieses Kind überhaupt irgendeine Fähigkeit hat, sich musikalisch auszudrücken. Denn die Kinder kopieren, die Kinder haben ein natürliches Temperament, vielleicht auch einen ganz guten Ton, aber das sind alles Dinge, die mit *Mitteilsamkeit* wenig zu tun haben. Die können zwar in Konzerten trickmäßig irgendwie erfolgreich sein, obwohl sie wie viele Musiker die Sprache Musik nicht wirklich verstehen, aber trotzdem das Äußere davon ganz gut verkaufen können. Aber viele werden sehr, sehr unglücklich, weil sie einfach an diesem Anspruch scheitern, als Kind so aufgebaut worden zu sein und dann zu sehen, dass es alles eigentlich doch nichts ist außer Schall und Rauch. Ich bin deshalb für mich sehr froh, dass ich in einem Umfeld aufgewachsen bin, in dem weder Lehrer noch Eltern in diesen Kategorien gedacht haben, dass ich alles *später* gemacht habe als viele Kollegen. Ich mache jetzt, was ich immer machen wollte. Und das hat bei mir sicher länger gedauert als bei anderen: Ich habe ganz normal mein Abitur gemacht, und ich habe meine gesamte Kindheit in Jugendorchestern gespielt, exzessiv. Jede Woche in einem Hamburger Jugendorchester, dann im Schulorchester, gleichzeitig im Bundesjugendorchester, jedes Jahr mindestens dreimal zwei Wochen herumgefahren, dann natürlich Hochschulorchester in beiden Städten, wo ich studiert habe. Dadurch lernte ich die große sinfonische Musik kennen und lieben, aber vor allem das Miteinander als Musiker mit Gleichaltrigen, woher eigentlich meine gesamte Sozialisation stammt. Ich habe im Jugendorchester meine Frau kennengelernt und all diese tiefen Bande geknüpft, weil sich Musik, Freundschaft und Spaß untrennbar miteinander verbunden haben, was für viele Musiker-Einzelgänger überhaupt nicht stattfindet.

Da sind Sie als Streicher natürlich in einer guten Position. Mit dem Klavier ist man leider die meiste Zeit allein.

Sie würden sich wundern, wie viele Geiger das »nicht sollen«! Denn natürlich ist es für die Technik nicht gut, wenn du zwei Wochen eine Mahler-Sinfonie spielst, wo du dich selber fast nicht hörst, wo du sechs Stunden am Tag probst, ohne dich selbst richtig kontrollieren zu können. Das heißt, die Kinder und Jugendlichen mit »ambitionierten« Lehrern und Eltern werden davon a priori ausgeschlossen.

Bleiben wir bei einer größeren Besetzung. Wenn man ein Solowerk einstudiert, ist man mit seinem Instrument allein, aber wenn man ein Violinkonzert lernt, spielen ja die anderen Stimmen auch eine große Rolle. Wie haben Sie sich für die beiden vorhin erwähnten Konzerte den Orchesterpart vergegenwärtigt?

Ich habe natürlich die Partitur gelesen und mir vor allem die rhythmische Organisation angesehen, sodass ich sicher wusste, worauf ich bei der Probe reagieren müsste. Wie gesagt, klanglich kann ich mir so eine Partitur nicht sehr gut vorstellen, aber der Rhythmus gibt eine gewisse Sicherheit. Eine Mozart-Partitur kann ich schon innerlich hören, aber diese Sachen nicht. Man hat ja die Proben und die Generalprobe; die reichten bei den beiden Stücken, um mich sicher zu fühlen.

Ihre Frage zielt auf das weite Feld des Lesenübens und Interpretierens. Wenn ich so ein Stück bekomme, ist es für mich eine Selbstverständlichkeit, dass die Informationen, die der Komponist in den Noten gibt, nur ein Destillat der Dinge sind, die er für wesentlich ansieht, sonst hätte er sie nicht aus der Fülle der Möglichkeiten ausgewählt. In jedem Falle sind die Informationen, für die er sich entschieden hat, diejenigen, die er für absolut notwendig gehalten hat, gegen die man auf keinen Fall verstoßen darf. Wenn ich mit einem Dirigenten wie Esa-Pekka Salonen[2] arbeite, von dem ich weiß, dass er eine Partitur lesen kann, dann ist schon von vornherein klar, dass wir mit einem fast identischen Konzept des Stücks ankommen. Es klingt wie eine Binsenweisheit, aber der Wunsch vieler Interpreten, sich ein Stück erst mal so hinzubiegen, wie es ihnen gefällt oder ihnen am besten in den Fingern liegt, ist etwas, was früh in der Kindheit von Lehrern gelegt wird, die ihre Schüler aus Bearbeitungen von Stücken spielen lassen, was ein absolutes Vergehen ist. Wie kann man einem Schüler ein großes Violinkonzert von einem fantastischen Komponisten in der Version von Herrn Soundso geben, in der die ursprünglichen Ideen schon nicht mehr zu erkennen sind?

Ist das denn bei Streichern immer noch üblich?

Ja, das ist leider immer noch Praxis. Der ursprüngliche Gedanke, dass man ein Stück verändert, um seine persönliche Freiheit ins Spiel zu bringen, wird durch diese Praxis völlig ad absurdum geführt. Denn am Ende spielen alle das Stück identisch, aber nicht so, wie es in den Noten zum Beispiel Tschaikowskys steht, sondern wie es Herr Soundso verändert hat, was mit dem eigentlichen Text nichts zu tun hat. Ist das jetzt Freiheit? Es ist das bloße Imitieren einer Version, die mal irgendwie erfolgreich gewesen ist oder am meisten gedruckt wurde. Diese Praxis verhindert ja gerade, dass man die wenigen Hinweise, die Tschaikowsky tatsächlich gibt, als Anreiz zur Befreiung nimmt und als Weg, das, was da ist, zu verinnerlichen. An den originalen Hinweisen entzündet man sich aber wirklich, weil man weiß: Das war ihm wichtig! Das Interpretieren ist trotzdem noch der größte Akt der Freiheit. Aber es geht nicht darum, ob ich a priori entgegen der Anweisung von Tschaikowski den Andantino-Mittelsatz im Adagio spiele, etwa 20 Metronomstriche langsamer als vom Komponisten vorgesehen – so wurde es ja immer gemacht – und ohne Dämpfer statt mit Dämpfer, wie von Tschaikowsky gefordert – sonst wird es ja so leise ... Das ist bei vielen Geigern der Normalfall. Sie spielen ein Violinkonzert über Jahrzehnte, bis von einem direkten Bezug auf den ursprünglichen Text keine Rede mehr sein kann. Für einen Dirigenten ist das eine Qual, weil er nicht einsieht, warum alles anders sein muss als in seiner Partitur. Wenn ich mich mit einem Dirigenten treffe, wird es in diesem Bereich schon mal keine probentechnischen Differenzen geben, weil der Dirigent meist froh ist, dass er sich nicht groß auf irgendwelche Verbiegungen einstellen muss.

Sie sagten, diese Praxis rühre auch von einer bestimmten Art zu unterrichten her. Sind Sie also als Kind anders unterrichtet worden als die meisten Geiger?

Als ich mit fünfzehn zu dem neuen Lehrer kam, habe ich von einem neuen Stück nicht die Geigenstimme bekommen, sondern die Partitur, aus der ich das Stück gelernt und in die ich auch Fingersätze und Bogenstriche eingetragen habe. Dadurch erkennt man sofort auf natürlich Weise, worum es in einer Komposition geht. So kann man unterscheiden, wo die Geige wirklich führt und wichtig ist und wo sie eher im Hintergrund bleibt. Sonst ist man in Gefahr, jede Nebensächlichkeit zu wichtig zu nehmen. So aber sieht man, was sonst noch passiert, welches Instrument die Melodielinie spielt etc. Für die ersten Übetage ist das viel Blätterei, aber dann lernt man ja sowieso auswendig. Auf diese Weise habe ich das gesamte Repertoire mit meinem Lehrer erarbeitet. Vollkommen unbeeinflusst von Versionen, die ich gehört habe, oder von Editionen, die den Text verändern. Das hat gar nicht primär etwas mit Urtext zu tun, sondern damit, den Gesamtkontext, in dem die eigene Stimme steht, mitzustudieren.

Das war die eine Neuerung, die ich durch meinen Lehrer mit fünfzehn erfahren habe. Die andere war, täglich drei Stunden zu üben. Das war für mich ein riesiger Schritt. Bis dahin hatte ich beim Üben meinen ganzen Karl May gelesen...

Aber nur bei Fingerübungen, oder?

Nein, nein, auch bei den Stücken, die ich auswendig gelernt hatte. Denn bis dahin war mir das reine Üben einfach zu langweilig. Dadurch bin ich natürlich nicht so schnell vorwärtsgekommen, wie ich gekonnt hätte. Das hat sich dann aber geändert. Ab da habe ich konsequent geübt, auch sehr genau angeleitet. In dem Moment habe ich zunächst gedacht, einen Rückschritt in meinem geigerischen Können zu machen. Denn wenn man anfängt, über jede Note genau nachzudenken und alles zu kontrollieren, geht es natürlich viel langsamer, weil man verunsichert ist und vor verschiedenen Dingen Angst bekommt. Ich würde das trotzdem als heilsamen Prozess ansehen, nachdem ich diese Sorgen größtenteils abgeschüttelt habe und mit meinen Mitteln frei umgehen kann. Bis zum Ende der Schulzeit war ich mit täglich drei Stunden dabei. Und dann kam die Zeit, in der ich drei Jahre lang bis zu fünf Stunden täglich geübt habe. Die Schule war ja vorbei. Aber ich frage mich heute, warum ich das gemacht habe, weil ich dabei oft fest wurde. Es kann sogar sein, dass ich mir in der Zeit die Schmerzen in der linken Hand geholt habe, die mich jahrelang begleitet haben. Mit 22, 23 Jahren habe ich das Übemaß extrem reduziert. Ich denke, dass ich mit der Art, wie ich jetzt übe, am weitesten vorwärtskomme. Zumal die Fingerschmerzen seit anderthalb Jahren vorbei sind.

Dann interessiert mich natürlich, wie Sie heute Ihr tägliches Üben strukturieren, wenn Sie mit deutlich weniger Zeit mehr erreichen als früher. Haben Sie da noch Zeit für technische Übungen?

Ich mache schon seit sehr langer Zeit keine technischen Übungen mehr. Wenn, dann aus dem zu übenden Stück abgeleitet. Ein bisschen ist es von der Hand in den Mund: Ich spiele jährlich sicher zwanzig verschiedene Violinkonzerte, sodass das jeweils anstehende Konzertprogramm das Üben bestimmt. Es ist übrigens wieder meinem frühen Üben ähnlich, als ich dabei gelesen habe. Jetzt übe ich auf dem Heimtrainer. Das heißt, wenn ich übe, setze ich mich auf das Fahrrad und schlage dabei zwei Fliegen mit einer Klappe: Ich würde mich nie aufs Fahrrad setzen und einfach nur radeln, um der Gesundheit willen. So ist es für mich sehr viel freudiger, weil ich die Zeit, die ich üben muss, und die Zeit, die ich radle, gleichzeitig abhake. Es trägt bei mir auch sehr zur Fingergesundheit bei, weil ich immer gut durchblutet bin. Und ich habe das Gefühl – gerade beim Einstudieren von modernen Stücken, was manchmal extrem nervend sein kann – dass auch das Hirn alles besser mitmacht. Vielleicht weil man sich, wenn man immer in Bewegung bleibt, nicht so leicht irgendwo festhakt. Ich kann so 50 Minuten oder auch eine Stunde fit üben, voll konzentriert. Das war für mich in der letzten Zeit so eine Bereicherung, dass ich mich auf die Stunde, in der ich üben kann, total freue.

Sie üben also immer nur für das nächste Konzert? Oder teilen Sie sich manchmal auch die Übezeit auf, zum Beispiel indem Sie erst etwas wiederholen und dann Neues lernen oder auf irgendeine andere Weise?

Das ist von der Hand in den Mund. Das einzige Stück, bei dem das anders war, ist das Violinkonzert von Josef Joachim »*In ungarischer Weise*«. Das ist ein 40-minütiges Werk, das von vorne bis hinten rattenschwer ist. Von dem Stück wusste ich, ich würde es in einem Jahr zum ersten Mal spielen und auch auf CD aufnehmen. Das habe ich ein Jahr lang jeden Tag eine Viertelstunde laufen lassen. Da ist an Zeit richtig viel zusammengekommen. Immer wieder etwas Neues und natürlich auch Wiederholungen der schwierigen Stellen. Ich müsste es, wenn es mal wieder aufgeführt werden sollte, bestimmt länger vorher üben, auch weil es physisch sehr, sehr anstrengend ist.

In welcher Phase lernen Sie auswendig? Erst wenn Sie das ganze Stück einstudiert haben, oder bereits während des Einstudierens?

Früher hat man ja die Stücke ständig im Konzert gespielt. Da konnte man sie einfach irgendwann, ohne dass man darüber nachgedacht hat, wie es dazu kam. Bei Bach-Fugen ist es hingegen so, dass man versucht, sich einige Stellen – von denen die Weichen abgehen – bewusst vom Notentext her zu merken. Ebenso bei der Bartók-Sonate und beim Bartók-Konzert, die ich beide auswendig recht schwer finde. Ich versuche dann auch, mir den Text wirklich bildhaft vorstellen zu können, Notennamen an Taktanfängen genau zu wissen, damit ich, wenn die Finger mal nicht automatisch alles machen, zu diesen Punkten hinspringen kann. Aber alles, was ich jetzt noch lerne, lerne ich sowieso nicht auswendig.

Die neuen modernen Sachen...

Die neuen modernen Sachen und auch die neuen alten Sachen. Das hängt, glaube ich, damit zusammen, dass ich die Zeit nicht habe und dass mir die Zeit mit der Familie sehr viel wichtiger ist, als auf diesen Aspekt des Übens so viel Zeit zu verwenden. Und sicherlich dauert es mit 45 länger als mit 17. Aber alle Stücke, die ich damals auswendig gelernt habe, spiele ich auch heute auswendig, was ja tendenziell schon das bessere Gefühl ist.

Das war vermutlich eher ein instinktives Auswendiglernen bis auf die Beispiele, die Sie genannt haben.

Ach, das meiste ging einfach durch viel Spielen irgendwann auswendig.

Auch für Sie gibt es ja sicher schwierige Stellen, die Sie sehr oft üben müssen, bis sie sicher sind. Wie vermeiden Sie, dass durch das ständige Wiederholen die Emotion nachlässt oder gar abstumpft?

Das sind die technisch vertrackten Stellen. In dem Fall habe ich gar nichts dagegen, wenn sie sich etwas entleeren. Sonst würde man ja die Emotion mitautomatisieren. Wenn man an schnelle Doppelgriffpassagen denkt oder etwas anderes, was man viel trainieren muss, steht nachher sowieso die virtuose Bewältigung im Vordergrund und vielleicht das Temperament, aber nicht, wie ich es schaffe, für diese Stelle den einmaligen Ausdruck zu finden. Viel übt man manchmal auch gesangliche Stellen: aus dem Wunsch heraus, sie schöner zu machen, noch tiefer in sie einzudringen. Wenn man die viel übt, hat das aber mit Abnutzung nichts zu tun, sondern damit, sich näher heranzutasten. Es ist also eher umgekehrt: Wenn es am Anfang belanglos klingt, versucht man, den richtigen Ausdruck zu finden, sich immer mehr in die Sache zu verlieben. Dazu gehören auch viele technische Übungen, um zum Beispiel im langsamen Satz von Mendelssohns Violinkonzert einen ganz entspannten, wiegenliedartigen Klang zu finden, der trotzdem faszinierend genug ist. Dazu gehört für mich, dass man zuerst den ganzen Satz vollkommen senza vibrato spielt und versucht, den Klang und allen Ausdruck nur mit dem Bogen zu machen, danach im Gegenteil mit einem kontrollierten Vibrato, damit man nachher alle Auswahlmöglichkeiten perfekt zur Verfügung hat. Das war es auch, was ich mit meinem Lehrer sehr genossen habe. Mein Credo ist, ich muss ein Schauspieler sein: Ich muss ein vollkommen anderer Mensch sein, wenn ich das Violinkonzert von Brahms spiele oder Mozart oder Ligeti! Und dafür möchte ich nicht »einen« schönen Klang haben, den ich für jedes Stück benutze, sondern ich möchte in vielen verschiedenen Teilen existieren, die ich dann immer richtig zusammensetzen kann. Das heißt, ich habe gelernt, getrennt Handvibrato und getrennt Armvibrato, auch schön non vibrato zu spielen, an Stricharten gezogenes Belcanto, aber auch barockes Phrasieren. Es ist wichtig, dass man all diese Dinge abrufbar hat. Viel zu oft höre ich bei Studenten, dass sie »einen« Klang haben, und der wird dann für alles benutzt ...

Leider ja nicht nur bei Studenten ...

Nun ja, bei dem Resultat dann auch. Das darf eigentlich nicht sein. *Für jeden Komponisten, für jeden Ausdruck muss man den Klang neu erfinden.*

Auch bei Sängern hört man leider zu oft, dass sie nur einen Klang für alles haben.

Ja, und dann gibt es die wenigen Ausnahmen von Leuten, die sich so in ein Stück hineinversenken, dass sie nicht sich selbst damit darstellen wollen, sondern das Stück zur Geltung kommen lassen.

Wie wiederholen Sie ein Werk, das Sie schon längere Zeit nicht mehr gespielt haben? Ist die Methodik da anders, oder gehen Sie wieder genauso vor?

Ich habe jetzt gerade ein Stück ausgegraben, dass ich vor 23 Jahren zuletzt gespielt habe. Vom Übeaufwand war das anfangs ähnlich wie bei einem neu zu lernenden Stück. Aber dann ist es wie beim Fahrradfahren: Viele Dinge sind in einem Muskelgedächtnis abgespeichert, von dem man gar nicht weiß, dass es existiert und das dann plötzlich wieder da ist.

Sie haben ein extrem umfangreiches Repertoire. Wenn Sie hundert Konzerte im Jahr geben mit zwanzig verschiedenen Violinkonzerten, können Sie sicher nicht alle ständig üben, sondern vermutlich sind sie in einem bestimmten abrufbereiten Zustand gespeichert.

Ja. Es gibt viele, die ich morgen spielen könnte, und es gibt ein paar, für die ich drei Tage bräuchte.

Was machen Sie dann in diesen drei Tagen? Nehmen Sie sich gleich die heiklen Stellen vor?

Ja, ich suche mir bei Stücken, die ich gut auswendig kann, sofort die schweren Stellen heraus und arbeite dann das ganze Stück *langsam* von vorn bis hinten durch.

Was muss geschehen, damit Sie ein Stück *jederzeit* spielen können? Ein paar Hundert Konzerte mit diesem Werk oder eine bestimmte Erarbeitungstechnik?

Das sind die Stücke, die ich als Kind oder junger Mann gelernt habe bzw. häufig im Konzert spiele. Dadurch sind sie besser verankert. Das Wichtigste ist ja das Vertrauen, dass man es kann. Wenn man ein Stück sehr viel gespielt hat und es zu einem hohen Prozentsatz gut ging, dann ist diese Rückkoppelung ausschließlich positiv, dann weiß man, dass es wieder klappen wird. Das Erfreuliche daran ist – beim Beethoven-Konzert bin ich jetzt bei der zweihundertsten Aufführung –, dass mir die Konzerte heute noch viel, viel mehr Spaß machen als vor zehn Jahren. Da man ja immer wieder für ein anderes Publikum spielt, kommt mir der Gedanke einer bloßen Wiederholung nie. Dass ich etwas mache, was ich schon oft gemacht habe, stimmt nämlich so nicht: Meine Aufgabe ist ja gerade, die Leute so sehr von dem Stück zu faszinieren, wie ich es überhaupt kann. So bleibt meine Aufgabe immer dieselbe und ist immer eine neue.

Wie bereiten Sie sich unmittelbar am Konzerttag vor?

Der sollte normalerweise möglichst langweilig sein. Ich hänge dann im Hotelzimmer ab, sehe fern ...

Macht Sie das nicht zu müde?

Da bin ich dann ziemlich müde, ja. Aber gerade die Isolation und die Tatsache, nichts Vernünftiges zu tun, treibt die Spannung für den Abend besonders hoch.

Also üben Sie gar nicht viel an dem Tag?

Nein. Ein bisschen schon. Meistens hat man ja am Morgen Generalprobe. Davor spiele ich mich ein und vor dem Konzert noch einmal.

»Einspielen« heißt Einspielübungen machen oder das Stück anspielen?

Nein, nein, ich mache keine Einspielübungen, keine Tonleitern, keine Dreiklänge, keine Etüden. So etwas mache ich alles nicht.

Halten Sie sie denn generell für überflüssig, oder würden Sie sagen, dass es in der Jugend schon etwas genützt hat, diese Übungen zu machen?

Absolut wichtig! Man spielt ja nur Übungen und Etüden, damit nicht zu viele Informationen auf einmal an einen herantreten. Natürlich kann man das alles exemplarisch am Stück üben, aber da sollte ja auch die musikalische Bedeutung des Stücks erarbeitet werden und nicht noch die A-Dur-Tonleiter oder -Dreiklänge.

Irgendwann sind solche Übungen ja auch einfach zu unbefriedigend ...

Die sind für Kinder und Jugendliche auch unbefriedigend. Aber da ist dieser Gedanke von technischer Bewältigung einfach wichtig. Nur mit Lust kann es nichts zu tun haben, wie man fortschreitet, jedenfalls in einem bestimmten Alter. Vorher ja und nachher ja, aber dann muss man schon auch durch Tränentäler gehen.

Aber es wird immer schwieriger, die Jüngeren von etwas zu überzeugen, wozu sie vielleicht nicht immer so große Lust haben. Mit einem Computerspiel sind ja viel schnellere Erfolgserlebnisse möglich.

Ja, leider. Aber wenn einer wirklich eine starke Begabung hat und sich dieser bewusst wird, will er sie auch ausbauen und etwas erreichen. Wenn er dann Fortschritte spürt, macht das auch rein körperlichen Spaß. Und so schafft man es auch, über die beschwerlicheren Strecken hinwegzukommen.

Und wenn man Kinder rechtzeitig zum Zusammenspiel mit anderen – zu Kammermusik oder Orchester – bewegt, kommt ja noch ein großer Lustfaktor hinzu. Proben ist ja per se schon lustvoller als Üben, weil man nicht so allein dabei ist und gemeinsam ein Ziel ansteuern kann. Wie verläuft bei Ihnen eine erste Probe? Und wie weit haben Sie ein Werk einstudiert, bevor Sie zu proben beginnen?

Das ist je nach Besetzung sehr unterschiedlich. Bei einem Violinkonzert sind die Anforderungen meist so hoch, dass man als zentrale Figur absolut souverän sein muss, sonst braucht man gar nicht in die Probe zu gehen.

Dann nehmen wir Ihr Streichquartett als Beispiel. Gibt es beim ersten Mal eine Kennenlernprobe, in der alles einmal langsam durchgespielt wird?

Da sind wir auch vollkommen anders als andere Streichquartette, weil wir nur ein paar Tage proben und dann unsere Konzerte spielen. Der Fall, dass wir Stücke über ein halbes oder gar ein ganzes Jahr einstudieren, kommt nicht vor. Das heißt, das ist mehr ein Hobby-Quartett – ich hoffe, auf professionellem Niveau –, sodass es bei uns immer sehr schnell gehen muss. Wir kommen also gut vorbereitet in die Probe. Aber es gelten hier, glaube ich, ganz ähnliche Dinge wie beim sonstigen Üben: Ich spiele nur mit den Leuten Kammermusik, von denen ich weiß, dass unsere Einstellung dem Komponisten gegenüber ähnlich ist. Dann verschwinden unheimlich viele Dinge, an denen man jahrelang proben kann. Ich bin kammermusikalisch so aufgewachsen, dass man jedes Detail ganz genau durchgesprochen hat, stundenlang an einzelnen Momenten gesessen und versucht hat, sie gedanklich zu lösen. Ich stehe inzwischen diesem Konzept des Probens sehr skeptisch gegenüber, weil ich erlebe, dass wir uns zum Beispiel beim Kammermusikfestival in Heimbach[3] bei großen Kammermusikwerken zusammensetzen, zwei Proben machen und das dann abends spielen. Und ich, der ich eigentlich sehr kritisch bin und auch sehr konsequent aufgewachsen bin, was diese Art von Proberei betrifft, kann sagen, dass das Resultat für mich vollständig befriedigend ist. Deshalb frage ich mich, ob vielleicht auch so eine gewisse Selbstbefriedigung bei dem Konzept ist, einfach zu arbeiten, zu arbeiten und zu arbeiten, um am Ende sicher zu sein, dass es auch gut ist.

Wie lang proben Sie an diesen zwei Tagen? Doch wahrscheinlich den ganzen Tag?

Ja. Dann proben wir jeden Tag sechs, sieben, acht Stunden. Das geht ja anders gar nicht. Natürlich haben wir ein relativ kleines Repertoire. In einem Stück wie der *Lyrischen Suite* von Alban Berg muss man einfach ein paar Sachen unendlich ackern. Ein Mozart- oder ein Schönberg- bzw. Berg-Quartett sind verschiedene Paar Schuhe.

Also muss jeder schon eine vollständige Vorstellung von dem Stück haben.

Ja. Aber wir gehen *alles am Anfang langsam* durch, vor allem neue Stücke. Wir haben meistens zwei, die wir schon öfter gemacht haben – die wir nicht mehr so ausführlich proben müssen – und ein neues. Wir haben uns mit dem ersten Schönberg-Quartett kennengelernt und es eine Woche lang jeden Tag sieben Stunden geprobt. Das ist eigentlich immer noch zu wenig, um es vollständig zu bewältigen. Das ist ein Sonderfall. Aber wenn ich an Heimbach denke: Da spielt man immer nur ein Stück am Abend. Darauf kann man sich so einschießen, dass man in kürzester Zeit sehr homogene Aufführungen haben kann, wenn man weiß, dass die Musiker alle nicht vom Gehabe her Solisten sind, sondern mit den Ohren arbeiten und wirklich jedem *andern* zuhören. Dann erst können magische Dinge entstehen, wenn man so auf den anderen fokussiert ist, dass alles andere in den Hintergrund tritt. Also: das Gegenüber wahrnehmen, die Stücke natürlich kennen und sie soweit sichern, wie man sie probend sichern kann; und am Abend vielleicht noch mehr geben, als es der Fall wäre, wenn man es ewig geprobt hätte. Die Mischung aus Individualität des Spielers – wozu auch unterschiedliche Striche gehören können, die müssen nicht unbedingt homogenisiert werden – und ihrer Fähigkeit, sich aufeinander einzulassen, ist das Ideal für uns. Gerade bei einigen ganz etablierten Ensembles stößt es einem manchmal auf, dass die Individualität der Spieler zugunsten von Homogenisierung auf der Strecke bleibt.

Wie verläuft die erste Probe mit einem Dirigenten, den Sie noch nicht kennen? Oder kommt das gar nicht mehr vor?

Das kommt immer noch vor, aber dann dürfen es bestimmte Repertoirestücke nicht sein; kontroverse Stücke möchte ich nicht bei einer ersten

Begegnung machen! Bei einem Beethoven-Streichquartett sind für mich die Interpretationsspielräume geringer als bei Lalos *Symphonie espagnole*, einem Stück, das ich auch sehr liebe und mit dem ich ein ganz bestimmtes Konzept verfolge. Wenn es hier so und dort anders verläuft, ist das durchaus für jeden zu vertreten. Bei genau bezeichnenden Komponisten wie Berg, Strawinsky oder Bartók aber muss alles so sein, wie es geschrieben ist. Wenn man versteht, was Bartók will, gibt es fast keine Spielräume.

Die erste Probe mit einem Dirigenten ist ja vermutlich eine Verständigungsprobe ohne Orchester.

Ja. Ich spiele, der Dirigent schlägt oder spielt selbst Klavier dazu. Das ist sehr wichtig, das reduziert die Probenzeit unglaublich.

Wie ist es, wenn es doch einmal Auffassungsunterschiede gibt? Sie spielen zwar eher mit Leuten zusammen, deren Auffassungen der Ihren ähnlich sind, aber vielleicht ist es auch schon anders gewesen?

Das ist oft anders gewesen und ist auch immer noch so. Denn selbst wenn man sich der Musik auf eine ähnliche Art nähert, kann man zu völlig unterschiedlichen Auffassungen gelangen. Es gibt viele Stücke, bei denen der Rahmen ziemlich eingegrenzt ist, aber natürlich gibt es auch welche, bei denen er weit offen ist. Und wenn man sich gegenseitig respektiert, ist das eine außerordentliche Erfahrung. Gerade mit Lars Vogt, mit dem ich am meisten spiele, ist es so, dass wir oft einige Dinge unterschiedlich sehen. Weil ich aber weiß, der gegensätzliche Standpunkt kommt von ihm, bin ich sicher offener, ihn zu akzeptieren. Und sehr oft kann ich mich dann ganz begeistert da reinwerfen. Ich glaube, dass es andersherum für ihn auch manchmal funktioniert.

Wo treffen Sie sich in solch einem Falle? Gibt es einen Mittelweg, oder werden beide Sichtweisen gleichzeitig und sich ergänzend umgesetzt?

Eher so, dass man jede Version ausprobiert und sich darauf vollständig einlässt. Das ist außerordentlich interessant. Vor allem überlegen wir uns nach dem Spiel, ob wir mit der Version hundertprozentig zufrieden waren. Wenn ja, bleiben wir dabei, sonst versuchen wir etwas anderes.

Also: Der Mittelweg ist der einzige, der nicht nach Rom führt, wie Bartók gesagt haben soll?

Ja, im Prinzip. Es sei denn, der Mittelweg ist einer, in dem beide Ansätze enthalten sind. Das ist durch die Materie vorgegeben. Wenn wir ein Stück wie die *Lyrische Suite* neu erarbeiten, ist der Probenverlauf geprägt durch Stellen, die man ohne Ende trainieren muss, die man mit Metronom 80 anfängt und dann allmählich Schritt für Schritt steigert. Und dann gibt es

Stücke, die man über einen längeren Zeitraum gespielt hat und doch jedes Mal neu erfinden will, anknüpfend an das letzte Mal. Da kommt von jedem immer wieder ein ganz neuer Ansatz. Das macht es so spannend. Wir sind ein Quartett, in dem wirklich Meinungsgleichberechtigung besteht. Entgegen dem ja noch nicht ganz gestorbenen Primarius-Quartett, bei dem einer die Linie vorgibt.

Wie sieht die letzte Probe vor einem Konzert aus? Proben Sie überhaupt noch am Konzerttag, oder lassen Sie sich da gegenseitig in Ruhe?

Wir proben soviel wie möglich, weil wir uns so selten sehen. Wir haben immer das große Bedürfnis, noch mehr zu arbeiten. Wenn man kleine Kinder hat, ist es manchmal extrem schwierig, überhaupt wenigstens die Proben zu strukturieren.

Sind Sie nach sechs Stunden Proben am Konzerttag nicht müde, wenn das Konzert losgeht?

Na ja, wir proben natürlich nur dann so viel am Konzerttag, wenn es anders nicht geht. Das ist nicht optimal. Aber am Konzerttag noch zwei, drei Stunden zu machen, das geht.

Durch Konzerte verändert sich das Verständnis eines Stücks oft stärker als durch wochenlanges Weiterüben. Jedes Konzert gibt neue, wichtige Impulse, Lernerfahrungen, die woanders nicht zu machen sind. Um aber regelmäßig konzertieren zu können, ist eine gewisse Karriere notwendig. Wenn ich von »Karriere« rede, möchte ich das in diesem Sinne verstanden wissen, nicht als Selbstzweck. Können Sie Hilfen geben für den Aufbau einer solchen Karriere? Fangen wir mit dem Studium an: Wie sollte man das gestalten, wann sollte man mit einer professionellen Ausbildung beginnen? Bei Ihnen scheint ja mit fünfzehn etwas ganz Wichtiges geschehen zu sein.

Ich möchte da nichts verallgemeinern, weil es zunächst eine Sache der Begabung ist: Ist jemand früh begabt und ist er stabil genug, um früh in den Zirkus zu gehen und da vielleicht manchmal auch erschütternde Erfahrungen zu machen? Oft ist es ja so, dass die, die mit zehn ihre Karriere beginnen, natürlich aufgrund des Alters riesige Erfolge feiern – und manchmal spielen sie ja auch staunenswert –, und dann, sobald der Jugendbonus wegfällt, stark verunsichert werden, weil die Leute plötzlich nicht mehr alles so toll finden. Ich wüsste keinen Grund, warum jemand eigentlich früh eine Karriere beginnen sollte, außer weil es in der Gesellschaft wunderbar funktioniert. Das ist so ein merkantiler Aspekt. Wir wissen aber, dass das viele Persönlichkeiten erschüttert, die dann schwere Krisen durchmachen oder gar nicht mehr weitermachen können. Es sind schon viele Namen ganz heiß aufgetaucht, die später nie wiedergekommen sind. Und das ist, glaube ich, als Lebensentwurf schädlich und traurig.

Sprechen wir darüber, wie es bei Ihnen war, ohne das als zu verallgemeinernden Weg zu betrachten. Wussten Sie schon mit fünfzehn Jahren sicher, dass Sie Geiger werden wollten?

Das wusste ich schon ab elf. Das war nur vollkommen ungerechtfertigt und hatte keinen Einfluss auf mein Verhalten.

Aber mit fünfzehn waren Sie bereit, das Verhalten zu ändern.

Ja, genau. Auf äußeren Anstoß, muss ich dazu sagen. Und dann ging es bei mir schlicht und einfach im Schneeballsystem. Ich habe meine ersten Aufführungen bei professionellen Berufsorchestern mit einundzwanzig gehabt und wurde dann immer wieder eingeladen, sodass ich mit etwa fünfundzwanzig meine erste volle Saison hatte.

Kamen da nicht noch Preise dazwischen, die den Schneeball erst einmal ins Rollen gebracht haben?

Gut, ich habe, als ich mit achtzehn mit der Schule fertig war, beim ARD-Wettbewerb den 2. Preis gemacht, woraufhin sich ein Agent für mich interessiert hatte. Aber dann bin ich erst ein Jahr nach Amerika gegangen und habe das ganze Jahr über kein Konzert gespielt. Insofern kann man eigentlich nicht sagen, dass von dem Wettbewerb direkt irgendetwas ausgegangen sei. Dieser Agent, Schmid aus Hannover, hat mich, als ich einundzwanzig war, noch einmal im Konzert gehört und mich dann gleich richtig unter Vertrag genommen. Das war für mich sehr, sehr schön, weil von ihm dieses Vertrauen da war und ich auf ganz behutsame Art mal hier und mal da angefangen habe, Konzerte zu geben.

Der hat Ihnen also die Möglichkeit gegeben, sich ganz allmählich zu entwickeln, und Sie nicht gleich verheizt.

Richtig. Ich habe nichts gemacht, was ich nicht wirklich spielen wollte. Er wusste sehr gut, dass ich nichts hatte, was bei vielen anderen funktioniert, die gleich eine Sensation sind. Sicherlich stand bei mir damals eine gewisse Ernsthaftigkeit der Interpretation im Vordergrund. Was ich wirklich wollte und worum es mir wirklich ging, war oft für die Aufführung vielleicht sogar kontraproduktiv. Gerade bei Stücken wie Beethoven oder Brahms. Das kann passieren, wenn einem sehr wichtig ist, dass man wie ein Teil des Orchesters funktioniert und sehr streng ist, was Phrasierung und Metronomzahlen betrifft und viele andere Dinge, an die ich heute genauso innig glaube wie damals, wenn ich damit auch viel gelöster und freier umgehen kann. Das ist, glaube ich, der Unterschied. Aber irgendwie hat er das bei mir gesehen und mich bei Veranstaltern und Orchestern spielen lassen, die mich immer wieder eingeladen haben, aber ohne diesen Starkult, wie es oft passiert, und nicht exzessiv. Das ist eher im

Moment der Fall. Mit James Levine mache ich gerade eine Serie in der Carnegie Hall, alle anderthalb Jahre mit dem Met-Orchester, das ganze Repertoire durch. Und einige andere Dirigenten fragen mich auch ständig an. Aber alles ist für mein Gefühl *in Ruhe gewachsen*, was ich aus meiner Sicht nur jedem wünschen kann. Aber ich weiß, es gehört auch viel *Glück* dazu und sehr lange Durchhaltekraft. Ich sehe ja, dass manchmal die Besten irgendwo dümpeln, während ganz unbedarfte Musiker die große Karriere hinlegen wegen ihrer PR-Tauglichkeit oder ihres Aussehens. Das ruhige Angehen, das ich hier empfehle, führt leider bei einigen, die es verdient hätten, nicht zur Karriere. Die werden dann auch nicht von den großen Orchestern eingeladen, weil nur ein großer Name den Einkauf rechtfertigt. Und was ganz gemein ist: Gerade das Solospiel ist ausschließlich *learning by doing*. Also wenn man das Beethoven-Konzert oft spielt, ist die Chance, es gut zu machen, sehr viel größer.

Sie haben ja auch eine Zeit in den USA studiert. Ist es für eine Karriere wichtig, international studiert zu haben?

Das war für mich vollkommen unwichtig. Ich war bei Herrn Levin vom LaSalle-Quartett[1], bei jemandem, mit dem man ein Geige-Studium nicht unbedingt in Verbindung bringen würde. Klar ist es hilfreich, wenn man bei einer bestimmten Lehrerin in New York studiert hat, weil die einen, wenn man ihr gefallen hat, an verschiedene Orchester und Sponsoren empfiehlt. Aber *den* Unterricht hätte ich gescheut wie der Teufel das Weihwasser.

Ja, das ist oft das Dilemma: Geht man zu einem guten Lehrer, der der eigenen Entwicklung wirklich förderlich ist – der ist aber meist nicht an Macht und Beziehungen interessiert – oder geht man zu einem »mächtigen« Lehrer, der seine Beziehungen spielen lassen kann, den die Italiener in ihrem Sprachgebrauch einen »Mafioso« nennen? Beides kommt ja leider selten zur Deckung.

Ja, und es ist auch ganz unmöglich, dagegen zu argumentieren, wenn so viele auf diese Weise erfolgreich sind. Was will man gegen den Erfolg argumentieren? Dass das Stück dabei vergewaltigt wird und man selbst dabei erfolgreich ist, ist etwas, was gut zusammengeht.

Andererseits sind Sie der Beweis dafür, dass es auch mit der Karriere klappen kann, wenn man gute Lehrer hat, die nicht unbedingt Beziehungen haben. Der Agent Schmid wurde ja auch ohne Beziehungen auf Sie aufmerksam. Aber kann man heutzutage Ihrer Meinung nach überhaupt noch eine Karriere machen, ohne jemals einen Preis bei einem Wettbewerb gewonnen zu haben? Bei Ihnen war es ja immerhin ein 2. Preis in München.

Der Preis hat für meine Karriere überhaupt keine Rolle gespielt. Ich denke, man kann auch heute ohne Wettbewerb Karriere machen. Es gibt ja viele

Möglichkeiten. Man kann auch in der richtigen Fernsehshow auftreten... Wer – vor allem in jungen Jahren – bei einem Wettbewerb einen Preis macht, beweist vor allem, dass er eisenharte Nerven hat und schon unheimlich viel Repertoire bewältigen kann. Insbesondere das erste ist oft gar nicht unbedingt ein Zeichen dafür, dass man ein besonders sensibler Musiker ist. Diese Verletzlichkeit, die einen überhaupt erst in die Lage versetzt, für jemand anders zu spielen, für den Komponisten nämlich, steht im Widerstreit mit der Idee, wie ich besonders gut dastehe und das Stück bewältige.

Wenn ich mir die meisten der jüngeren Pianisten ansehe, die gerade Karriere machen, denke ich oft, dass das mit Musik relativ wenig zu tun hat...

Ja. So ist das leider viel zu oft.

Die sind in der Regel bei einem sehr mächtigen Lehrer, haben oft größere Wettbewerbe gewonnen – z. T. auch weil der eigene Lehrer mit in der Jury saß oder seine Seilschaften beordert hat – und spielen im Anschluss an so einen Wettbewerbserfolg viele Konzerte. Kann man nicht in diesen Fällen sogar sagen, dass die Karriere, die sie machen, also der Erfolg auf dem Podium, für ihr künstlerisches Wachstum hinderlich ist? Der motiviert ja nicht unbedingt, sich noch zu verändern.

Der Erfolg ist in den Fällen schon hinderlich. Denn wenn alle sagen, wie gut man spielt, ist es viel schwerer, festzustellen, dass man noch gar nicht da ist, wo man hinwollte und man weiter an sich arbeiten müsste. Ich weiß aber nicht, ob diese Leute sonst musikalischer gewesen wären...

Wenn der eigene Lehrer nun kein bedeutender Mafioso ist, der seine Beziehungen spielen lassen kann, muss man sich selbst um solche kümmern. Haben Sie vielleicht einen Tipp, wie man als junger, begabter Musiker Beziehungen knüpfen kann?

Ich durfte in Amerika bei Christoph von Dohnányi in Cleveland vorspielen, dem mein Lehrer geschrieben hatte, obwohl er ihn gar nicht besonders gut kannte. Mein zweites wichtiges Vorspiel war bei Sergiu Celibidache, der über einen Orchestermusiker auf mich aufmerksam gemacht wurde. Dieser Weg ist sicher noch immer vernünftig.

Wie alt waren Sie da?

Da war ich zwanzig. Diese beiden Vorspiele haben schon was gebracht, denn ich habe ab da alle zwei Jahre in Cleveland gespielt und in München eigentlich auch. Ich habe übrigens bei beiden Tschaikowsky vorgespielt und bin dann jeweils mit Schönberg eingeladen worden. Das war lustig.

Das heißt, Sie konnten schon mit zwanzig das Schönberg-Konzert spielen? Das muss ja ein wirklich ungewöhnlicher Lehrer gewesen sein, der Sie mit zwanzig darauf gebracht hat.

Nein, nein, das wollte ich selber spielen! Ich habe in der gesamten Kindheit Kammermusik gespielt, das heißt, ich hatte auch von der Wiener Schule die Schönberg-Fantasie, Webern-Stücke und Berg-Adagio gemacht. Das war die moderne Welt, mit der ich aufgewachsen bin. An der Hochschule Hamburg haben wir jeden Monat einen Abend mit einem modernen Komponisten gegeben, und im Orchester haben wir die Nächte hindurch einfach Kammermusik gelesen. In der Jugend habe ich eigentlich das gesamte Repertoire kennengelernt. Zum Beispiel hat ja nicht jeder alle 81 Haydn-Quartette gelesen.

»Gelesen« heißt prima vista gespielt?

Ja, genau. Das ist es, was ich jedem, der Geiger oder Musiker werden möchte, empfehle: dass man sich einfach in diesen Riesen-Pool reinschmeißt und merkt, dass die Sololiteratur, auf die sich alle stürzen, nur ein Teil ist von der riesigen Menge Musik.

Wenn man seine Karriere homogen mit der eigenen künstlerischen Entwicklung aufbauen will, wie kann man, nachdem man Beziehungen geknüpft und seine ersten Konzerte mit Orchestern gespielt hat – wie Sie das als junger Mensch ja schon gemacht hatten – allmählich Schritt für Schritt erreichen, dass man mit 40 die Möglichkeit hat, eigentlich überall in der Welt zu spielen?

Das kann man selber kaum bestimmen. In dem Moment, wo man angefangen hat, Konzerte mit Orchestern zu spielen, wird man entweder wieder eingeladen oder nicht. Es gibt zwar neuerdings Spieler, die schon durch entsprechende PR-Kampagnen zu Publikums-Ikonen geworden sind, sodass die Meinung des Dirigenten oder des Orchesters schon gar nicht mehr gefragt ist. Die Orchester sind bei uns halt gezwungen, darauf zu achten, dass der Saal voll wird, und in Amerika erst recht, wo sich die Orchester über Sponsoren finanzieren müssen. Wenn man ein seriöser Musiker ist und keine PR-Ikone, muss man vor dem Orchester und dem Dirigenten bestehen, um wieder eingeladen zu werden. Das ist eigentlich eine vernünftige Selbstkorrektur. Damit ist oft der Grundstein gelegt für eine solide Karriere.

Ihre Karriere lief also im Wesentlichen über die Orchester und die Dirigenten, die Kammermusik kam dann dazu?

Ja. Die habe ich immer gemacht, aber sie ist ja nicht der Grundstein für die Karriere gewesen. Mit Kammermusik oder rein solistisch kann man bestimmt nicht auf diese Art bekannt werden, das macht man aus Neigung zusätzlich. Generell kann ich nur zu möglichst großer Vielseitigkeit raten. All die vielen losen Enden können am Ende zusammenfinden und für das Wachstum und den Erfolg notwendig gewesen sein.

Die Charismatische:
Tabea Zimmermann, Viola

Tabea Zimmermann (geb. 1966 in Lahr) gehört seit Langem zu den beliebtesten und renommiertesten Musikern unserer Zeit. Dass sie heute als weltweit führende Bratschistin gilt, gründet nicht nur in ihrer außergewöhnlichen Begabung, sondern ebenso in der frühen und intensiven Förderung durch ihre Eltern, der umfassenden Ausbildung durch exzellente Lehrer und dem unermüdlichen Enthusiasmus, mit dem sie ihr Verständnis der Werke und ihre Liebe zur Musik an ihr Publikum vermittelt.

Tabea Zimmermann konzertiert regelmäßig mit den wichtigsten Orchestern der Welt und arbeitet mit international führenden Dirigenten. Einen Schwerpunkt ihrer kammermusikalischen Arbeit bildet für sie die Arbeit mit dem Arcanto Quartett[1], mit dem sie in den bedeutendsten Konzertsälen Europas, Israels, Japans und Nordamerikas konzertierte.

Zahlreiche große zeitgenössische Komponisten haben für sie Werke für Bratsche geschrieben u. a. György Ligeti, dessen Sonate für Viola solo sie 1984 uraufführte, Heinz Holliger und Wolfgang Rihm (*Über die Linie IV*). Insgesamt dokumentieren über 30 CDs Tabea Zimmermanns musikalisches Schaffen, für das sie mehrfach ausgezeichnet wurde, u. a. mit einem ECHO Klassik als Instrumentalistin des Jahres 2010.

Sie ist Mutter von drei Kindern und nach Stationen in Saarbrücken und Frankfurt seit 2002 Professorin an der Hochschule für Musik »Hanns Eisler« in Berlin.

Wenn Sie Zeit haben oder hätten, …

Die nehme ich mir!

… einen ganzen Tag zu üben, wie würden Sie ihn strukturieren? Gibt es einen bestimmten, immer ähnlichen Ablauf, oder üben Sie nach Dringlichkeit hinsichtlich der nächsten Konzerttermine?

Einen ganzen Tag zum Üben nehme ich mir grundsätzlich nicht. Das mag am Instrument liegen oder auch an meiner frühkindlichen Ausbildung, auf die wir sicher heute noch zu sprechen kommen. Ich denke, dass das Wichtigste beim Üben Konzentration und Wachheit sind und nicht die Menge an Zeit, die zusammenkommt. Zu Ihrer Frage: Es gibt nicht den immer hundertprozentig gleich ablaufenden Übetag. Das tägliche Üben ist natürlich abhängig von dem, was gerade dringlich ist. Das kann eine Uraufführung sein oder ganz allgemein die Situation, nach dem Urlaub wieder fit zu werden. Daraus resultieren ganz unterschiedliche Übeprogramme.

Gibt es dennoch Konstanten?

Ganz grundsätzlich fange ich immer mit ein paar Übungen an, die mit der Beweglichkeit und dem Weichwerden der Hände zu tun haben: z. B. Übungen zum Lagenwechsel und lange Bogen mit dem Ziel, einen schonen Ton zu produzieren.

Auch Skalen?

Nicht so gerne. Ich finde, dass Skalen einen ganz, ganz schrecklichen Nebeneffekt haben können. Ich kenne fast niemanden, der Skalen sinnvoll übt, sondern fast nur Leute, die meinen, sie müssten Skalen üben, dabei aber die Ohren zumachen: Die Lagenwechsel sind immer hörbar und immer in der falschen Geschwindigkeit! Ich empfehle, Skalen nur ganz konzentriert zu üben und immer im Hinblick auf einen sinnvollen Zusammenhang. Natürlich sollte jeder Streicher irgendwann in der Grundausbildung (oder falls es da nicht stattgefunden hat, eben später) einmal systematisch Skalen erarbeiten. Wichtig finde ich dabei, die Finger gleichklingend fallen zu lassen bzw. aufzuheben und möglichst schon die nächsten Töne vorausdenkend aufzusetzen, sprich vorzubereiten.[2]

Welche Übungen machen Sie gern?

Für mich ist das Üben der Lagenwechsel das Allerwichtigste. Damit habe ich interessanterweise als Kind angefangen. Mein erster Lehrer war Dietmar Mantel an der Musikschule in Lahr bei Freiburg. Er hat zusammen mit dem damaligen Leiter der Musikschule, Klaus Matakas, die Streicherausbildung in den 1960er und 70er Jahren ganz wesentlich revolutioniert. Beide hatten in Detmold bei George Neikrug[3] studiert und kamen zusammen mit einem ganzen Team hoch motivierter junger Leute frisch von der Hochschule und voll wunderbarer Ideen, mit denen sie eine fantastische Musikschule aufgebaut haben. Die Grundidee war, dass es vom allerersten Anfang an immer um Beweglichkeit im weitesten Sinne geht: körperliche Beweglichkeit, geistige Beweglichkeit, Hörfähigkeit, die Fähigkeit, sich auf andere einzustellen, und das bedeutete konkret Kammermusik und Orchesterspiel von Anfang an.

Was heißt »von Anfang an«? Doch sicher nicht ganz ohne erste Vorkenntnisse?

Nach wenigen Wochen. Ich habe kurz vor meinem vierten Geburtstag angefangen, Bratsche zu lernen, und mit viereinhalb war ich im Orchester.

Was geschah in den ersten Stunden?

Da stand im Vordergrund, das Instrument zu halten oder besser: zu balancieren. Also nie ein statischer, sondern immer ein dynamischer Ansatz[4]. Außerdem gleich Lagenwechsel, um aus der schwingenden Saitenlänge erst einmal über das Ohr festzustellen, wo man anhalten möchte. Nicht das hergebrachte Prinzip »erste Lage – erster Finger«, von wo man dann ewig nicht mehr wegkommt. Das ist ja in der Streicherpädagogik wirklich ein ganz großes Problem. Hier war der Anfang ganz anders: mit Bewegungen, Lagenwechseln... Wollen Sie es wirklich genau wissen?

Ja, bitte. Ganz genau.

Ich habe hierzu eine Übung entwickelt: Ich würde zunächst immer erst *mit einem Finger* eine Oktave anpeilen, dann diese Oktave schrittweise um einen Halbton verkürzen; entweder vom unteren Ton aufwärts bis zum Zielton oder umgekehrt. Dabei kann entweder der Anfangs- oder der Zielton konstant bleiben, was insgesamt vier verschiedene Möglichkeiten ergibt. Aber immer nur mit einem Finger und immer als gesangliche Tonverbindung! Dabei werden die Hände sehr schön warm und weich, außerdem wird das Ohr geschult und ein Sinn für Klangverbindungen entwickelt. Die zweite Übung wäre dann, mit verschiedenen Fingerpaaren diese Tonverbindungen nachzuspielen. Mit zwei Fingern soll es genauso klingen wie mit einem. So ist schnell das ganze Griffbrett mit einbezogen.

Waren so ähnlich auch die ersten Übungen bei Dietmar Mantel?

Das weiß ich nicht mehr. Ich glaube nicht, dass das Feld so systematisch abgearbeitet wurde. Es ging aber im Prinzip um diese Art von Beweglichkeit. Übrigens ist auch das Vibrato aus dem Lagenwechsel entstanden. Erst beginnt man mit den großen, weichen Bewegungen: Fingergelenke, Handgelenk, alle Gelenke geben nach. Diese Wege müssen möglichst schnell und zielgerichtet zurückgelegt werden, damit keine unkontrollierte Bewegung stattfinden kann. Der Weg wird immer kleiner, und schließlich bleibt die Bewegung auf einem Ton stehen: So ist das Vibrato bei uns entstanden. Als Drittes würde ich zur Bogenführung übergehen[5] und auch dort größtmögliche Beweglichkeit herstellen, indem ich Saitenübergänge übe, und zwar erst einmal nur am Frosch …

Also noch gar nicht den ganzen Bogen einsetzen?

Das habe ich ja bei den vorigen Übungen schon gemacht. Ich beginne mit einem kurzen Bogenausschnitt als Klangbasis im Mezzoforte. Dann erweitere ich diesen Bereich, indem ich mit langen Bögen vom leisesten Pianissimo bis zum Fortissimo crescendiere; auf dem Rückweg umgekehrt. Wichtig ist, das langsam zu machen, sodass die Veränderung des Klangs trainiert wird, nicht der gleichbleibende Klang[6]. Ich denke, es ist das Wichtigste in der Musik, dass eine Phrase immer eine innere Dynamik hat, die nicht in den Noten stehen muss. Beim Unterrichten ist mir aufgefallen, dass man diese Veränderung des Klangs wirklich trainieren muss. Wenn Musiker statisch spielen, liegt das oft an der fehlenden technischen Ausbildung. Die musikalische Ausdruckspalette kann nur entstehen, wenn die technischen Möglichkeiten dafür auch erworben wurden. Diese müssen aber aus der Musik heraus kommen. Ich mag keine »musiklosen« Technik-Übungen.

Haben Sie schon früh darüber reflektiert, auch bereits als Kind? Oder erst, als Sie selber angefangen haben zu unterrichten?

Nein, als Kind noch nicht. Erst beim Unterrichten. Es wäre auch nicht die Intention des Lehrers gewesen. Er wollte uns auf spielerischste Weise allerhöchste Ansprüche vermitteln. Wenn ich nur an das Beispiel Intonation denke, damit war von Anfang an nicht zu spaßen! Es gab absolut keine Toleranz, etwa: »Ach, Kinder dürfen auch mal unsauber spielen«. Von Beginn an wurde ganz ohne Druck auf Sauberkeit des Tons geachtet. Der Ton ist auf einem Streichinstrument nun einmal variabel, und ich kann ihn nur dann finden, wenn ich ganz genau weiß, wo er hingehört. Auch die Relation der Töne zueinander wurde von Anfang an geübt, daher auch das frühe Kammermusikspiel, das ganz frühe Lernen, aufeinander zu hören. All das hat die Grundeinstellung trainiert, genau zu wissen, wohin ich mit dem Finger möchte, nicht zu tolerieren, dass er zufällig irgendwo in der Nähe landet. Das Ohr lenkt den Finger, niemals anders herum. Als ich später studiert habe, konnte ich feststellen, dass ich nichts Falsches gelernt hatte. Es war ein unglaubliches Glück, immer auf etwas Richtigem aufbauen zu können. Ich habe mir nie etwas angewöhnt, was ich mir mühsam wieder hätte abtrainieren müssen.

Wie lange machen Sie diese Einspielübungen? Ich meine an so einem hypothetischen langen Übetag…

Vielleicht eine halbe Stunde. Dann würde ich zu Etüden übergehen, in denen ich mich gezielt mit einzelnen Problemen beschäftigen kann. Nachdem ich irgendwann Skalen und Arpeggien gelernt habe, spiele ich jetzt lieber klassische Etüden. Ich finde die Klassik unendlich wichtig, da sie uns das Rüstzeug für alle weiteren Stilrichtungen vorgibt. Das Erarbeiten von Skalen und Arpeggien in kleinen, übersichtlichen, musikalischen Werken scheint mir unersetzbar! Hier gilt: lieber fünf Etüden mit jeweils einem Problem als eine Etüde mit allen fünf Problemen auf einmal.

Haben Sie dafür bestimmte Standard-Etüden, auf die Sie gern zurückgreifen?

Ja. Kreutzer, Rode, Ševčik z. B.

Aber wahrscheinlich nicht täglich, oder?

Nein, das wäre glatt gelogen! So etwas mache ich nicht jeden Tag, sondern z. B. nach den Ferien. Im Anschluss daran übe ich irgendeine neue Schwierigkeit. Ich bin ja dauernd mit neuen Partituren beschäftigt. Das ist sehr gut für den Kopf. Es kann auch noch eine Bach- oder Reger-Suite dazwischen kommen, also etwas, was ich in den Fingern habe, so dass die Musik im Vordergrund steht, bevor ich zu den aktuellen, »dringlichen« Sachen komme.

An einem weniger langen Übetag kommen diese »dringlichen« Sachen wahrscheinlich eher, oder?

Ja. Aber eine Viertelstunde Übungen mache ich immer[7]. Das ist das Minimum. Das brauche ich zum Warmspielen. Ich übe auch sehr viel langsam, aber mit schnellen Fingern. Das ist ebenfalls ein Prinzip aus der Lahrer Musikschule und das Allerwichtigste beim Einstudieren neuer Stücke: langsam üben, sich beobachten und keine Fehler machen! Schon beim ersten Lesen, damit das Stück gleich richtig abgespeichert wird. Also so langsam üben, dass man sich Fehler erspart. Ich mache mit meinen Studenten oft Blattspielübungen, und es bestätigt sich für mich immer wieder: einmal falsch, immer falsch. Der kleine Fehler beim ersten Durchgang ist beim zweiten Mal auf jeden Fall immer noch drin. Deshalb ist von Anfang an fehlerloses Üben notwendig, um die Übezeit zu verkürzen. Man muss beim ersten Lesen so langsam spielen, dass Fehler ausgeschlossen sind. Danach werden kleine Sinneinheiten mit zunehmendem Tempo erarbeitet, bis sie reflexartig funktionieren[8].

Schreiben Sie sich einen Übeplan, z. B. für die Wochenplanung?

Nein, das brauche ich nicht mehr. Eine Zeitlang habe ich das mal gemacht. Ich bin ein ziemlich ordentlicher Mensch.

Irgendwann kann man sich ja auch ohne Plan merken, was man üben will.

Bei der Bratsche kann man sich das so merken, ja *(lacht)*. Aber ich empfehle es meinen Studenten manchmal. Als Kind musste ich beim Üben Tagebuch führen. Natürlich habe ich meinen Lehrer böse hereingelegt und mich selber auch. Ich habe es am Tag vor dem nächsten Unterricht mit verschiedenen Stiften geschrieben, damit er es nicht gemerkt hat. Aber das Übetagebuch hat bei meinen Studenten einen gewissen Platz. Es gibt Musikertypen, die mit hundert verschiedenen Problemen gleichzeitig beschäftigt sind und nicht merken, dass sie sich im Kreis drehen und nicht weiterkommen, weil sie den Überblick verlieren. In solchen Fällen hilft ein Tagebuch: in der ersten Woche nur aufschreiben, was man gemacht hat, später daraus einen Plan entwickeln.

Wie ist bei Ihrem Üben die Gewichtung zwischen Repertoirestücken, die Sie gern wiederholen, also Bach, Reger etc., und den neu einzustudierenden Sachen?

Das ergibt sich durch meinen Konzertplan, den ich allerdings absichtlich so zusammenstelle, dass keine Routine aufkommen kann, die ich überhaupt nicht mag. Ich würde sehr ungern zwei Wochen hintereinander dasselbe Bratschenkonzert spielen, deshalb lege ich mir den Konzertplan so zurecht, dass ich sehr viel Abwechslung habe. Das heißt, es kommen zwischendurch immer auch Repertoirestücke vor, die ich dann natürlich wieder eine Weile übe. Insofern schwankt das Verhältnis von Neuem und Repertoirestücken beim Üben entsprechend. Aber mit den neuen Sachen für die Uraufführungen bin ich täglich beschäftigt. Das sind zum Teil dicke Brocken, die ich langfristig üben muss. Zwischendurch kann ich dann immer mal wieder eine Seite Bartók-Konzert üben oder so etwas. Es ist in der Summe deutlich mehr Neues, das ich üben muss, während das Alte zwischendurch erhalten wird.

Was üben Sie an den Repertoirestücken? In erster Linie die musikalische Gestaltung oder auch noch grundlegende technische Dinge wie z. B. Fingersätze?

Fingersätze denke ich mir nicht ständig neu aus, auch keine Bogenstriche. Aber musikalisch neue Gedanken können bei der Arbeit entstehen.

Wie lange üben Sie täglich am Instrument? Ich meine nicht die mentale Arbeit, die einen ja nie loslässt, sondern wirklich die Zeit an der Bratsche.

Das ist bei mir erschreckend wenig.

Sie können einen meiner Gesprächspartner sicher nicht unterbieten ...

Christian Tetzlaff! Ja, wir hatten immer ganz ähnliche Voraussetzungen und Übegewohnheiten.

Es kommt auf anderes an als die bloße Menge Zeit, wie Sie anfangs schon gesagt haben.

Auf jeden Fall! Es kommt darauf an, wie man sie nutzt. Und ich stelle zunehmend fest, dass ich dann am besten denken kann, wenn ich mir einen Vormittag am Stück freinehmen kann. Das ging die letzten Jahre nicht immer, die doch sehr anstrengend und aufregend waren, weil ich drei Kinder im Alter von zehn, sieben und fünf Jahren habe. Da blieb das Üben öfter auf das absolut Notwendigste beschränkt. Dazu die Professur in Berlin und eine Menge Konzerte ... Ich habe über Jahre versucht, eine Balance zu finden, die mir gut tut. Jetzt bin ich zum ersten Mal an dem Punkt, an dem ich denke, dass es eine Weile so weitergehen könnte. Meine Professur in Berlin ruht für zwei Jahre, und mehr als 50 Konzerte im Jahr mache ich grundsätzlich nicht. Das sind einige Uraufführungen und ungefähr 15 Konzerte mit dem Arcanto Quartett.

Dann üben Sie jetzt also wieder mehr?

Sie wollen wirklich unbedingt die Zeit wissen? Es gibt ja nicht den immer gleichen Tagesablauf. Das schwankt.

Bei unseren Studentinnen aus Korea schwankt das nicht. Die schaffen jeden Tag ihre acht Stunden. Kinder müssen teilweise sogar elf Stunden am Tag üben. Der musikalische Erfolg ist dadurch aber nicht garantiert.

Nein, natürlich nicht. Wenn ich zwei Stunden am Tag sehr gut und mit voller Konzentration übe, bin ich ganz zufrieden. Aber es gibt natürlich sehr viele Tage im Jahr, an denen ich sechs Stunden »spiele«. Beim individuellen »Üben« schaffe ich – ganz ehrlich – nie mehr als zwei Stunden. Die Probentage, an denen wir sechs oder auch mal acht Stunden proben, sind allerdings zahlreich. Es ist also nicht so, dass mit zwei Stunden Üben der Tag beendet wäre.

Wie läuft der »freie Vormittag« ab, den Sie sich nehmen?

Meistens so, dass ich in meinem Arbeitszimmer ungestört üben kann und mir nach fünf Minuten gutem Üben hundert verschiedene Sachen einfallen. Wenn die Musik gut fließt, ist der Kopf in einem anderen Zustand. Dann habe ich hundert tolle Ideen, was ich längst schon mal machen wollte: der Brief an den Herrn Soundso... und außerdem wollte ich noch dies und das machen ... Deshalb lege ich mir einen Zettel daneben und schreibe alles auf, was ich machen will, so dass es mich beim Üben nicht mehr belastet. Ich muss mich richtig zwingen, solchen Dingen nicht nachzugeben. Aber den Zustand im Kopf finde ich fantastisch. Ich bin, glaube ich, deshalb so gern Musikerin, weil ich diesen meditativen Zustand, der ein außerordentlich wacher Zustand ist, so sehr liebe; ob es auf der Bühne ist oder bei gutem Üben. Das ist natürlich das Privileg des Solisten. Orchestermusiker, die in der Probe sitzen, werden den Zustand nicht so oft genießen können. Es ist schon großartig, das beruflich machen zu dürfen.

Gab es während der Schulzeit und während des Studiums methodische Hilfen zum Üben? Ich meine: Hat der Lehrer nur aufgegeben, *was* zu üben war, oder auch, *wie* man es üben sollte?

Immer gab es Hilfen. Dietmar Mantel hatte so viele großartige Ideen, die er in kleine Stückchen verpackt hat. Es ging immer darum, etwas zu suchen, auszuprobieren und dabei alles auch körperlich umzusetzen und zu speichern. Niemals hat er nur gesagt: Üb das! Ganz undenkbar.

Bei sehr vielen Lehrern ist das aber der Normalfall.

Oh ja. Leider. Da muss auch in jeder Unterrichtsstunde an ein und demselben Stück herumgebastelt werden, und das wochenlang. Aber so etwas habe ich zum Glück nie erlebt. Ich glaube, es gab keine einzige Stunde, in der nicht auch vom Blatt gespielt – immer wieder neue Stücke –, gesungen und geklatscht wurde. Unter anderem wurde auch an dem aufgegebenen Stück gearbeitet, aber das war normalerweise ziemlich schnell fertig. Immer nur wochenlang dasselbe Stück vorspielen – das gab es nicht.

Ging das Einstudieren neuer Stücke so schnell, weil das Blattspiel intensiv geübt wurde?

Ganz sicher auch deshalb.

Wie studieren Sie heute ein neues Stück ein? Ich meine beispielsweise ein Werk für eine Uraufführung, von dem es noch keine CD gibt. Sie müssen sich also einerseits eine eigene Klangvorstellung erarbeiten und andererseits das Stück technisch üben, was zwei verschiedene Aufgaben des Übens sind.

Absolut!

Trennen Sie diese beiden Aufgaben methodisch oder greifen sie ineinander? Oder ist das vielleicht bei jedem Stück etwas anders?

Jedes Stück ist anders – vom Umfang her und vom Inhalt –, und folglich ist auch die Übemethode jedes Mal ein bisschen anders. Manchmal ist der Überblick ganz schnell schon während des Lesens gewonnen, manchmal ist das eine ziemlich mühsame Arbeit.

Das heißt, sie lesen erst sehr gründlich, bevor Sie mit Instrument üben?

Ich lese mit der Bratsche. Ich kann mich nicht damit begnügen, erst einmal wochenlang nur in die Partitur zu stieren. Ein Stück erschließt sich mir und meinem Ohr schneller, wenn ich die Töne auch höre. Ich habe zwar ein absolutes Gehör, was mir beim Kennenlernen einer neuen Partitur sehr hilft – ich könnte sonst die vielen Uraufführungen nicht meistern –, aber es ersetzt nicht das reale Hören der Töne. Ohne mein absolutes Gehör müsste ich sicherlich viel mehr üben.

Wann hat sich das absolute Gehör gebildet? Das muss ja in früher Kindheit geschehen sein, sonst ist es in der Regel zu spät.

Ja. Entdeckt wurde es beim häuslichen Üben mit den Geschwistern. Die Mutter hat meine ältere Schwester gefragt, wie der Ton da heißt, und ich als kleine Schwester habe aus dem Hintergrund den Tonnamen gerufen. Das war auf jeden Fall ganz früh, noch mit drei oder vier Jahren. Die älteren Schwestern haben Geige und Cello gespielt, so dass wir gleich das Trio zusammenhatten, und der ältere Bruder Klavier. Er musste immer seine Schwestern begleiten.

Was passiert nach dem ersten Lesen? Nehmen wir die Ligeti-Sonate als Beispiel.

Ja, die Ligeti-Sonate ist mein Himalaja. Da hatte ich leider sehr, sehr wenig Zeit. Ich glaube, nur sechs Wochen. Da quollen die Sätze aus meinem Faxgerät…

Also für jeden Satz durchschnittlich eine Woche Zeit zu üben…

Nein, zum Glück nicht. Die ersten zwei Sätze gab es schon. Aber trotzdem, als immer mehr Blätter aus dem Fax quollen, hat nur noch der Tunnelblick geholfen.

In so einer Situation übt man doch wahrscheinlich besonders systematisch.

Ich nehme die Bratsche und versuche, alles so sicher und schnell wie möglich abzuspeichern. Das ist nicht so kompliziert wie das Einstudieren eines Konzerts, wobei man auch noch die ganze Partitur kennenlernen muss. Ich habe gerade in Paris das *Concerto* von Bruno Mantovani für zwei

Bratschen und Orchester[9] uraufgeführt, ein Stück von 43 Minuten Länge in einem Satz. Ich habe dafür die Noten seit Monaten immer wieder aufgeblättert und verschiedene Stellen herausgepickt und geübt[10]. Zwischendurch habe ich gedacht, ich schaffe es nicht, aber es ist doch allmählich zusammengewachsen. Vor der ersten Probe hatte ich nicht die ganze Partitur im Kopf, nur die wichtigsten Stellen für meine Einsätze und Bezüge zwischen meiner Bratschenstimme und anderen Instrumenten. Im Ohr setzt sich das Stück vollständig doch erst mit Orchester zusammen. Ich muss mich dabei ganz auf den Dirigenten als Verkehrspolizisten verlassen. Wenn es Werke sind, die ich sehr gut kenne, ist das anders. Da tun mir die Dirigenten manchmal ziemlich leid. Ich habe einfach überhaupt keine Lust mehr, jemanden als Autorität anzuerkennen, der nur einen Stock in der Hand hat, aber das Stück nicht kennt und nichts hört. Das Bartók-Konzert habe ich wohl zweihundert Mal gespielt und kenne jeden Ton.

Sie haben mit fünf Jahren angefangen, auch Klavier zu spielen. Nutzen Sie diese Fähigkeit zum Erarbeiten neuer Stücke, vor allem für Partituren und Kammermusik?

Das mache ich sehr gern als meine private Beschäftigung mit Musik. Zum Beispiel habe ich den Klavierauszug des Bartók-Konzerts studiert, bevor ich es das erste Mal gespielt habe. Das Klavier kommt mir auch im Unterricht mit meinen Studenten sehr zugute. Da kann ich immer etwas mitfingern. Außer etwa Henze-Sonate oder Roslawetz[11]... da hören meine Fähigkeiten auf. Ich habe mir allerdings vorgenommen, die *Sieben frühen Lieder* von Berg für Bratsche und Klavier zu machen. Da werde ich mir den Klavierpart auf jeden Fall sehr genau anschauen. Es geht natürlich nicht darum, das perfekt zu spielen, sondern eine umfassende Vorstellung aufzubauen und am Ende alles hören zu können. Was man ge-griffen hat, be-greift man besser. Außerdem prägt es sich im Kopf besser ein.

Welche Rolle spielt das mentale Lernen bei Ihnen?

Eine sehr große Rolle, aber erst im zweiten Schritt. Der erste ist Lesen – Spielen – Hören, manchmal Lesen – Hören – Spielen, das kommt auf das Stück an. Das erste Mal geht es über die Finger, beim zweiten Mal ist es bereits der andere Weg. Wenn ein Stück aber schon einigermaßen Form angenommen hat, finde ich das reine Lesen und Vorstellen wahnsinnig hilfreich. Es kürzt die Übezeit stark ab.

Ist das ein ganz bewusster Arbeitsschritt beispielsweise zum Auswendiglernen, oder ist das mentale Lernen weitgehend unbewusst, indem Ihnen das Stück einfach während anderer Tätigkeiten durch den Kopf geht?

Das gibt es beides, zu unterschiedlichen Zeitpunkten. Am meisten beschäftigt mich eine Sache im Kopf, wenn es brenzlig wird; da kann es sein, dass mich ein Stück bis in den Schlaf verfolgt. Die wichtigste Zeit der mentalen Beschäftigung mit einem Werk ist für mich der Nachmittag vor einem Konzert, wenn ich mich zu einem Nachmittagsschlaf zurückziehe, der meistens ein ganz wichtiger Moment des Abspeicherns wird. Ob ich will oder nicht, geht mir das ganze Konzert durch den Kopf. Ich setze mich nur mit den Noten hin und lese, auch mit Metronom, überprüfe den Rhythmus noch einmal ganz genau und beschäftige mich mit jedem allerkleinsten Detail.

Machen Sie das nur am Nachmittag vor dem Konzert oder auch vorher schon?

Es wäre sicher auch vorher sinnvoll. Aber wir sprechen ja hier nicht darüber, wie es am liebsten sein sollte, sondern wie es tatsächlich ist. Ich mache es so im letzten Moment vor der Aufführung. Die genaue Klangvorstellung wird ja auch davon geprägt, was in den Proben geschehen ist: So umfassend kann ich das Stück mental also erst nach den Proben durchgehen. In Paris war vormittags Generalprobe, mittags gab es ein gutes Essen, dann habe ich mich in mein Hotelzimmer zurückgezogen und meine Partitur gelesen: ganz gründlich mit jeder kleinsten Einzelheit. Danach wurde geschlafen. So bin ich abends richtig schön frisch. Die Stunde vor dem Konzert nutze ich noch, um das Stück rückwärts zu üben. Ich fange hinten an und übe in immer größeren Abschnitten, bis ich die Coda ganz spiele, dann ebenso rückwärts aufbauend den Mittelteil und zum Schluss den Anfang.

Haben Sie als Kind die Vorspielsituation geübt?

Ich hatte als Kind viele Möglichkeiten, das Auftreten und Spiel vor Publikum zu üben. Da waren jedes Jahr die Auftritte bei »Jugend musiziert«, ob mit Bratsche und Klavier oder mit Streichtrio oder Klavierquartett, irgendetwas war immer dran. Vorspielangst kannte ich ganz lange nicht. Das erste Mal schlug die Anspannung vor dem Auftritt in wirkliche Angst um, als ich etwa 18 oder 19 Jahre alt war.

Dann kann man diese Angst gar nicht begreifen, weil man damit nicht mehr rechnet, oder?

Ja, genau. Und sie kommt auch immer noch manchmal wieder. Und zwar ist es oft der erste Sonatenabend nach einer längeren Zeit mit Orchesterkonzerten. Das liegt wahrscheinlich an der ganz anderen Spannung und Ausstrahlung, der unterschiedlichen Form von Bühnenpräsenz. Einige Male hat es mich da kalt erwischt, nach wunderschönen Proben und großer Freude am gemeinsamen Musizieren.

Wie äußert sich bei Ihnen die Aufregung bzw. die Angst?

Bei mir eindeutig in der Bogenhand. Der Bogen macht plötzlich nicht mehr alles ganz so, wie ich es möchte. Ich denke übrigens nicht, dass etwas »nur im Konzert« nicht klappt. Wenn unter maximaler Anspannung bestimmte Fehler passieren, handelt es sich meist um unentdeckte Schwachstellen, die sich unter Konzertbedingungen manifestieren. Daran muss man arbeiten.

Wie sind Sie gegen das Lampenfieber vorgegangen, als es die ersten Male mit achtzehn oder neunzehn auftauchte?

Ich muss überlegen, ob es nicht doch schon vorher einmal kam. Mit dreizehn musste ich auf einem Preisträgerkonzert von »Jugend musiziert« auftreten, und zwar mit einem Programm, das ich vor Monaten ständig gespielt, mit dem ich mich aber innerlich nicht mehr beschäftigt hatte, weil es ja immer gut lief. Das wurde nun noch einmal ausgepackt, nachdem ich längst mit anderen Stücken beschäftigt war. Ich stand auf der Bühne und wusste an einer Stelle plötzlich nicht mehr, wie es weiterging. Ein richtiges Loch. Die Pianistin fing noch einmal zwei Takte vorher an, ich hatte wieder an derselben Stelle den Bruch usw. Die andere Szene, an die ich mich erinnere, war mit einer Reger-Suite auch nach »Jugend musiziert«. Da bin ich in der Coda plötzlich wieder im Anfangsteil gelandet. Und diese Angst, wieder nicht weiterzuwissen, war furchtbar. Ich spiele heute auch fast nicht mehr auswendig.

Zumindest die neuen Sachen nicht…

Nein, auch die alten nicht.

Das Bartók-Konzert?

Nein, auch das nicht, weil es aufgrund des Quellenstudiums so viele verschiedene Versionen gibt. Ich habe zehn Jahre lang eine Fassung gespielt, dann fünf Jahre lang eine andere, und jetzt spiele ich meine eigene Mischfassung. Da stelle ich mir lieber die Noten hin. Sonst kann es passieren, dass ich die Versionen durcheinander bringe.

Das Lampenfieber entstand also in Ihrem Fall durch die konkrete Angst, beim Auswendigspiel auszusteigen. Die erste Konsequenz war doch vermutlich nicht, dann halt nicht mehr auswendig zu spielen, sondern sicherer auswendig zu lernen. Wie sind Sie damals vorgegangen?

Beim ersten Lehrer habe ich die Stücke einfach irgendwann auswendig gekonnt, sie aber nicht absichtlich auswendig gelernt. Beim zweiten Lehrer in Freiburg war das anders. Der hat sehr viel Wert darauf gelegt, dass das Auswendigspiel durch Auge, Ohr und Finger abgesichert ist. Das war ein sehr guter Hinweis. Ich habe gelernt, den Notentext auswendig zu sehen. Ob ich ihn auch aufschreiben könnte, weiß ich nicht.

Das auditive Gedächtnis haben Sie wahrscheinlich durch Ihr absolutes Gehör schon immer genutzt.

Ja, und das Griffgedächtnis auch. Aber das visuelle Gedächtnis bewusst zu nutzen, war tatsächlich neu. Wenn ich heute mit meinen Studenten Leseübungen mache, dann läuft das so ab: Acht oder zwölf Takte werden gelesen, dann klappe ich die Noten zu, und das Stückchen muss auswendig wiederholt werden. Das ist sehr spannend und macht wirklich Vergnügen. Ich habe eine Studentin gehabt, die auch bei Herrn Mantel zehn Jahre Anfangsunterricht hatte. Die erschien zur Aufnahmeprüfung, ohne dass ich wusste, von wem sie kam. Sie hatte auffallend schöne Hände und bewegliche Finger. Dann haben wir diese Blattspielübungen gemacht, und sie ist die einzige in zwanzig Jahren Unterrichtserfahrung, die genauso gelernt hatte wie ich und sofort alles spielen konnte. Ich kann nur allen Lehrenden empfehlen, damit ganz früh bei den Kindern anzufangen. Es ist so eine große Hilfe! Die Franzosen und Engländer lernen das viel besser.

Deren ganzes Unterrichtssystem ist ja ganz anders. Durch den Solfège-Unterricht lernen sie viel früher, die Musik als Sprache zu verstehen.

Das hat aber auch seine Nachteile. Ich kenne viele Franzosen, die ein sehr gespaltenes Verhältnis zu ihrem Solfège-Unterricht haben. Das französische System ist schrecklich verschult. Wenn jemand im Solfège nicht mitkommt, muss er am Conservatoire aufhören. Bei den Prüfungen bleiben zu viele Kinder auf der Strecke, die eigentlich begabt wären. Aber ich bin schon der Meinung, dass das frühe Lesen-Üben im Prinzip eine notwendige und gute Sache ist.

Lernen Sie auch mental auswendig? Dabei kann man sich die drei Lernkanäle ja noch bewusster machen.

Für eine halbe Stunde mache ich das schon mal.

Aber so endlos lange ohne Instrument halten Sie es auch nicht aus?

Nein. Aber was ich oft mache und sehr nützlich finde, ist, beim Auswendiglernen das Stück auf das Klavier zu übertragen. Eine Bach-Fuge, die man auswendig spielen zu können meint, auf dem Klavier zu spielen, ist eine hervorragende Kontrolle, wie weit der Notentext tatsächlich gespeichert ist.

Die Möglichkeit hat man als Pianist ja leider nicht. Aber was vielleicht ähnlich ist: Ich probiere zur Kontrolle, das Stück auf dem Deckel zu spielen. Das ist auch nicht rein mental – dabei würden meine Gedanken zu leicht abschweifen –, sondern gewissermaßen auf halbem Wege zwischen rein geistiger Vorstellung und Instrument.

Ja, das ist gut. Auch bei meinem Klavierlehrer musste ich übrigens vom Blatt spielen, und zwar mit knapp geschlossenem Deckel, so dass ich meine Finger nicht sehen konnte. Das war eine harte, harte Schule. In dem Moment hat das überhaupt keinen Spaß gemacht. Er hat mich auch ganz früh gezwungen, Quartett-Partituren zu lesen. Drei Schlüssel auf vier Systemen, das ist für jemand, der zehn oder elf Jahre alt ist, eine Tortur. Es geht so langsam, dass es keinen Spaß macht, aber es ist eine ganz tolle Schulung.

Solche Lehrer, die bereit sind, sich auch einmal unbeliebt zu machen, findet man vermutlich kaum noch.

Ja, leider.

Wie sichern Sie schwierige Stellen, damit sie im Konzert hundertprozentig abrufbar sind?

Die wiederhole ich so oft, bis ich sie automatisch kann. Fünfzigmal, sechzigmal…

Was machen Sie, damit durch das häufige Wiederholen die Stelle nicht in ihrer Frische beschädigt wird? Wiederholungen können ja zur Folge haben, dass das Geübte in seiner emotionalen Wirkung immer weiter abstumpft.

Ich wiederhole nicht einfach immer gleich, sondern mit Variationen: Dynamik, Tempo, Artikulation, alles[12].

So achten Sie abwechselnd auf verschiedene Teilbereiche?

Genau. Mal die linke Hand allein oder die rechte Hand allein, das ist auch auf einem Streichinstrument eine sehr gute Übung. Mit dem Bogen auf den leeren Saiten zu spielen, ist außerordentlich nützlich: Das erfordert eine irrsinnig genaue Vorstellung, denn man hört ja nur die Quinten und muss sich eine komplizierte Tonfolge vorstellen. Auch die Gliederung in kleine Tongruppen, die auf Geschwindigkeit geübt werden, ist nützlich.

Langsam üben und dann immer schneller?

Langsames Spiel mit schnellen Fingern, muss ich nochmals sagen. Das heißt, ich trainiere mit leeren Saiten zwischen den eigentlichen Tönen. Auch bei einem vollständigen klassischen Konzert mache ich das so: Jedes Mal den Finger sofort wieder aufheben und für den nächsten Ton neu aufsetzen! Der Weg vom Gehirn zum Finger darf keine Hindernisse haben, sondern muss schnell und ungebremst funktionieren. So entwickelt man das Gefühl für einen mutig gegriffenen Ton.

Wie wiederholen Sie ein vor längerer Zeit einstudiertes Werk, von dem die Klangvorstellung noch in Umrissen vorhanden ist, aber die technische Ausführung wieder geübt werden muss?

Langsam. Erst einmal wieder alles langsam. Und: neue Noten! Ich spiele, wenn ich wiederhole, immer aus neuen Noten. Das finde ich ganz wichtig.

Weil dann wieder alles offen ist?

Ja. Das war auch die erste Maßnahme, als ich das erste Mal ohne Lehrer geübt habe. Seitdem gehe ich folgenden Weg zum Erlernen eines Werkes: Zunächst mache ich mir eine Kopie und dann schmiere ich beim ersten Übedurchgang möglichst viel da hinein: Fingersätze, Bogenstriche, rhythmische Hilfen und sonstige Bemerkungen. Wenn ich das alles so geübt habe, lege ich die Kopie weg und spiele aus meinen ursprünglichen Noten, die ganz leer sind. Ich kann Ihnen meine Noten von der Uraufführung in Paris zeigen: Da steht nichts drin.

Vollgeschriebene Noten würden bei der Aufführung vermutlich eher irritieren als nützen.

Ja, genau. Ich steige vor der ersten Probe auf die leeren Noten um und stelle dabei eventuell fest, welchen Fingersatz ich auf jeden Fall brauche. Den schreibe ich dann wieder hinein, aber ansonsten sind die Noten nackt. So merke ich, was gut oder weniger gut abgespeichert ist, worauf ich mich verlassen kann und was ich noch einmal üben muss. Die meisten meiner Noten haben nicht einen einzigen Fingersatz.

Bewahren Sie die verschiedenen Kopien auf und vergleichen die unterschiedlichen Einrichtungen eines Stücks?

Ja, und das ist sehr interessant. Daran kann ich ablesen, wie ich mich verändert habe, und manchmal entdecke ich auch, dass eine frühere Lösung gar nicht so schlecht gewesen ist. Aber dieses prinzipielle Mitnehmen von alten, einmal eingeübten Sachen finde ich gar nicht gut. Beim Konzert fühle ich mich unbeschwerter, wenn alles blank ist in den Noten.

Sie hatten ja schon angedeutet, wie der Konzerttag mit Orchester aussieht. Wie ist es bei Kammermusik? Viola und Klavier beispielsweise.

Das ist ganz ähnlich. Am Vormittag wird noch einmal geprobt, gegebenenfalls auch viel. Aber ab mittags ist Ruhe. Danach gehe ich jedes Stück in meinem Hotelzimmer genauso mental durch, wie ich es für ein Violakonzert mache. Aber die Situation Sonatenabend mit Klavier ist äußerst selten geworden, und in meiner Entwicklung ist mir das Quartettspiel im Moment auch wichtiger. Das ist das spannungsreichste, was es gibt. Das Repertoire ist viel größer. Beim Sonatenabend wollen die Veranstalter immer dasselbe: Schuberts *Arpeggione*, eine Brahms-Sonate und vielleicht noch Schostakowitsch. Aber bitte nichts Neues! Das könnte ja ein Risiko sein...

Ja, so ist es überall. Und das ist genau der falsche Weg. Eine neue Generation kann mit dem ewig Gleichen – so schön es ja ist – nicht in die Konzertsäle gelockt werden. Dabei gibt ein Stück neue Musik immer kontroversen Gesprächsstoff, darüber unterhalten sich die Leute in der Pause.
Jetzt würde mich interessieren, wie weit Sie ein Stück einstudiert haben, bevor Sie zu proben beginnen. Das hängt sicher von den verschiedenen Besetzungen ab. Bei Bratschenkonzerten haben Sie natürlich das Stück vollständig erarbeitet, das ist klar. Aber wie ist es bei der Kombination Viola / Klavier?

Da wird noch viel ausprobiert. Meinen Part kann ich natürlich. Aber die Interpretation ist gemeinsame Arbeit. Es gibt jedoch Stücke, die wir uns rechtzeitig vor einem ins Auge gefassten Konzerttermin zusammen ansehen, um zu entscheiden, ob wir sie machen wollen. Dann habe ich nicht schon vor der Probe die gesamte Detailarbeit geleistet. Es ist eher ein gemeinsames Sichten von Material. Wenn es an das endgültige Proben geht, möchte ich aber richtig vorbereitet sein und erwarte das auch von meinen Partnern. Sonst gewöhnt man sich miteinander falsche Sachen an, und der Übeweg ist letztlich viel länger als nötig.

Ist das beim Quartettspiel genauso?

Ich kann meinen Part schon, aber wir haben unterschiedliche Erfahrungen gemacht. Man schaut seinen Teil so weit durch, dass man feststellt, was vorher intensiv allein zu üben ist, damit man damit die Probe nicht unnötig aufhält. Aber es gibt Stücke, die vor allem im Zusammenspiel höllisch schwer sind, z. B. das fünfte Quartett von Bartók. Da haben wir alle die Schwierigkeiten völlig falsch eingeschätzt. Es gibt kein Konzert mit diesem Stück, vor dem wir nicht stundenlang zum wiederholten Male alles langsam und sauber durchgehen. Man muss auf drei andere Musiker reagieren und seinen eigenen Teil sauber abliefern; und die Feinjustierung, die dabei notwendig ist, ist extrem konzentrationsintensiv. Natürlich kenne ich die Partitur, und doch bin ich immer wieder überrascht. Denn jeder hat mal eine kleine Unsicherheit oder macht etwas leicht anders – und darauf muss ich reagieren, nicht auf die perfekte Partitur.

Wie weit kennen Sie die Partitur vor der ersten Probe? Haben Sie sie auch auf dem Klavier angespielt?

Das wäre bei dem Bartók-Quartett zu kompliziert. Da lege ich mir schon eher eine CD auf und lese die Partitur dazu.

Sie laufen wahrscheinlich nicht in Gefahr, eine Interpretation von der CD unbewusst nachzumachen?

Nein. Ich habe mein ganzes Leben noch nie irgendwelche Aufnahmen nachgeahmt. Das Werkverständnis wächst gemeinsam in den Proben.

Wie gehen Sie im Quartett bei den ersten Proben vor? Spielen Sie erst einmal alles durch, um zu sehen, was passiert? Oder proben Sie (vor allem schnelle Sätze) erst langsam, damit sich von Anfang an keine Fehler einschleichen?

Von Anfang an systematisch! Das Vermeiden von Fehlern ist mir wahnsinnig wichtig. Das habe ich bei allen Ensembles, bei denen ich mitspiele, durchgesetzt. Aber das wollen ohnehin alle: erst einmal gemeinsam suchen, bis sich die Vorstellung gebildet hat. Dann geht es um das Abarbeiten von Optionen, was bei unserem Quartett besonders stark ausgeprägt ist: das Suchen und Ausprobieren sinnvoller Möglichkeiten. Und immer in einem Tempo, in dem wir alles deutlich verstehen können. Im Streichquartett kommt noch die gemeinsame Kontrolle der Intonation hinzu, weil von ihr die Klanggestaltung abhängt. Das ist oft einer der ersten Schritte, denn es ist sinnlos, erst eine Interpretation zu erarbeiten und dann zu überprüfen, ob die Intonation stimmt, weil die Interpretation mit der Gestaltung des harmonischen Verständnisses wächst. Das Hören ist also ganz wesentlicher Teil des Übens.

Wie gehen Sie mit Auffassungsunterschieden um? Sie sprachen gerade vom Erproben unterschiedlicher Optionen. Kann es auch sein, dass Sie sich mal nicht einigen?

Das kann vorkommen. Dann wird viel Überzeugungsarbeit geleistet, und wenn wir uns nicht auf eine Version einigen, spielen wir es mal so, mal so. Manchmal gibt es auch komische Situationen. Letztens habe ich z. B. gesagt: »Hört mal, ich habe hier eine neue Idee!« Dann habe ich diese neue Idee erläutert, und meine drei Kollegen haben sich kaputtgelacht und meinten: »Das sagst du jedes Mal, wenn wir das Stück proben.« Und ich hatte wirklich das Gefühl, mir sei etwas Neues eingefallen. Beim Üben mit Hartmut Höll hat es die umgekehrte Situation gegeben, wahrscheinlich, weil wir sehr unterschiedlich mit Musik umgehen. Für mich zählt ganz klar nur, was ich heute höre, während er manchmal etwas irritiert ist, wenn ich nach einem Jahr eine Stelle anders spiele. Aber wir verändern uns doch ständig und hören unterschiedlich. Das Konzept von einem Stück kann sich ändern, denke ich.

Wie ist es bei Auffassungsunterschieden mit Dirigenten? Die sind ja leider nicht immer konstruktiv und können bis zu Machtproben vor dem Orchester gehen, vor dem niemand sein Gesicht verlieren möchte.

Auffassungsunterschiede finde ich wunderbar. Die zeigen, dass sich beide Partner miteinander und mit dem Werk beschäftigen und eine eigene Meinung haben. Solche Auffassungsunterschiede sind ungeheuer produktiv und bringen die gemeinsame Arbeit voran. Damit habe ich keine Schwierigkeiten. Schwierigkeiten habe ich nur mit dieser Hierarchie: dass der Dirigent als scheinbar Allmächtiger genau sagen will, wo es langgeht, ohne aber immer eine Autorität zu haben, die auf Wissen, Können und Kenntnis des Stücks gegründet ist. Je mehr ich Kammermusik spiele und mich in partnerschaftlichen Verhältnissen befinde, desto weniger kann ich die andere Situation ertragen.

Am deutlichsten zeigen sich Auffassungsunterschiede oft in Tempounterschieden. Wie gehen Sie damit im Quartett um? Als Einzelner habe ich manchmal von Tag zu Tag ein etwas anderes Tempogefühl; wie viel schwieriger muss es da sein, vier verschiedene Biorhythmen in eine gemeinsame Metronomzahl zu ordnen!

Das Wichtigste beim Quartettspiel ist es, sich aufeinander einzustellen, nicht das Spielen einer bestimmten Metronomzahl. Ich habe einmal als fünftes Rad am Wagen mit einem prominenten Streichquartett die Mozart-Quintette gespielt und war, ehrlich gesagt, einigermaßen schockiert, als der Primarius jeden Tag sein Metronom auspackte, um nachzusehen, ob wir auch wirklich die von ihm festgesetzte Metronomzahl spielten. Dass ein und dieselbe Metronomzahl im Wohnzimmer anders klingt als in einem halligen Raum, spielte keine Rolle, sondern nur sein Konzept[13]. Jeden Tag wurden die beiden Quintette durchgespielt, damit man sicher war, dass sich ja nichts bewegte und alles noch genauso klang wie am Tag zuvor. Das fand ich entsetzlich. Ziel unserer Beschäftigung mit Musik sollte sein, dass sich etwas möglichst identisch wiederholte und nicht veränderte. Die besten Konzerte waren die, in denen der Primarius sich schlecht fühlte, weil er nervös war und nicht alles hundertprozentig kontrollieren konnte: da sind ganz tolle Sachen passiert.

War ihm das bewusst, oder fand er es eher unangenehm?

Ich glaube, es war ihm unangenehm. Ich sage das ganz bewusst im Gegensatz zu der Arbeit mit unserem Quartett: Bei jedem Konzert ist etwas anders. Es kann im negativen Fall ein Unwohlsein, vielleicht nur eine Laune oder im positiven Fall auch ein toller Einfall sein: Die anderen gehen auf jeden Fall mit. Das ist das Schönste am gemeinsamen Musikmachen: diese Möglichkeit, sich gemeinsam zu bewegen.

In so einem kreativen Kreis ist es sicher schwierig, einen Probenverlauf im Voraus zu strukturieren, oder?

Tabea Zimmermann **97**

Es gibt immer wieder Vorsätze, die aber nicht streng durchgehalten werden, weil so viel Unvorhergesehenes geschieht und alles noch genauer und langwieriger gearbeitet wird, als wir es uns vorher vorgestellt haben.

Es gibt also ein lockeres Probenkonzept, das variabel gehalten wird, um auf neue Einfälle reagieren zu können?

Ja, genau.

Wie sieht die letzte Probe vor einem Konzert aus? Machen Sie z. B. eine Generalprobe?

Das hängt davon ab, wie lange wir ein Werk schon geübt und wie oft wir es im Konzert gespielt haben. Bei frischeren Sachen nehmen wir uns zwar vor, eine Generalprobe zu machen, aber das gelingt uns meistens nicht, weil jeder noch im letzten Moment ganz viele Einfälle unterbringen möchte. Wir proben meist bis kurz vor dem Konzert sehr detailliert. Einen so durchstrukturierten Ablauf wie bei einer Orchesterprobe gibt es in der Kammermusik nicht. Wir laden manchmal Freunde ein, denen wir ein Programm vorspielen. Das ist so eine Art Generalprobe.

Aus all dem höre ich sehr deutlich, dass auch für Sie ein Konzert kein Endpunkt der Interpretation eines Stücks ist, sondern so eine Art Zwischenbericht, durch den die nächsten Impulse für die weitere Arbeit entstehen. Konzerte sind in diesem Sinne die beste Möglichkeit, weiter zu lernen und sich zu entwickeln. Deshalb möchte ich im letzten Teil des Interviews fragen, wie Sie Ihre Konzerttätigkeit entwickelt haben, wie es Ihnen gelungen ist, eine Karriere aufzubauen.

Lauter glückliche Zufälle!

Beginnen wir in der frühen Kindheit und dem ungewöhnlichen Wunsch, Bratsche spielen zu wollen. Die meisten Kinder wissen in dem Alter gar nicht, was das ist.

Das hatte damit zu tun, dass die beiden älteren Schwestern schon Geige und Cello spielten und der Geigen- und Bratschenlehrer, Herr Mantel, der Meinung war, dass es besser sei, wenn jedes Kind sein eigenes Instrument lernen würde. Ich wusste mit drei Jahren ganz sicher noch nicht, was eine Bratsche ist.

Und wie kam es zu dem frühen Beginn im Alter von drei Jahren?

Ich habe als Kind sehr deutlich gezeigt, dass auch ich spielen wollte, indem ich mir täglich ein Notenpult und zwei Kochlöffel genommen habe, die ich wie Geige und Bogen gegeneinander führte, und zwar regelmäßig eine Viertelstunde. Das haben sich die Eltern ein paar Monate angesehen und mit dem Geigenlehrer gesprochen. Herrn Mantel interessierte es sehr, ob man mit kleinen Kindern gleich auf der Bratsche anfangen könnte. Er hat ja viele Streichquartette an der Musikschule zusammengestellt und dachte natürlich auch an diese Möglichkeit bei uns Geschwistern. Es war ja Konzept dieser Musikschule, dass es beim Üben immer um das gemeinsame Musizieren gehen sollte.

Meist muss man irgendwann den lieb gewonnenen Lehrer aus dem Anfangsunterricht wechseln. Hat Sie Herr Mantel, der zweifellos ein Glücksfall war, wie er nur wenigen Kindern zuteil wird, zum nächsten guten Lehrer an der Musikhochschule Freiburg vermittelt, oder war das wieder ein Glücksfall?

Die Jahre in Freiburg sehe ich sehr gespalten. Ich war von drei bis dreizehn bei Dietmar Mantel, der am Ende dieser Zeit von sich aus gesagt hat, dass ich nun einen neuen Lehrer bräuchte. Er hat mich auf einen Kurs zu dem Freiburger Bratschenprofessor geschickt, der mich genommen hat. So wurde ich Jungstudentin in Freiburg. Ich bin alle paar Monate immer noch zu Herrn Mantel gegangen, der sich zeigen ließ, was ich gerade spielte. Das war eine wirklich schöne Ablösung. Bei meinem Freiburger Lehrer habe ich musikalisch nicht sehr viel gelernt, und er hat versucht, mir meinen ersten Lehrer kleinzureden und mir Dinge abzugewöhnen, die ich heute als absolute Qualität im Erlernten ansehe: die Beweglichkeit sämtlicher Gliedmaßen, im Handgelenk, in den Fingern usw. Er hat versucht, alles möglichst gerade zu biegen.

Das ist ja häufig immer noch die typische deutsche Instrumentalpädagogik. Auch auf dem Klavier gibt es diese Lehrer, die alles stillstellen wollen und sich dann wundern, dass ihre Schüler nie über bestimmte technische und musikalische Grenzen hinauskommen und immer so langweilig und statisch spielen wie sie selbst.

Ich habe mich davon nicht beeinflussen lassen. Aber gut war das ganz systematische Erarbeiten von Werken. Ich habe sehr viel Repertoire gelernt. Und er hat mich zu Wettbewerben geschickt, was mir für die Karriere sehr geholfen hat. In seinem Unterricht ging es um das genaue Gegenteil von dem, was ich vorher gewohnt war: Es gab Noten mit eingerichteten Fingersätzen, die von jedem Studenten akribisch zu beachten waren. Später durfte ich noch ein wunderbares Jahr bei Sándor Végh[14] in Salzburg erleben, der es innerhalb weniger Wochen geschafft hat, dass ich mich an das erinnern durfte, was ich in den ersten zehn Jahren bei Mantel gelernt hatte. Da kamen die ganz großen musikalischen Ideen und fielen auf sehr fruchtbaren Boden. Der war nur etwas zugedeckt von so viel Strenge und deutscher Schule.

Die nächste Frage ist absichtlich etwas polemisch formuliert: Haben Sie noch deutsche Studenten?

Ich habe auch deutsche Studenten, aber das Niveau ist nicht mehr gut. Wir nehmen zum Teil jemand nur noch auf, *weil* er bzw. sie Deutscher ist, um *auch* Deutschen eine Chance zu geben. In meiner Klasse achte ich darauf, dass die Mischung ausgewogen ist.

Die Polemik meiner Frage richtete sich natürlich nicht gegen die vielen ausländischen Studenten an deutschen Hochschulen, die eine große Bereicherung sind, sondern gegen die lückenhafte musikalische Jugendbildung in Deutschland. Sie sagen ja auch, dass das Niveau der deutschen Bewerber immer schlechter wird. Was *vor* der Musikhochschul-Ausbildung passiert oder besser nicht passiert, ist das Problem in Deutschland. Wir haben zwar flächendeckend Musikschulen, aber in denen wird vielleicht zu selten auf die Qualität des Unterrichtsergebnisses geachtet, sondern meist nur darauf, dass die Kinder irgendeinen lapidaren und nicht näher zu definierenden »Spaß« an der Musik haben sollen. Solche Lehrer wie Ihr Dietmar Mantel sind leider einsame Ausnahmen. Die anderen trauen sich oft gar nicht, etwas gegen diesen Mainstream der Mittelmäßigkeit zu tun.

Ich würde es nicht nur auf die Lehrer schieben.

Nein, die sind ja methodisch und fachlich viel kindgerechter ausgebildet als jemals zuvor. Die Musiklehrer müssen gegen die herrschende Vorstellung ankämpfen, dass Musik nicht selbstverständlich zur Menschenbildung gehört, sondern auf einer Ebene mit gutbürgerlichen Hobbys wie Tennis und Reiten rangiert: Das ist ein hübscher, entspannender Zeitvertreib, der »Spaß« machen soll und den die Eltern als persönlichen Luxus für ihr Kind gefälligst selbst zu finanzieren haben. So entgehen uns wahrscheinlich sehr viele Begabungen, weil sie gar nicht entdeckt werden können. Es ist sicher schlimm, dass man in Frankreich wegen Mängel im Solfège das Konservatorium verlassen muss, aber prinzipiell wird dadurch doch ein ganz anderer Hintergrund vermittelt als bei uns. Wie soll ein armer Flötenlehrer in 45 Minuten – oder oft nur 22,5! – auch noch Musikgeschichte, Harmonielehre und Gehörbildung unterbringen? Das ist unmöglich.

An der Stelle muss ich Ihnen noch etwas über meine Biografie sagen: Ohne den Fleiß, den meine Eltern zur Bedingung gemacht haben und der bei uns zu Hause einfach normal war, wäre alles nichts geworden. Nur kann ich das von meinen Kindern heute nicht mehr verlangen.

Warum nicht?

Weil das zum Teil mit schlimmen Mitteln durchgesetzt wurde. Ich möchte meine Kinder nicht so erziehen, wie ich erzogen wurde. Es waren natürlich nur gute Absichten; die Eltern wollten, dass wir es einmal besser hätten als sie. Aber es kam eine religiöse Strenge hinzu, die ich meinen Kindern nicht zumuten möchte.

Nein, das möchte man wirklich nicht. Aber wieso ist es so schwierig, Werte wie Selbstdisziplin und Fleiß zu vermitteln, ohne diese alten Methoden zu benutzen und die Religion als Knute zu bemühen?

Das ist das Problem. Worte wie Pflicht und Disziplin darf man ja schon gar nicht mehr sagen. Jedenfalls wurde zu Hause auf solche Werte geachtet, was sich gut ergänzte mit den hohen Ansprüchen der Lehrer. Meine Mutter setzte sich, als ich klein war, die letzten zehn Minuten in den Unterricht, um sich anzusehen, was wir machten, und dann hat sie mit uns geübt. Wir waren sechs Kinder! Ich habe im frühesten Kindesalter schon bis zu einer Stunde geübt. Mit der Uhr übrigens – und der Toilettengang wurde abgezogen.

Das hat doch sicher keinen »Spaß« gemacht...

Die Frage habe ich mir als Kind gar nicht gestellt. Es kam ja sehr früh Kammermusik hinzu, und dadurch hatte ich meine Freundinnen in der Musikschule. Diese Kammermusiktreffen waren auch ein Ventil, aus dem engen Zuhause herauszukommen. Das war die Musik! Insofern haben es meine Eltern mit ihrer Strenge schon richtig gemacht. Und wenn wir uns heute über die mangelnde Qualität der Grundausbildung unterhalten, müssen wir schon sagen: Man kann ein Instrument nicht erlernen, ohne zu üben. Wenn man dann noch einen Lehrer hat, der zu dem Kind nur sagt: »Üb irgendwie«, kann ja gar nichts dabei herauskommen.

Für mich ist Üben das zentrale Problem der Instrumentalpädagogik. Es nützt nichts, wenn sich unsere toll ausgebildeten Musikschullehrer in der Unterrichtsstunde methodisch auf den Kopf stellen, wenn in der gesamten restlichen Zeit der Woche nichts geschieht. Wirklich Spaß machen letztlich nur Erfolgserlebnisse.

Auch da kann ich wieder nur meinen Dietmar Mantel loben: In den ersten Wochen sind wir täglich zehn Minuten zu ihm zum Unterricht gegangen, dann alle zwei Tage und schließlich zweimal die Woche. Der Anfang war enorm intensiv, da sollte ich zu Hause lieber nicht üben, das hat er ja mit mir gemacht.

Sie haben mit fünfzehn Jahren mit der Schule aufgehört, um nur noch Bratsche zu spielen...

Ich bin, als ich mit dreizehn Jahren in Freiburg angefangen habe, dreimal die Woche die 45 Kilometer von Lahr nach Freiburg und zurück gefahren, weil ich nicht nur Bratsche, sondern auch Klavier, Tonsatz und Kammermusik hatte. Ich konnte meine Hausaufgaben nicht mehr machen. Das wurde einfach zu viel.

Meine Frage ist, ob man in einem solchen Fall wie Ihrem, wo die Begabung ganz eindeutig ist, im Interesse einer späteren Karriere ganz auf das Pferd Instrument setzen oder doch lieber die Schule zu Ende machen sollte?

Ich würde niemandem raten, die Schule abzubrechen, das halte ich für ganz unverantwortlich! Ich würde nicht meinen Fall verallgemeinern. Ich hatte so viel Glück und bis dahin viermal den ersten Bundespreis bei »Jugend musiziert« erhalten. Außerdem hatte ich mit fünfzehn den ersten internationalen Wettbewerb gemacht und gewonnen.

Haben Sie die neu gewonnene freie Zeit auch genutzt, mehr zu üben, oder waren es auch damals schon nur zwei Stunden?

Nein, da habe ich mehr geübt. Aber nie mehr als vier Stunden. Eher drei.

Sie sprechen immer sehr bescheiden davon, dass Sie halt Glück gehabt haben. Glück ist sicher notwendig, vor allem Glück, den richtigen Lehrer zu finden und Eltern zu haben, die einen unterstützen. Aber es sind doch eindeutig auch bestimmte Eigenschaften notwendig, wenn man eine Karriere in Angriff nehmen will: Über Selbstdisziplin haben wir schon gesprochen, auch über die Fähigkeit zu konstruktiver Selbstkritik, um an den Schwächen zu arbeiten. Aber irgendwo müssen doch noch Weichen gestellt werden. Sie sagten, Sie sind früh auf Wettbewerbe gegangen…

Ja. Bei meinem ersten Preis in Genf 1982 war ich gerade noch fünfzehn. Zwei Wochen später habe ich meine Aufnahmeprüfung zum Hauptfachstudium in Freiburg gemacht und war beleidigt, nicht spielen zu dürfen. Ich mag keine Vorschusslorbeeren.

Nun gibt es ja jedes Jahr viele Wettbewerbssieger, von denen es manchen gelingt, auf dem Wettbewerbserfolg eine Karriere aufzubauen, von denen aber viele nach ein oder zwei Jahren Konzerten in aller Welt wieder in der Versenkung verschwinden. Wie haben Sie an den gewonnenen Wettbewerb angeknüpft?

Da muss ich ein bisschen ausholen. Ein wesentlicher Effekt meiner Erziehung war, das ich mich schon ganz früh von Einflüssen meiner Umwelt gelöst habe: Nie hatte ich den Wunsch, so zu sein wie die anderen.

Wie die Gleichaltrigen oder wie die Eltern?

Weder noch. Der Wunsch, so wie die Gleichaltrigen zu sein, wurde ganz massiv von den Eltern gestört. Daraus hat sich aber etwas Gutes ergeben, nämlich dass ich mich in meinen Entscheidungen viel freier sehe, dass ich völlig unabhängig davon bin, was die anderen denken oder sagen könnten. Ich habe sehr früh gelernt auszusprechen, was ich möchte. Außerdem habe ich einen ausgeprägten Dickkopf. Ich sehe das als Schutz und auch hier wieder als großes Glück. So habe ich es nie für nötig befunden, anderen nach dem Mund zu reden. Ich habe im Rückblick unglaublich freche Entscheidungen gefällt. Oft habe ich gesagt: Will ich nicht, mache ich nicht, ist mir zuviel usw. Ich wusste immer, was gut für mich ist und was nicht. In dieser Hinsicht habe ich mich nie beeinflussen lassen. Das hat mir sicher eine Stärke gegeben, die sich auch auf der Bühne ausgedrückt hat.

Die Einstellung hat aber bei Ihnen nicht dazu geführt, sich abzukapseln. Das könnte ja eine Gefahr sein, wenn man so »dickköpfig« ist.

Ich habe immer ganz viel gehört und mich umgesehen. Ich hatte Gelegenheit, bei vielen Festivals mitzuspielen. Die erste Einladung kam von Gidon Kremer[15] zu seinem Lockenhaus-Festival 1983, wo ich wahnsinnig viele tolle Künstler und neue Stücke kennengelernt habe und auf höchstem Niveau mitspielen durfte. Das ist neben dem Studium das Wichtigste: sich umzusehen und umzuhören. Da fand ich auch viele Dinge, die ich nicht erreichen wollte, wie ich nicht werden wollte. Bei den großen Kollegen gab es einige abschreckende Beispiele. Die haben zum Teil mit einem gewissen Zynismus in bloßer Routine ein Programm abgespult. Das hat für mich nichts mit Musik zu tun.

Sie haben in kurzer Folge nach Genf noch einen großen Wettbewerb gewonnen.

Das lag an meinem Freiburger Lehrer. Der hatte mich nach Genf geschickt, was für mich anfangs ganz unkompliziert war, weil ich bislang nur »Jugend musiziert« kannte und mir nichts anderes vorstellen konnte. Ich hatte die meisten Stücke, die ich für Genf vorbereiten musste, schon gespielt. Der Lehrer sagte: »Du fährst nach Genf und machst da einen Preis«, was ich übrigens für eine ziemlich idiotische Vorbereitung auf einen Wettbewerb halte. So darf man das keinesfalls machen. Zum Glück hatte ich eine so starke Natur, dass mich das nicht beeinflusst hat. Kurz vor dem Wettbewerb hat er sich noch besonnen und gesagt, er fände es schon sehr schön, wenn ich durch die erste Runde käme. Dann habe ich die erste Runde, die zweite und die dritte gemacht, und plötzlich war es der erste Preis. Dann kam ich nach Hause und nach nicht einmal einer Woche sagte er, dass es im März den nächsten Wettbewerb gebe: in Paris. Ich habe zwar an einigen Wettbewerben teilgenommen, bin aber eigentlich nicht der Wettbewerbstyp, dazu bin ich nicht verbissen genug. Ich hatte überhaupt keine Lust, schon wieder auf einen Wettbewerb zu gehen. Ich wollte erst einmal ein ordentliches Studium beginnen. Dann haben wir wochenlang diskutiert. Am Ende hat er sich durchgesetzt, und ich bin nach Paris gefahren. Dort habe ich schon sehr viele Nerven gelassen. Plötzlich habe ich den Erwartungsdruck gespürt: Alle wussten, dass ich den ersten Preis in Genf gemacht hatte. Das war sehr unangenehm. Am Ende habe ich es zwar geschafft und meine wunderbare Bratsche als Preis gewonnen, aber es war kein schönes Erlebnis. Als ich nach Freiburg zurückkam, wollte mich mein Lehrer im Herbst nach München zum ARD-Wettbewerb schicken. Wir haben uns endlos gestritten, weil ich nicht mehr wollte. Vielleicht habe ich ihm gegenüber meine Pubertät ausgelebt, wozu ich zu Hause wenig Gelegenheit hatte, aber er gab mir auch genügend Gründe und Reibungsflächen. Der dritte internationale Wettbewerb innerhalb eines Jahres – mit sechzehn! – das war einfach zu viel. Ich bin nicht hingefahren, worauf ich mir noch ein ganzes Jahr die Vorwürfe anhören musste. Es wurde so schlimm, dass ich das Gefühl bekam, zu einem anderen Lehrer gehen zu müssen. Wir haben uns ständig gestritten. Einmal hat er mir einen Brief geschrieben und mir mein Verhalten vorgeworfen. Er könne mir drei Leute in der Klasse nennen, die inzwischen besser spielten als ich. Der ärgerlichste Satz war aber: »Wenn man so ein Pferd im Stall hat, muss es laufen.« Ich wollte aber kein Pferd im Stall sein und habe mir eine Rede überlegt, um ihm zu sagen, dass ich zu einem anderen Lehrer wollte. Im Unterricht habe ich mich nicht getraut, diese vorbereitete Rede zu halten, bis er mich ansprach, was denn sei. Ich konnte nur noch sagen: »Ich will weg.« Mehr ist von der ganzen Rede nicht übrig geblieben. Er fragte, wohin ich denn wolle, und hat versucht, mir Sándor Végh auszureden: »So ein Scharlatan usw.« Wir haben eine Stunde geredet und sämtliche bedeutenden Bratscher auf der ganzen Welt durchgesprochen. An keinem blieb ein gutes Haar. Am Ende fragte ich ihn, was ich denn nun machen sollte. Die Antwort kam prompt: »Bleib doch hier!«

Ein wenig überraschender Vorschlag...

Die Überraschung kam dann. Er sagte, er habe sich über mein Leben Gedanken gemacht und er wolle, dass ich einmal seine Nachfolgerin werden würde, wenn er in den Ruhestand ginge. Deshalb sollte ich mit dem Unterrichten beginnen. Die Musikhochschule Saarbrücken suchte einen Bratschenlehrer. Dort könnte ich erste Lehrerfahrungen sammeln. Ich war wirklich überrascht. Er hatte sich tatsächlich Gedanken gemacht und damit meine Lehrkarriere angeworfen. Ich habe in Freiburg noch Konzertexamen gemacht, und einen Tag später saß ich in Saarbrücken in der Aufnahmeprüfung als neue Lehrkraft. Es war also wieder einmal ein Glücksfall.

Einerseits. Andererseits haben Sie die angebotenen Situationen erkannt und genutzt. Jemand anderes mit so einem Dickkopf hätte vielleicht gesagt: Ich habe jetzt noch keine Lust zu unterrichten, ich bin noch viel zu jung, ich will noch studieren usw.

Die Möglichkeit in Saarbrücken habe ich übrigens nicht angenommen, um seine Nachfolgerin zu werden. Dazu gab es später noch zwei Anläufe. Aber ich will nicht in meine alte Heimat zurück. Ich ging noch an die Frankfurter Musikhochschule, und seit einiger Zeit bin ich an der Hanns-Eisler-Hochschule in Berlin. Aber das Unterrichten als wesentlichen Teil der Arbeit zu begreifen, ist etwas, was ich ihm zu verdanken habe.

Einerseits haben Sie die Möglichkeit des Unterrichtens angenommen, andererseits haben Sie, als es darum ging, zu einem dritten großen Wettbewerb zu fahren, Widerstand geleistet. Sie haben sich nicht verheizen lassen. Wie ist das mit Agenten? Irgendwann kamen doch sicher Agenturen ins Spiel.

Lange Zeit nicht. Das ist der Glücksfall Bratsche: Das interessiert keinen Agenten. Ich wollte immer alles selber machen und nicht von einem Agenten abhängig sein. Ich habe jahrelang meine Briefe selber geschrieben. Die Angebote kamen von den Veranstaltern immer direkt an mich. Wozu hätte ich einen Agenten gebraucht? Es waren eher zu viele als zu wenige Angebote. Ich war auch noch in der Künstlerliste des Deutschen Musikrates, was mir sehr geholfen hat. Eine Generalvertretung hatte ich erst seit etwa 1988.

Gab es noch andere wichtige Persönlichkeiten außer den eigenen Lehrern, die Ihnen bei der Karriere geholfen haben?

Nein. »Jugend musiziert« und der Deutsche Musikrat sind schon ein gutes Netz, das einem jungen Künstler sehr hilft. Das kann ich nur empfehlen. Und es gab einen älteren Herrn in Hamburg, Herrn Söring. Der kam eigentlich aus der Zigarettenindustrie und hat junge Musiker an große Firmen zu Veranstaltungen vermittelt. Das waren für uns fantastisch gut bezahlte Mucken, aber auch z. T. wichtige Kontakte. Ja, und Kurse, die waren auch sehr wichtig. Da lernt man Leute kennen, die wieder Türen öffnen können. Aber ich kann mit gutem Gewissen sagen, dass ich mich nie verbogen habe, um etwas zu erreichen. Es ärgert mich wahnsinnig, wie manche stromlinienförmigen jungen Leute mit allen Mitteln versuchen, eine Treppenstufe weiter hoch zu kommen, ohne sich wirklich um die Musik zu kümmern.

Das ist der Unterschied zwischen einer Karriere im guten und im schlechten Sinne. Im guten Sinne hält diese mit der inneren Entwicklung Schritt. Im schlechten Sinne spielt die innere Weiterentwicklung keine Rolle, nur das nächste Treppchen. Was sind notwendige Eigenschaften zu solch einer Karriere »im guten Sinne«? Wenn ich mal sammle, was inzwischen zur Sprache gekommen ist, dann sind das: Selbstdisziplin, die schon in der Kindheit angelegt wurde, zusammen mit der Fähigkeit zu Selbstkritik;

Beharrlichkeit beim Verfolgen des *eigenen* Weges mit der Selbstsicherheit, sich nicht beeinflussen und in Entscheidungen hineinreden zu lassen; aber dennoch die Vielseitigkeit und Flexibilität, einen neuen Weg einzuschlagen, z. B. das Unterrichten zu beginnen; die Hellsichtigkeit, sich bietende Glücksfälle zu erkennen und auszunutzen. Wie ist es mit Zielstrebigkeit?

Mich hat nach dem Genfer Wettbewerb jemand interviewt und gefragt, was mein Ziel in zehn Jahren sei. Da konnte ich nur mit einem großen Fragezeichen antworten. Ich hatte kein Karriereziel, das ich unbedingt verwirklichen wollte. Es gab Dinge, die ich gern gemacht habe, und welche, die ich nicht machen wollte. Ich habe immer gern Kammermusik gespielt, mich für Neue Musik interessiert ...

Wie kam es zu diesem Interesse?

Zunächst aus Mangel. Es gab ja nicht viel Repertoire für Bratsche. Aber das Interesse wurde auch schon in der Musikschule angelegt.

Wie ist es mit anderen Interessen als Musik?

Ich lese sehr gern, lerne neue Sprachen, reise sehr gern. Ich beherrsche Hebräisch, Englisch, Französisch und Deutsch und möchte noch andere Sprachen lernen: Italienisch, Russisch, Chinesisch ...

Also eine weitere Eigenschaft: Interessenvielfalt, die einen über den Tellerrand des eigenen Instruments hinausschauen lässt. Noch eine Eigenschaft, die ich immer wieder antreffe, ist eine realistische Selbsteinschätzung. Dazu ist nicht jeder in der Lage. Meist hat man es mit Selbstüberschätzung zu tun, aber auch oft genug mit Selbstunterschätzung. Fallen Ihnen noch weitere Eigenschaften ein?

Im Moment nicht. Ich glaube, das Wesentliche ist doch der ursprüngliche Wunsch, sich mitzuteilen, mit anderen zu kommunizieren. Mit einem Publikum, aber auch mit den Kammermusikpartnern. Die Dinge, die mich im Leben interessieren, werden durch die Musik verstärkt. Sich in Beziehung zu setzen mit anderen Menschen und das Leben mit Musik zu gehen: Das wäre meine persönliche Zusammenfassung, die mir wichtig ist. Es geht ja nicht nur um die Töne. Die sind die Vorlage, auf der man sich selber einbringt. Es geht darum, diese enge Vorlage, die der Komponist liefert, in Beziehung zu setzen mit meiner eigenen Emotion und dabei den Hörer mitzunehmen, ihm all das zu vermitteln. Das große Glück, mit Musik zu tun zu haben, ist, dass man daran wachsen kann. Sonst würde sich der ganze Zeit- und Energieaufwand nicht lohnen. Dann hätte ich mir ein bequemeres Leben ausgesucht.

Der Spontane:
Jean-Guihen Queyras, Violoncello

Jean-Guihen Queyras (geb. 1967 in Montreal) studierte am Conservatoire Supérieur Musique et Danse de Lyon und erhielt Stipendien für die Musikhochschule Freiburg, die Juilliard School of Music und das Mannes College of Music in New York. Er ist Preisträger des Concours de violoncelle Rostropowitch in Paris und des ARD-Wettbewerbs in München. 2002 erhielt er den City of Toronto Glenn Gould International Protégé Price in Music.

Queyras war mehrere Jahre Mitglied des von Pierre Boulez gegründeten Ensemble Intercontemporain. 2002 gründete er mit Antje Weithaas, Daniel Sepec und Tabea Zimmermann das Arcanto Quartett. Weitere Kammermusikpartner sind u. a. Pierre-Laurent Aimard, Leif Ove Andsnes, Isabelle Faust und Lars Vogt. Er trat mit bedeutenden Orchestern wie dem Gewandhausorchester Leipzig, dem Orchestra della RAI Turin, dem Orchestre National de Belgique, dem BBC National Orchestra of Wales, dem Münchener Kammerorchester, dem SWR-Sinfonieorchester Baden-Baden und dem Tonhalle Orchester Zürich auf.

Queyras war Professor an den Musikhochschulen Trossingen und Stuttgart und hat zuletzt eine Professur an der Musikhochschule Freiburg angenommen.

Als Cellist kennen Sie sicher die Methode, nach der Casals geübt haben soll: zunächst das Stück evtl. mit Hilfe des Klaviers lesen und singen und erst nach völliger Verinnerlichung am Cello üben. Wie ist das bei Ihnen?

Ich finde das Casals-Beispiel sehr interessant; ich mache eine Variation davon, und zwar weil sich die Sprache der Musik seit Casals wesentlich geändert hat. Auch ich nehme als erstes die Noten und lese sie durch. Ich probiere, die Sprache erst nur in meinem Kopf zu entziffern. Manchmal geht es zunächst darum, die neuen Zeichen zu verstehen und – wenn ich das Gröbste entziffert habe – die Sprache in ein Zeitmaß zu bringen: mir genau vorzustellen, wie das Stück zeitlich und auch haptisch verläuft. Für klassischere Stücke überlege ich mir auch Fingersätze, Bogenstriche etc. erst am Tisch. Dann gehe ich ans Instrument und fange von verschiedenen Stellen aus an. Diese Arbeitsweise macht mir viel Spaß, das ist ein bisschen wie ein Puzzle, wo man die Stücke nicht sofort aneinander klebt, sondern gezielt eine Passage übt, die eine Herausforderung darstellt – weil sie schnell ist oder eine ganz neue Sprache spricht und deshalb ein neues Verständnis verlangt. So eine Stelle nehme ich aus dem Kontext und drehe sie in alle Richtungen. So konstruiere ich die verschiedenen Teile meines Puzzles einzeln, bevor ich sie zusammensetze.

Wenn es mehrere solcher Passagen gibt, gehen Sie dann bei der Auswahl einfach nach Lustprinzip vor, oder haben Sie bestimmte Kriterien?

Meistens beginne ich mit der schwersten Stelle, weil die mehr Zeit brauchen wird. Es kann auch sein, dass ich eine Stelle beim Lesen schon als sehr schwer empfunden habe – dann beginne ich gleich damit. Mit viel Zeit, ganz, ganz langsam, damit die Bewegungsabläufe klar werden und die Reflexe sich bilden können. Ich fange auch oft mit dem Ende an – diese ganz alte Methode – und dringe dann Stück für Stück nach vorne durch.

Mit dem Anfang beginnen Sie also eigentlich nie?

Ach, ganz ausschließen kann ich das auch nicht...

Vor allem, wenn er gleichzeitig die schwierigste Stelle ist...

Ich mag es gern, mit dem Ende anzufangen, weil man dann objektiver bleibt und sich nicht sofort in die Geschichte, in die Entwicklung einbeziehen lässt. Man lernt erst mal die Bewegungsabläufe, das »Technische«. Dadurch enthüllt sich das Stück allmählich, indem man weiter und weiter zurückgeht, wie ein Flashback.

Lernen Sie dabei auch gleich auswendig, oder ist das später noch ein neuer Prozess?

Also ich muss ganz ehrlich sagen, auswendig spielen ist nicht mehr so wichtig, wie es früher einmal war. Es gibt diesen Druck nicht mehr. Die Lust vielleicht!

Das Dvořák-Konzert spielen Sie doch sicher nicht nach Noten.

Natürlich nicht! Ich meine schon eher zeitgenössische Stücke. Das Dvořák-Konzert habe ich schon als Kind gelernt, wie jeder Cellist. Deshalb kann ich nicht mehr sagen, wie ich mich damals organisiert habe. Aber es gibt durchaus auch neuere Stücke, die ich auswendig gelernt habe, weil mich die extremen Anforderungen gereizt haben: zum Beispiel *Messagesquisse* von Boulez für sieben Celli[1]. Die Stimme des Hauptcellos ist einfach so herausfordernd, dass es der technischen Bewältigung hilft, sie auswendig zu lernen. Das habe ich bewusst im Kopf gemacht. Ich nehme das als Beispiel, weil es so ein abartig schweres, verrücktes Stück ist. Ich habe acht Monate gebraucht, es zu lernen, jeden Tag eine Stunde. Ich kann mich erinnern, dass ich nach einem Monat mit meiner Familie zwei Wochen in den Urlaub fuhr und furchtbaren Druck hatte, weil ich das Stück für die Deutsche Grammophon einspielen sollte. Ich war damals erst 26, 27 Jahre alt. In den Ferien hatte ich die Noten dabei, aber kein Cello. Ich habe stundenlang das Stück innerlich durchgespielt.

Hatten Sie es denn in dem Monat davor schon auf dem Cello geübt?

Nein, nein! Das Stück ist so schwer, das war ganz unmöglich. Es ist so kompliziert, dass man es unbedingt erst lesen und verstehen muss. Ich habe es bis zur letzten Note analysiert, was nötig ist, weil Boulez Lego spielt. Beim Auswendiglernen lerne ich nicht nur die Noten, sondern auch ganz genau, *wie* ich sie spiele. Ich spiele sie auf dem Cello in meinem Kopf. Ich empfinde, wie meine Finger dahin gehen, wohin sie gehen sollen.

Sie bilden sich also eine auch technisch verankerte Klangvorstellung.

Ja. Wieder und wieder im Kopf. Und immer auch analytisch, um Zusammenhänge zu lernen, nicht einzelne Noten.

Und nach den Ferien?

Da konnte ich das Stück auswendig. Aber das Paradoxe ist, dass ich es gar nicht auswendig spiele. Ich wollte es nur als Beispiel bringen, weil mir der Prozess des Auswendiglernens sehr geholfen hat.

Wie sichern Sie anschließend das auswendig gelernte Stück? Sie spielen ja zwischendurch mehrere andere Stücke. Was machen Sie, damit Sie dieses eine gelernte Stück jederzeit sicher spielen können und nicht mit dem Üben immer wieder von vorn anfangen müssen? Weiterhin die schweren Stellen üben? Oder mental durchgehen, wenn Zeit ist, in der Bahn, im Flugzeug?

Es wäre sicher eine gute Sache, das so zu machen. Ich nehme mir zu selten die Zeit. Wenn das Stück auf einem der nächsten Konzertprogramme steht, ist es klar, dass ich wieder daran gehe, und zwar so, wie Sie es gesagt haben. Wenn es aber eine Weile ruht, ist es leider nicht so, dass man die Noten wieder herausholt, um es frisch zu halten. Das Ideale ist, wenn man es so machen kann wie Swjatoslaw Richter: sich gleich nach dem Konzert Gedanken machen über dessen Verlauf; alle Stellen, die nicht ganz geklappt haben, noch einmal üben. Das ist ideal, weil die Konzertspannung noch da ist mit dem ganzen Adrenalinüberschuss ... Dann ist alles wunderbar zu fixieren.

So wird alles regelrecht eingebrannt, langfristig. Wie haben Sie während des Erarbeitens von *Messagesquisse* die schweren Stellen gesichert?

Durch Wiederholen, Wiederholen, Wiederholen ...

Erlahmt dadurch nicht allmählich das Interesse an der Stelle, weil man irgendwann nur noch mechanisch übt? Haben Sie eine Methode, diese Sinnentleerung durch die notwendigen Wiederholungen zu vermeiden?

Für diese Frage ist das Boulez-Stück vielleicht nicht das beste Beispiel. Es ist ein Stück der Extreme. Es gibt eine sehr gedehnte Einleitung und die Kadenz, wo es um musikalische Spannung und die Verdeutlichung des Konzepts geht. Und dann gibt es die wirklich einmalig schwere Strecke, die etwa vier Minuten dauert, wo es eigentlich nur darum geht, in der Hyperaktivität zu überleben. Durch die singuläre Herausforderung der Stelle – denn der Ausdruck *ist* das Durchkommen, der Überlebenskampf – gibt es die Gefahr gar nicht, irgendwie gelangweilt durchzuspielen. Aber bei Läufen im Dvořák-Konzert zum Beispiel haben Sie völlig recht.

Was machen Sie, wenn Sie das in zwei Wochen wieder spielen müssen?

Da finde ich es gut, immer wieder mein Puzzlespiel zu machen. Auf keinen Fall drei-, vier-, fünfmal das ganze Stück durchspielen, nicht einmal eine längere Passage. Zunächst mit viel Ruhe langsam die schweren Stellen und *nicht* mit viel Emotion! Nur die Bewegungsabläufe vorbereiten, damit die Finger die Topografie des Cellos lernen können. Was dann den richtigen Ausdruck anbelangt, so übe ich den fast ganz ohne Cello. Nur im Kopf stelle ich mir das vor. Da entsteht die ganze Welt. Nicht nur irgendwelche Farben auf dem Instrument. Die Gefahr ist doch immer, dass man seine Emotion übt. Ich will nicht meine Emotion üben, denn ich will nicht am Ende nur eingeübte, gelernte Emotionen spielen, das gibt so einen oberflächlichen Manierismus. Das ist wie ein Trick: hier ein bisschen mehr Bogen, da ein bisschen mehr Vibrato etc. Das ist es gerade, was ich nicht will. Ich bilde mir das Konzept im Kopf, was die verschiedenen Stellen bedeuten, in welchem Zusammenhang alles steht. Die eigentliche, die wahre Emotion, die passiert nur im Konzert. Das ist der Ernstfall, das totale Erleben!

> So ganz können Sie die Emotion beim Proben mit Kammermusikpartnern aber doch nicht weglassen ...

Nun ja, wenn ich mit Klavier probe, spielen wir das Stück natürlich auch ein paarmal durch. Aber das ist nicht direkte Emotion, sondern das Bewusstmachen, worum es in dem Stück als Ganzem geht. Ich würde nicht das Wort Emotion benutzen: Es geht um die Geschichte, die ein Werk darstellt. Das totale emotionale Erleben bewahre ich mir so gut wie möglich für das Konzert auf.

> Gibt es nicht irgendwann doch wenigstens ein Experimentieren, ein Ausprobieren am Instrument, wie eine Stelle interpretiert werden möchte? Geht das ohne Emotion? Nehmen wir die Cellosuiten von Bach, die man auf sehr unterschiedliche Weise spielen kann.

Ich spiele *nie* ein Stück zweimal gleich. Nicht weil mir das unmöglich wäre. Wenn ich beim Üben die Emotion mitüben würde, müsste ich sie im Konzert wie aus einem Schrank herausholen. Dann gäbe es nicht das direkte Erleben des Konzerts, dann wäre alles stereotyp. Weil ich aber so übe, wie ich übe, ist es möglich, das Stück jedes Mal anders zu erleben. Man ist ja selbst auch nie zweimal genau gleich. Ebenso ist das Publikum immer anders, das Orchester, der Dirigent, der Saal. Das ist ja das Interessante und Aufregende. Sie haben die Bach-Suiten erwähnt. Die sind wirklich ein Extremfall. Ich habe sie vor Kurzem eingespielt und würde sie heute schon ganz anders machen. Ich weiß aber nicht, wie. Es wäre ja ein anderer Moment.

> Wenn Sie Stellen anders empfinden oder Ihr Konzept ändern, geschieht dies also immer im Kopf oder im Konzert, nie beim Üben?

Das Interessante ist die Interaktion zwischen dem Kopf und allem anderen, was beteiligt ist, dem Körper, dem Klang in der Realität, vor allem, wie der Klang sich entwickelt. Wie ein musikalisches Ereignis ans andere anschließt. Da muss man flexibel sein, das ist absolut notwendig. Flexibilität heißt eigentlich, bereit zu sein: mit dem Kopf, mit den Sinnen in dem Moment, in dem es geschieht.

> Sie gehören nicht zu den Interpreten, die jahrelang immer wieder dasselbe Repertoire aufführen. Sie spielen vor allem Neues. Aber die Repertoirestücke, die Sie spielen, halten Sie sicher irgendwie spielbereit. Reicht es immer, zwei Wochen vor einem Konzert ein Stück wieder hervorzunehmen, oder geschieht zwischendurch noch etwas? Geistert es durch den Kopf, oder spielen Sie schwere Stellen immer wieder an?

Die Stücke geistern auf jeden Fall durch den Kopf, aber Üben geschieht nur für das Konzert. Mit genug Vorlauf und mit meiner Puzzletechnik. Es geht ja nicht um stundenlanges Pauken. Es geht um Analyse und Verständnis. Dadurch macht man schwere Stellen einfach.

Das ist eine schöne Zielbeschreibung für gutes Üben! Das Schwere einfach machen.

Ja. Wenn ich wirklich gut geübt habe, merke ich, wie einfach es eigentlich ist, Cello zu spielen. Wichtig ist auch, schon in frühen Jahren die richtige Anleitung bei klassischen Stücken zu bekommen, sodass man nicht irgendwann alles umlernen muss. Da bin ich meiner zweiten Lehrerin, Madame Flachot, zu der ich mit zwölf, dreizehn Jahren kam, sehr dankbar. Die hat mir das ganze große Repertoire beigebracht. Ich habe danach eine Zeit lang das romantische Repertoire beiseitegelassen. Das war in einer Phase, in der ich mich mit den musikgeschichtlichen Extremen befasst habe: mit der Zeit bis zur Klassik und mit der Moderne. Das heißt, die romantischen Konzerte habe ich zehn bis fünfzehn Jahre liegen gelassen. Dadurch kann ich sie jetzt ganz anders hören.

Wie bereiten Sie sich unmittelbar auf ein Konzert vor? Wie läuft der Konzerttag ab?

Mit Orchester ist meist am Vortag Generalprobe. Am Tag des Konzerts oder nach der Generalprobe mache ich die »Richter-Technik«: Ich gehe gleich in meinen Raum und übe die Stellen, mit denen ich unzufrieden war. Ich versuche, in der Generalprobe immer eine bestimmte Distanz zu behalten, nicht völlig davongetragen zu werden, sodass ich mich selbst noch beobachten kann. Schon so, dass das Stück Sinn ergibt, aber noch reflektierend. Also ich bin nicht »voll drin«, sondern überlege, wie ich das Stück konstruiere und mit dem Orchester interagiere. So kann ich mich im Konzert wirklich loslassen.

Und vor dem Konzert? Ruhen Sie aus oder sichern Sie noch einmal schwere Stellen?

Ausruhen, auf jeden Fall. Eventuell – aber mit nicht zu viel Anstrengung natürlich – das *nächste* Programm ein bisschen vorbereiten, vielleicht auch ohne Cello.

Das ist sicher besser, als sich vor dem Konzert durch zu viel Üben verrückt zu machen. Man weiß ja sonst gar nicht, wie man die lange Zeit verbringen soll.

Da gibt es immer genug zu tun, Korrespondenz zum Beispiel.

Leider kann man als Solist mit Orchester nicht so oft proben wie beispielsweise ein Streichquartett. Eine Haupt- und eine Generalprobe müssen ja reichen. Für eine Uraufführung ist das doch eigentlich viel zu wenig.

Das ist wieder repertoireabhängig. Es gibt Komponisten – ich meine das gar nicht negativ –, die sehr intuitiv arbeiten bzw. von gewohnten Formeln ausgehen. Da braucht man nicht viele Tage lang zu proben, weil das Muster sind, die man kennt. Umgekehrt gibt es auch im klassischen Bereich Komponisten, die mehr Zeit brauchen als andere. Um ein Bartók-Quartett zu spielen, ist wesentlich mehr Zeit nötig als für ein Schostakowitsch-Quartett. Das ist von der Schreibweise her viel einfacher als Bartók. Es ist eigentlich nur die Summe von vier Stimmen. Bei Bartók ist das Quartett *ein* Instrument. Deshalb haben wir uns mit unserem Quartett sofort darauf gestürzt, das ist die beste Schule. Auch Kurtág braucht viel mehr Zeit. Das ist eine Musik der menschlichen Rhetorik. Ich denke an das Doppelkonzert für Cello, Klavier und zwei Orchester. Da war es mit zwei Proben nicht getan.

Wichtig ist ja das Einverständnis mit dem Dirigenten. Wie verständigen Sie sich mit ihm?

Ich treffe immer gern den Dirigenten zuerst. Auch bei einem klassischen Stück. Er dirigiert und ich spiele. Bei neuen Stücken treffe ich mich vor allem mit dem Komponisten. Aber natürlich auch mit dem Dirigenten.

Wie sieht ein normaler Übetag aus? Machen Sie beispielsweise Übungen? Finger- oder Muskel- und Entspannungsübungen, um den Körper durch Anspannung und Lockerung vorzubereiten?

Nein. Vorübungen ohne Cello mache ich nicht. Vielleicht zwei Minuten Standard-Fingerübungen, nur um warm zu werden. Dann gehe ich gleich an die technischen Puzzlestücke. Das sind dann meine Einspielübungen. Irgendwann setze ich die Puzzlestücke zusammen und spiele auch mal Zusammenhänge.

Wie sieht ein Probentag aus? Nehmen wir die erste Probe eines neuen Stücks mit Ihrem Streichquartett.

Ich weiß nicht, ob ich da ein gutes Beispiel bin. Wir gehen alle sehr instinktiv heran. Ich traue mich zu sagen: Wir kommen unvorbereitet zur ersten Probe. Jeder hat sich vielleicht Gedanken gemacht, aber auf keinen Fall irgendetwas entschieden. Manchmal habe ich die Noten gar nicht aufgeklappt. Und ich glaube, ich bin nicht der Einzige. Deswegen passen wir ja auch so gut zusammen. Das ist ein sachliches, puzzleartiges Proben.

Spielen Sie dann sofort alles vom Blatt? Auch die schnellen Sätze?

Die schnellen Sätze gehen wir einmal langsam durch. Dabei fangen wir aber schon an, über den Charakter, die Artikulation usw. zu sprechen und uns auszutauschen. Das ist seltsam: Obwohl wir noch beim langsamen Spiel sind, unterhalten wir uns schon über grundsätzliche Dinge, also in welche Richtung das Stück gehen soll. Da wir alle eine Instrumentenfamilie sind, können wir uns auch über technische Dinge austauschen. Wir reden sogar über Fingersätze und geben uns Tipps. Über Bogenstriche dagegen reden wir kaum, nur an entscheidenden Stellen, wo es absolut synchron sein muss. Bei den nächsten Durchgängen werden wir allmählich schneller. Während wir uns über das Stück austauschen, entsteht die Konzeption. Der Grund, warum wir zusammen Quartett spielen, ist, dass wir alle auf derselben Wellenlänge sind. Wahrscheinlich kann nur deswegen diese instinktive Arbeitsweise klappen. Unser Motto vor jedem Konzert ist immer: Jeder macht, was er will. Es geht auf keinen Fall darum, sich anzupassen. Wir wollen das, was ich vorhin beim Solospiel erwähnt habe: aus dem Moment erleben und spielen. Das ist das Wichtigste.

Auffassungsunterschiede gibt es also keine?

Doch, doch! Es gibt Auffassungsunterschiede, aber nachdem wir eine Weile diskutiert haben, sind wir fast immer einig. Nicht aus Diplomatie, sondern weil wir feststellen, dass die Unterschiede auf demselben Grund basieren. Die Unterschiede rühren daher, dass jeder eine bestimmte Problematik von verschiedenen Seiten angeht. Wir merken dann, dass wir uns ergänzen und in der Mitte treffen. Wir machen dann alle von unseren gegensätzlichen Positionen einen Sprung zu einer Synthese dieser Gegensätze. Ein Beispiel ist das Tempo.

Daran hängt ja am Ende fast alles.

Ja. Und auch verschiedene Tempovorstellungen haben im Grunde dasselbe Bedürfnis, dasselbe Ausdrucksbedürfnis, aber sie kommen von verschiedenen persönlichen Geschichten. Das ist wie bei einem Baum mit verschiedenen Ästen. Wir gehen zurück zum Stamm und versuchen, von dort etwas zusammenzubauen.

Bei Kammermusik habe ich oft die Erfahrung gemacht, dass ein Stück genauso gut funktionieren kann, wenn ich mich einfach auf das Zeitempfinden des Partners einlasse, auch wenn es mit meinem überhaupt nicht übereinstimmt. Voraussetzung ist allerdings, dass ich verstehe, was meinem Partner wichtig ist, also warum er dies oder das Tempo nimmt. Da bin ich seltsamerweise viel flexibler als beim Solospiel, wo ich fast immer ein ideales Tempo habe, in dem alles geht, was ich mir vorstelle. Das wird nur nach Saalakustik und Flügel, vielleicht auch Tagesform verändert. Aber ein vollkommen anderes Tempo nehme ich eigentlich nie. Wie ist das bei Ihnen?

Was das Solospiel anbelangt, hängt das sehr vom Repertoire ab. Es gibt Repertoire, wo nur ein Tempo funktioniert, oder fast nur eines. Und es gibt Repertoire, wo ich oft ganz unterschiedliche Tempi nehme wie zum Beispiel bei den Bach-Suiten. Da gibt es endlose Möglichkeiten, Charakter, Artikulation und Tempo zu variieren. Nicht weil ich beliebig irgendwas anders mache, sondern weil man das Stück wirklich unterschiedlich erleben kann. So geht es mir oft, wenn wir im Quartett ein Stück üben, das ich vor langer Zeit, 10 bis 15 Jahre früher, mit einer ganz klaren Tempovorstellung einstudiert habe, von der ich glaubte, absolut nicht abweichen zu können. Beim Proben kann ein ganz anderes Tempo entstehen, was hervorragend funktioniert. Das ist sehr beglückend. Natürlich ist das eine Charakterfrage. Und eine Vertrauensfrage selbstverständlich! Ich weiß, dass ich, wenn ich mit meinen Arcanto-Kollegen etwas ganz anders mache, als ich es gewohnt bin, nie auf der falschen Seite sein kann.

Kann man sagen, dass es einen Punkt gibt, an dem die Konzeption eines Stücks fertig ist? Oder ist eigentlich nie ein Endpunkt erreicht?

Durch die gemeinsame Arbeit entsteht natürlich ein gemeinsames Bild von dem Stück. Aber ich muss sagen, das Wort »Konzeption« stört mich etwas. Wir haben ein gemeinsames Erleben des Stücks, das aber immer offenbleibt. Wir verständigen uns meist ohne Worte. Wenn wir viel diskutieren müssten, würden wir nicht Quartett spielen. In der ersten Probe reden wir natürlich über die Philosophie des Stücks, was es bedeutet usw. Das geschieht, wenn wir noch langsam spielen. Aber dann fängt das Stück an zu leben. Es ist niemals fertig. Deshalb stört mich wohl der Begriff »Konzeption«, den ich als zu einengend und unwandelbar empfinde, weil »die Konzeption« nicht bleibt.

Wie verläuft die letzte Probe vor einem Konzert mit neuem Repertoire? Wie lange dauert sie, machen Sie vielleicht nur eine kleine Anspielprobe, oder gehen Sie alles noch einmal langsam durch? Proben Sie überhaupt am Konzerttag, oder ist es ähnlich wie bei einem Auftritt mit Orchester?

Das ist repertoireabhängig. Aber die häufigste Variante ist, dass wir das Programm in *gemäßigtem Tempo* spielen. Das ist nicht viel langsamer als das Endtempo, sondern liegt leicht darunter, es ist »*laid back*«, innerlich zurückgelehnt.

Also etwas ruhiger, sodass man alles noch gut kontrollieren kann, aber doch die für das Endtempo benötigten schnelleren Bewegungsabläufe übt ...

Ja, ja, genau. Es ist ein ganz entspanntes Durchspielen, ein Putzen und Polieren, bevor man auf die Bühne geht und »die Sau rauslässt« ...

Das machen Sie am Konzerttag selbst?

Das Ideal ist immer, morgens zu proben, dann eine lange Mittags- und Nachmittagspause und etwa zwei Stunden vor dem Konzert noch mal eine kurze Anspielprobe zu machen, um alle Tempi auf den Saal abzustimmen.

Die Konzertsituation ist diejenige, an der das Stück und man selbst am meisten wächst, für Sie ist sie sogar der einzige Ernstfall: Erst beim Konzert lassen Sie alle Emotionen vollständig zu. Um also überhaupt in diese Situation kommen zu können, muss man zwangsläufig eine gewisse Karriere machen. Deshalb möchte ich mit Ihnen auch darüber reden. Viele, die gut spielen, machen keine Karriere; einige, die völlig uninteressant sind und nicht viel zu sagen haben, machen Karriere. Können und Karriere müssen also nicht immer zur Deckung kommen. Ist es gut, international zu studieren, mal hier, mal da, um viele Kontakte zu knüpfen, oder ist es wichtiger, einen Lehrer zu finden, der einen wirklich zuverlässig führen kann?

Ich kann von meiner Erfahrung berichten, was nicht zu jedem passen muss. Eigentlich ist beides wichtig. In meiner Studienzeit war auch das Internationale sehr wichtig – vor allem der Schritt von Frankreich nach Deutschland. Ich könnte länger darüber sprechen, wie unterschiedlich die Musik in beiden Ländern wahrgenommen wird. Grob gesagt, ist zum Beispiel das Amateurmusizieren auf hohem Niveau in Deutschland viel verbreiteter als in Frankreich.

Das wird leider auch hierzulande immer weniger, allerdings zunehmend von speziellen Wettbewerben für Amateure gefördert.

Aber als ich kam, vor zwanzig Jahren etwa, da war es noch viel verbreiteter. Ursprünglich wollte ich nur ein bisschen Deutsch lernen und bin bei einer mir bekannten Familie in Ulm gelandet. Der Mann war Arzt und hat jeden Sonntag mit anderen Ärzten aus der Gegend sein Schubert-Quintett gespielt usw. Da war ich völlig erstaunt, weil ich das von Frankreich nicht kannte. Aber wenn ich mich zwischen Land und Lehrer entscheiden müsste, würde ich mich immer für den Lehrer entscheiden. Das ist das Wichtigste. In indischer Musik redet man sogar vom »Meister«. Jeder Schüler hat einen Meister.

Das war ja in Deutschland bis vor hundert Jahren auch noch so. Liszt war der »liebe Meister«.

Jaja! Das war schön… Aber es geht nicht um Verehrung, sondern um das breite Konzept, das man von ihm erbt. Das kann ich auch von meinen Lehrern sagen. Mein letzter Lehrer in New York, Tim Eddy, hat mir z.B. unglaublich viel beigebracht, obwohl das für mich insgesamt keine gute Zeit war.

Aber wir waren bei der Karriere. Ich denke, man muss immer die Balance finden zwischen den eigenen Wünschen und der realen Welt. Das ist natürlich in jeder Lebenslage so. Wenn man sich vornimmt, die ideale Frau zu heiraten, mit der man soundso viele Kinder haben will, die alle Doktoren werden sollen ...

... was man sich ja, wenn einem das gefällt, immerhin wünschen kann ...

... aber wenn man sich zu stark an diesen Wunsch klammert, kann man sicher sein, dass alles schief geht. Das ist bei der Karriere genauso. Natürlich wünscht man sich mit zwölf Jahren, dieses Konzert, das man gerade übt, eines Tages mit einem guten Orchester zu spielen. Das ist so ein Kindertraum, den man haben darf. Aber es sind unheimlich viele Schritte notwendig, um dahin zu gelangen. Es ist sogar besser, wenn sich diese Träume nicht zu früh erfüllen. In meinem Fall zumindest wäre es schlecht gewesen. Ich bin froh, dass ich nicht schon mit neunzehn das Dvořák-Konzert mit Orchester gespielt habe; denn wahrscheinlich hätte ich es schlecht gespielt. Für mich war es wichtig, mich ganz intensiv in die Neue Musik zu vertiefen und mich mit historischer Aufführungspraxis zu beschäftigen, um mich dann mit fünfunddreißig mit dem großen Repertoire völlig frei zu fühlen. Es gibt andere, die das mit neunzehn vielleicht schon können. Ich erinnere mich an Studienkollegen, die ich eigentlich für begabter als mich selbst gehalten hatte, die einfach verschwunden sind. Vielleicht weil sie im entscheidenden Moment nicht bereit waren, sich noch mehr Zeit zu nehmen, um noch andere Erfahrungen zu sammeln. Ich war mit 23 Jahren fertig mit meinem Studium und habe das Riesenglück gehabt, dass die Stelle des Solocellisten beim Ensemble Intercontemporain frei war und ich sie bekam. Andere an meiner Stelle, die sich auf die Solokarriere versteift haben, hätten das nicht gemacht, weil sie nicht eingesehen hätten, wozu sie so viele Stunden in der Woche im Orchester spielen sollen, wo man ihnen sagt, was sie zu machen haben, und dann nur Neue Musik! Hätte ich auch so gedacht, hätte ich diese wunderbare Erfahrung nicht machen können. Wie schade wäre das gewesen! Aber wie gesagt, das war *mein* Weg. Es gibt hundert andere Möglichkeiten.

Mich interessiert, ob es bei diesen hundert Wegen nicht doch Gemeinsamkeiten gibt. Die Flexibilität?

Ich denke, ja, die ist absolut notwendig, damit man seinen Weg von den Wünschen zur Realität finden kann. Die Bereicherungen, die an dem Weg warten, muss man erkennen und aufnehmen. Und genießen! Da spielen die Musiker, die man kennenlernt, eine ganz wichtige Rolle. Man muss von ihnen lernen, sich von ihnen beeinflussen lassen. Ich sauge regelrecht alles auf, was mir begegnet.

Das finde ich sehr wichtig: vielseitig und lebendig interessiert zu sein. Noch einmal zurück zum Lehrer. Es gibt ja für fast jedes Instrument in jedem Land so einen »Papst«, der sehr mächtig ist, weil er alle Verbindungen hat, in den meisten großen Wettbewerben sitzt, dafür sorgt, dass seine Protegés gewinnen und ihnen bei den Agenturen die Türen geöffnet werden. Letztens habe ich eine junge Musikerin gefragt, die bei so einem Papst zu Ende studiert hat, nachdem sie vorher verschiedenen anderen Unterricht gehabt hat, was sie dort eigentlich gelernt habe. Die Antwort war nach einigem Nachdenken: »Nichts«. Das schien ihr aber erst in dem Moment aufzufallen. Bis dahin war sie wie geblendet von der Berühmtheit dieser Person. Ist es wichtig für die Karriere, zu so jemandem zu gehen, oder ist der Lehrer, wie Sie ihn geschildert haben, vorzuziehen? Vielleicht gibt es ja auch eine Mischung aus beidem.

Ich bin natürlich der Meinung, dass man vor allem immer lernen sollte, lernen, lernen. Der Rest wird schon irgendwie folgen. Ich kann aber verstehen, dass andere ein ganz anderes Temperament haben und bereit sind, auf die Bereicherung eines inhaltlich wirklich wertvollen Unterrichts zu verzichten, wenn dafür der Weg zur Bühne schneller und direkter ist. Tim Eddy, meinen New Yorker Lehrer, wird wohl niemand in Europa kennen. Er hat beim späten Casals gelernt und war bei Greenhouse[2], also bei rhetorischen Musikern, die ganz innig und inhaltsvoll gespielt haben. Entscheidend war nicht nur, dass er ein guter Lehrer war, sondern auch, dass wir zusammengepasst haben und er *in dem Moment* für mich gepasst hat. Reine Flachot, zu der ich mit elf, zwölf Jahren kam, war genauso wichtig: für den Moment im Leben. Die hat mir einfach viel Futter gegeben und kannte gute technische Tricks. Aber sie war ein bisschen oberflächlich, was in dem Alter überhaupt nichts ausgemacht hat. Sie hat meine Geschicklichkeit geschult. In dem Alter braucht man nicht unbedingt jemand, der ganz tief in die Musik eindringt, sondern jemand, der die richtigen Bilder findet, um Kindern den Weg zu zeigen. Es ist so wichtig, für jeden Zeitpunkt den richtigen Lehrer zu finden. So kam auch Tim im richtigen Moment. Aber er ist jedenfalls keiner, der irgendwelche Beziehungen hat.

Die »Beziehungen« kamen also eigentlich erst durch die Stelle beim Ensemble Intercontemporain, durch den Kontakt zu Boulez...

Ja. Das war gewissermaßen meine eigene Arbeit.

Wettbewerbe spielen ja eventuell auch eine Rolle für die Karriere. Es gibt Musiker, die durch einen gewonnenen Wettbewerb den Anstoß für eine große Karriere bekommen haben (z.B. Sokolov, der mit sechzehn den Tschaikowsky-Wettbewerb gewonnen hat). Es gibt aber auch welche, die ohne den großen Preis Karriere gemacht haben (z.B. Brendel, der mal einen 4. Platz in Bozen[3] gemacht hat als junger Mann). Nicht zu vergessen die vielen Musiker, die Preise gewonnen haben, ein bis zwei Jahre überall gespielt haben und wieder verschwunden sind.

Bei mir war das ein bisschen »brendelmäßig«. Ich hatte einen dritten Platz in München beim ARD-Wettbewerb. Vorher schon hatte ich mit achtzehn einen Preis beim Rostropowitsch-Wettbewerb[4] als bester junger Bewerber erhalten. Das war wunderbar für mich. Aber einen ersten Platz habe ich nie bekommen. Wohl verschiedene Preise und Auszeichnungen, z. B. den Glenn-Gould-Preis, aber das waren keine Wettbewerbe. Trotzdem rate ich meinen Studenten, auf Wettbewerben zu spielen, weil es toll ist, so ein großes Programm intensiv vorzubereiten. Und: Es ist wichtig, mit den Kollegen seiner Generation zusammenzukommen, sie zu hören, sich auszutauschen und voneinander zu lernen. Ich habe auf Wettbewerben immer wieder dieselben Leute getroffen. Es war interessant, wie sich jeder in der Zwischenzeit entwickelt hatte. Wenn man einen Preis macht, ist das fantastisch, wenn nicht, hat man Gelegenheit, die Kollegen zu hören. Man sollte immer bis zum Ende dableiben. Man lernt wahnsinnig viel. Das ist es, was ich heute ein bisschen vermisse: mit meinen Cellokollegen über alles reden zu können. Deshalb hat mir das Cello-Festival in Amsterdam so viel Freude gemacht. Da war endlich wieder Gelegenheit, die großen Cellokollegen zu treffen. Dieser Austausch ist es, der uns immer weiterbringt.

Die Grande Dame der Oper:
Inge Borkh, Sopran

Inge Borkh gehört zu den großen Legenden der Oper. Berühmt ist sie für ihre keine Extreme scheuenden Darstellungen dramatischer Rollen wie Salome, Elektra, Medea, Lady Macbeth, Tosca und Turandot.

Sie wurde 1921 in Mannheim als Tochter eines Konsuls und einer Sängerin unter dem Namen Ingeborg Simon geboren und begann ihre Karriere 1937 zunächst als Schauspielerin. Nach einem Gesangsstudium in Mailand gab sie ihr Operndebüt 1940 an der Oper Luzern als Czipra im *Zigeunerbaron* von Johann Strauss. In der Schweiz blieb sie bis 1951, u. a. sang sie die Magda in der ersten deutschsprachigen Aufführung von Gian Carlo Menottis Oper *Der Konsul* in Basel, was für sie den Durchbruch zu internationalen Erfolgen mit Engagements in den Opernhäusern von Wien, München, London, New York und San Francisco bedeutete. 1952 sang sie in Bayreuth die Freia und die Sieglinde in *Der Ring des Nibelungen*. 1957 übernahm sie bei den Salzburger Festspielen die Titelrolle in der *Elektra* von Richard Strauss. Mit derselben Rolle verabschiedete sie sich 1971 in Palermo mit sieben Vorstellungen von der Opernbühne. Danach kehrte sie als Schauspielerin auf die Bühne zurück, u. a. 1977 in Hamburg als Volumnia im *Coriolan* von Shakespeare. Inge Borkh wird auch nach ihrem 90. Geburtstag nicht müde, Fehlentwicklungen auf den heutigen Opernbühnen anzuprangern.

Als Erstes würde ich gern wissen, wie Sie eine neue Rolle einstudiert haben. Dazu gehört ja mindestens zweierlei, nämlich zum einen sich einen Überblick zu verschaffen über die gesamte Oper und den Zusammenhang, in dem die eigene Rolle steht, und zum anderen natürlich die Einstudierung im Detail. Vielleicht beginnen wir damit, wie Sie sich einen Überblick verschafft haben.

Das war ganz unterschiedlich, je nachdem wie alt ich war. Ich habe ja schon ganz früh, mit sechzehn nämlich, angefangen, die großen Rollen zu lernen. Man kann sicher darüber streiten, ob das gut war. Aber in der Zeit habe ich natürlich anders gelernt als später. Ich hatte von Kindheit an eine gute Stimme, was sich meine Mutter sehnlichst gewünscht hatte und was ihr in Erfüllung gegangen ist. Sie war eine große Sängerin und hatte eine herrliche Stimme, die ich – das darf ich sagen – von ihr geschenkt bekommen habe. Ich wurde so mit großer Behutsamkeit zum Theater hingelenkt. Ich wollte Schauspielerin werden! Das bin ich ja auch zuerst geworden, obwohl ich wusste, dass ich die Stimme für eine Sängerin hatte. Viele Leute haben gesagt, wie schade es doch sei, dass ich mit dieser Stimme keine Sängerin werden wolle, bis sie mich umgestimmt hatten. Damit ist der Zeitpunkt in meinem Leben erreicht, ab dem ich Ihre Frage beantworten kann. Also wie habe ich in meiner Jugend eine neue Rolle gelernt? Ich bin absolut ohne Vorbereitung an die Rolle gegangen; im Gegensatz zu vielen Kollegen, die mehrere Bücher über den Komponisten, über die Oper usw. gelesen hatten, bevor sie sich mit ihrer Rolle auseinandersetzten. Das habe ich nie, auch später während meiner Karriere nie gemacht. Ich habe den Klavierauszug gelesen und mir die Frauenrolle vorgestellt. Ich habe sie in mir ganz intensiv verarbeitet. Das habe ich wirklich nur mit mir gemacht, ich habe zunächst niemanden dafür gebraucht. Dann habe ich mich oft mit dem Regisseur besprochen.

Sie konnten ja sehr gut Klavier spielen. Bis heute machen Sie das sehr gern. Sie brauchten also zur Einstudierung zunächst keinen Korrepetitor?

Zum minutiösen Einstudieren einer Rolle habe ich dann schon einen gebraucht. Aber um den ersten Überblick zu bekommen, haben meine Fähigkeiten auf dem Klavier ausgereicht. Ich hatte später das Glück, einen hervorragenden Korrepetitor zu haben, immer denselben. Aber zuerst habe ich mir die Rolle ganz allein angeschaut und mir vorgestellt, wer die Person ist, was sie macht. Ich habe mich so in sie hineinversetzt, bis ich mich mit ihr identifizieren konnte. Deshalb habe ich zum Beispiel nie die Marschallin aus dem *Rosenkavalier* gesungen, weil ich mich mit dieser Rolle nicht identifizieren kann. Everding[1] hat mich einmal gefragt, warum ich die Partie nicht singen wolle, und ich konnte nur sagen, ich bin diese Frau nicht, ich habe nicht diese wienerische *Élégance*.

Also war für Sie nach wie vor das Schauspielerische ganz wichtig ...

Unbedingt, das stand für mich bei jeder Rolle im Vordergrund; die Frage, wie ich diese Frau glaubhaft machen, wie ich sie zum Leben erwecken konnte. Fidelio, Lady Macbeth und genauso natürlich meine beiden wichtigsten Rollen, Salome und Elektra. Das war für mich so wichtig, dass ich nicht mehr an die Töne gedacht habe, wenn ich auf der Bühne stand. Ich denke, so weit muss es kommen. Ich sehe, wie in der heutigen Zeit die Perfektion des Singens viel mehr im Vordergrund steht als zu meiner Zeit. Ich habe bei meiner völligen Versenkung in die Rolle viele Töne nicht so gesungen, wie man es vor dem Mikrofon hätte tun müssen. Ich habe eben überhaupt nicht ans Singen gedacht. Da war es nicht so wichtig, ob ein Ton nun richtig saß oder nicht, der Ausdruck war absolut im Vordergrund! Aber daraus kann man natürlich keine allgemeine Regel machen, und heutzutage schon gar nicht, wo man praktisch immer für die CD singt. Aber ich erlebe mit Freuden, dass das musikalische Publikum sehr wohl an den Live-Mitschnitten interessiert ist. Es gibt zwei unterschiedliche Arten von Produktionen nebeneinander: Das eine ist das CD-Singen, bei dem die Perfektion im Vordergrund steht; alles muss so sein, dass man technisch gar nichts daran auszusetzen haben kann; das andere ist das Live-Erlebnis, bei dem das Publikum daran beteiligt ist, wie die Musik entsteht. Dabei sind nicht alle Töne perfekt, aber die Aufführung ist lebendiger.

An welcher Stelle haben Sie angefangen, mit dem Korrepetitor zu üben? Erst haben Sie ja allein gearbeitet. Ab wann nicht mehr?

Sobald ich mir meine Vorstellung von der Rolle gebildet hatte. Die ganze detaillierte Einstudierung habe ich von Anfang an mit Korrepetitor gemacht. Er hat mir vorgespielt, wie alles korrekt sein musste, sodass ich dann, weil ich selber Klavier spiele, allein weiterüben konnte. Aber immer wieder – das muss ich sagen – unter der Kontrolle des Korrepetitors. Ich habe für mich so viel und so oft geübt, dass es eigentlich ganz schnell auswendig ging. Sehr viele Menschen denken heute, das Auswendiglernen sei ein Problem. Das ist es nicht. Das Auswendiglernen ist das Geringste, also zumindest bei der Oper, denn der Text kommt automatisch mit der Musik.

So konnten Sie Ihre Rolle schon vor der ersten Probe auswendig?

Ja. Wenn ich in die erste Probe gegangen bin, habe ich die Rolle gekonnt. Vollständig. Ich habe übrigens alle anderen Rollen mitgelernt. Es gibt keine Oper, die ich gesungen habe, bei der ich nicht auch alle anderen Rollen gesungen hätte. Das ist für mich ein ganz entscheidender, wichtiger Punkt, dass man nicht nur kennt, was man selber singt und dann in die Garderobe geht, bis man wieder gerufen wird. Natürlich darf ich nicht überheblich sein, denn ich habe fast nur Rollen gesungen, bei denen ich nahezu ununterbrochen auf der Bühne stand. Bei *Salome* geht man ja gar nicht von der Bühne herunter. Wenn ich abgehen musste, bin ich ganz bestimmt hinter der Bühne geblieben. Es ist schwer, wieder in die Handlung hineinzufinden, wenn man zwischendurch in der Garderobe war.

Sie sagten, Sie hätten sich oft mit dem Regisseur getroffen. Auch mit dem Dirigenten?

Immer habe ich mich mit dem Dirigenten getroffen.

Vor der ersten Probe?

Nein, das eigentlich nicht. Wenn der Dirigent verantwortungsbewusst ist, ist er von der ersten Probe dabei. Wenn er aber ein Dirigent ist, der sehr gefragt ist und von wer-weiß-wo herkommt, kann es passieren, dass erst mal ein Korrepetitor oder ein Ersatzkapellmeister die ersten Proben macht. Aber die drei, vier oder fünf letzten Proben macht der Dirigent selber. Dann gibt es ja auch die Orchestersitzprobe, wobei man sich mit dem Dirigenten absprechen kann.

Wie liefen die Proben ab? Das war doch vermutlich von Dirigent zu Dirigent sehr unterschiedlich.

Ja, sicher. Das hing außerdem vom Regisseur ab. Am besten war es natürlich, wenn man sich mit beiden ohne viele Worte verstanden hat. Der Regisseur hat Vorschläge gemacht, und man hat darüber miteinander geredet.

Wie bekam man die unterschiedlichen Vorstellungen von Sängern, Dirigent und Regisseur in einen sinnvollen Probenablauf? Nehmen wir eine Ihrer Paraderollen, *Elektra*, z. B. unter Mitropoulos[2].

Das war natürlich bereits recht spät auf dem Höhepunkt meiner Karriere. Da hatte ich schon das Sagen, weil ich in dieser Rolle international berühmt gewesen bin. Man hat gewissermaßen um mich herum inszeniert. Aber ich bin immer offen gewesen für das, was Regisseure mir vorgeschlagen haben.

Das Beste wäre so ein Hin und Her zwischen allen Beteiligten, eine Art Pingpong Spiel ...

... ja, wenn man sich immer wieder neu arrangieren könnte. Ich hatte ein großes Erlebnis in München, als ich das erste Mal *meine* Elektra einstudierte, mit Heinz Arnold[3]. Das war so, wie man es sich nur wünschen kann. Ich habe mich mit ihm wunderbar menschlich verstanden. Wir hatten viele Gespräche miteinander und sind Freunde geworden. Er hat die Elektra wie für mich geknetet. Ich hatte sie ja schon x-mal vorher gesungen. Aber Heinz Arnold hat in München mit dem, was er von mir angeboten bekam, eine neue Gestalt geformt. Darauf, auf dieser gemeinsam geschaffenen Figur, habe ich dann aufgebaut. Das Fundament für alle folgenden Aufführungen ist damals von ihm gelegt worden.

Wie war es dann mit Mitropoulos? Da hatten Sie Ihre Rolle längst völlig verinnerlicht, und er hatte doch sicher seine eigenen Vorstellungen. Haben Sie gut miteinander Pingpong gespielt?

Man kann gar nicht beschreiben, wie schön das war. Die Aufführung in der Carnegie Hall war konzertant, sodass man als Sänger direkt beim Dirigenten stand. Es ist wunderbar, wenn jemand wie er nur mit Bewegungen und Blicken herausholen kann, was in dir ist. Ein unglaubliches Erlebnis!

Gab es auch den gegenteiligen Fall? Dass eine solche Symbiose nicht zustande kam?

Oh ja. Es gab Fälle, wo ich mich mit dem Dirigenten überhaupt nicht verstanden habe und wir uns vom ersten Moment an unsympathisch waren. Zum Beispiel in Berlin. Das war am Anfang meiner Karriere, wo ich unendlich viele Angebote bekam, nachdem ich den *Konsul*[4] in Basel gesungen hatte. Ich bin dann überall aufgetreten und kam zum Schluss nach Berlin, wo ich im Engagement *Fidelio* gesungen habe und mich Ferenc Fricsay[5] bei der ersten Probe unterbrach und sagte: »Singen Sie bitte nur die Noten, das Gefühl machen wir.«

Oh, das klingt ja nach völliger Kastration!

Ja. Jetzt können Sie sich ungefähr vorstellen, in welcher Situation ich dann war. Es war unmöglich, dass ich noch eine gute Vorstellung singen konnte. Aber das war wirklich ein besonders unangenehmer Fall.

Da ging es wohl um die sogenannte Objektivität... Als ob es das gäbe: »nur die Noten«!

Eben. Das sage ich auch. Die Noten sind nur das Gerüst. Dann geht's doch überhaupt erst los!

Haben Sie, wenn Sie für sich geübt haben, auch mit voller Emotion geübt? Waren Sie also in jedem Moment des Übens die Elektra, auch wenn Sie schwierige Stellen oft wiederholen mussten, um sie zu sichern? Das birgt ja die Gefahr, dass diese Emotion durch die vielen Wiederholungen abnutzt und am Ende nur noch künstlich reproduziert wird. Oder haben Sie diese Gefahr nie erlebt?

Nein. Um Gottes willen! Ich habe ja nicht mit der Rolle geübt. Ich habe nicht mit der Elektra geübt, sondern nur Übungen gemacht, damit die Stimme elastisch bleibt. Jeden Tag, morgens, mittags und abends habe ich die Stimme eingesungen. Mit meinem Mann, der mich lange geführt und mir unendlich viel gezeigt und geholfen hat. Für mich war das Wichtigste, dass ich die Stimme koloraturmäßig leicht und geläufig gehalten habe. Bei den Riesenrollen, die ich zu singen hatte, ist die große Gefahr, dass die Stimme zu breit und dick wird. Es ist eines der allerwichtigsten Gesetze, immer wieder Lieder zu singen, Koloraturen zu perfektionieren, aber gleichzeitig das Legato nie zu vergessen. Wenn ich höre, wie die Jungen üben, stelle ich immer wieder fest, dass sie wer-weiß-wie oft das hohe C herausbrüllen. Das ist absolut dummes Zeug! Wir haben nur eine begrenzte Möglichkeit, unsere Stimme jugendlich und unangestrengt zu halten. Deshalb soll man in den Proben mit Legato markieren, aber mit vollem schauspielerischen Einsatz. Ich gebe immer wieder dasselbe Beispiel: Ich habe irgendwo in Amerika die ganze *Elektra* mezza voce gesungen.

Bei den Proben.

Ja. Und nach der Generalprobe kam der Intendant und sagte, es habe ihn sehr berührt, es sei ganz wunderbar gewesen usw. Dann sagte mein Mann ihm, dass ich nur markiert hatte. Das konnte er gar nicht glauben. Das erzähle ich meinen Schülern immer wieder. Es kommt nicht auf den ständigen, vollen Einsatz der Stimme an, sondern auf die Intensität des Gefühls. Wenn die jungen Sänger markieren, machen sie oft einen Hauptfehler: Dann markieren sie auch schauspielerisch und singen so vor sich hin. Das ist schrecklich! Das ist ganz furchtbar! Auch für den Dirigenten. Wenn der aber spürt, dass man mit der vollen künstlerischen und schauspielerischen Überzeugung agiert, aber die Stimme klein hält, um sich für die Abende zu schonen, ist ihm das nur recht; *jedem* Dirigenten ist das recht. Natürlich können die Jungen zehnmal hintereinander das hohe C singen, natürlich *können* sie. Aber sie wissen nicht, wie es sein wird, wenn sie es mit fünfzig noch machen müssen. Domingo ist immer vorsichtig mit seiner Stimme umgegangen und kann es noch mit über sechzig. Manch südamerikanischer Jungstar, der ständig auf die Stimme drückt, muss schon mit fünfunddreißig seine Konzerte absagen, weil er nicht mehr kann.

Wenn ich Sie richtig verstehe, haben Sie Ihre Rollen zu Hause gar nicht mehr geübt, nur bei den Proben. Zu Hause haben Sie nur Einsingübungen gemacht.

Das ist richtig, ja. Ich habe ganz sicher nicht während der Probenzeit zu Hause die Rolle gesungen. Nein! Ich habe mich nur dreimal am Tag eingesungen, ob ich Vorstellung hatte oder nicht. Denn man muss sich mit Abstand einsingen. Man muss zwischendurch immer wieder pausieren und dann erst fortfahren, seine Geläufigkeitsübungen zu machen. Wenn man am Abend Vorstellung hat, kann man einmal, aber nur »einmal« eine große Skala machen, damit man sieht, dass man den hohen Ton hat. Einmal! Das genügt absolut!

Wie lang sind die einzelnen Einsing-Etappen? Eine halbe Stunde?

Auf keinen Fall länger!

Was waren das für Einsingübungen?

Sie meinen, dass ich es vorsinge?

Ja.

Das waren Tonleiterausschnitte erst bis zur Terz und wieder zurück, dann bis zur Quinte und wieder zurück, und zwar schnell. *(singt)* Oder Oktavsprünge und Dreiklänge. *(singt)*

Chromatisch aufsteigend bis in die Höhe.

Ja. Aber nicht bis zur höchsten Höhe, das muss nicht sein. Und Staccato-Übungen. Dieselben Übungen im Staccato. Die sind sehr wichtig!

Auf welchen Silben?

Das machen wir immer auf »So-ho-ho-hon-ne«, »la-ha-ha-ha-ben«, »Re-he-he-he-gen«. Alle Vokale, dann schnell und immer ein Wort dazu. So trainiert man Koloraturen.

Mit Zwerchfell? Oder wie meist in der Alten Musik im Kehlkopf?

Mit Zwerchfell natürlich. Und am Ende den letzten Ton aushaltend mit Diminuendo. Das Allerwichtigste ist: Man muss jeden Ton crescendieren können und wieder zurücknehmen. Vor allem den obersten! Wenn man im Dreiklang oben angekommen ist, muss man den Ton crescendieren und wieder abschwellen lassen. Das ist ganz, ganz wichtig. Das ist eigentlich die Hauptübung unseres Berufs.

Erstaunlich ist doch aber, dass genau das viele Sänger nicht können, vor allem hohe Töne leise singen, mit Klang, aber leise.

Ja! Leise singen, das ist das A und O! Das intensive Markieren für die Proben muss man natürlich üben. Jeder Zuhörer ist glücklich, wenn er versteht, was der Sänger singt; und das geht nur, wenn er nicht forciert und mezza voce singen kann. Eine Arie besteht aus zwei, drei Höhepunkten, wo man wirklich viel geben muss. Den Rest kann man liedhaft singen.

Der Sänger muss sich immer überlegen, wo er liedhaft singen kann. Auch Wagner. Ich vergesse nie die *Tristan*-Aufführung von Kleiber. Das ist etwas, das immer in mir bleibt: Es war liedhaft. Man hat verstanden, was die Sänger sagten, und es war schön gesungen, nicht herausgebrüllt. Liedhaft zu singen erfordert größte Atemstütze, die allergrößte Atemstütze. Herausschreien ist ja nix. Wenn man den Ton hat, schreit man ihn eben heraus. Das ist keine Kunst. Die Führung kann nur vom Mezza voce kommen. Wenn man übt, laut zu singen, dann über Mezza voce, was man im Legato steigert, bis man die Lautstärke hat, und dann wieder zurücknimmt. Aber niemals einfach herausschreien!

Direkt vor einem Auftritt haben Sie wahrscheinlich nichts anderes gemacht als auch sonst: dreimal am Tag eingesungen.

So ist es.

Und gehörten Sie auch zu den Sängern, die am Aufführungstag gar nicht gesprochen haben?

Nein! Ich habe natürlich nicht so viel gesprochen, aber ich habe auch nie geschwiegen. Ich kann das jedoch sehr gut verstehen. Viele Kollegen haben das gemacht und machen das so. Ich bin auch dafür, dass man nach der Vorstellung beim Feiern sehr vorsichtig ist. Das war immer unser Problem. Man ist ja von der Vorstellung ausgelaugt, und dann muss man zu diesen Premierenfeiern und laut reden und lachen. Nichts ist schädlicher für die Stimme. Wir haben es sehr selten mitgemacht. Wir haben uns auch überall, wo wir waren, mein Mann und ich, eine Wohnung gemietet und uns zurückgezogen. Man muss seinen Körper sehr schonen, wenn man diese sportliche Spitzenleistung erbringen will. Ich sage immer: Ein Sänger ist ein Sportler. Wir verlieren ja, wenn wir aufhören, nicht die Stimme. Wir verlieren die Kraft, die Kondition. So wie ein Speerwerfer.

Wie haben Sie eine Rolle wiederholt, die Sie vor längerer Zeit einstudiert hatten und die eine Weile geruht hat? Wenn Sie beispielsweise die Elektra mit einem neuen Dirigenten singen mussten, stand dann im Vordergrund, die Rolle so, wie Sie sie immer gesungen haben, wieder zu machen, oder war es wichtiger, sie noch einmal neu zu erleben?

Immer! Immer, immer, immer, immer neu! Ich glaube sagen zu dürfen, dass ich nie den Satz gesagt habe: »Das habe ich doch immer so gemacht.« Nur weil ich etwas vorgestern so gemacht habe, muss ich das heute nicht wieder genauso machen. Deshalb hatte ich ja jedes Mal dieses schreckliche Lampenfieber, weil es für mich immer eine Neugeburt war. All diese Rollen, die ich so *viel gesungen* habe, waren niemals für mich *viel gesungene* Rollen. Es hat mich überhaupt nicht erleichtert, dass ich eine Rolle schon so oft gesungen hatte, dass ich etwa gesagt hätte: »Es kommt schon, du brauchst dich doch nicht so aufzuregen.« Ich habe jedes Mal wieder neu mit der Rolle gekämpft.

Bewundernswert, wenn einem das gelingt!

Schrecklich, wenn es anders ist! Bei Instrumentalvirtuosen ist es eher so, dass sie sich oft selbst reproduzieren. Bei uns Sängern ist es anders. Wir müssen unsere Rolle immer wieder neu durchleben. Jeden Tag aufs Neue. Wir können nicht einfach wiederholen, was gestern gewesen ist. Das hat auch sein Gutes: Wenn du Dienstag nicht so gut bei Stimme warst, ist die Hoffnung groß, dass es dafür Freitag umso besser wird, mit neuem Schwung.

Das heißt nichts anderes, als dass das Wachstum eines Stücks bzw. einer Rolle nicht mit dem Üben abgeschlossen ist. Man hat zwar durch das Ein-studieren ein Fundament, wie es Sokolov[6] nannte, aber jeder Abend bringt wieder neue Impulse, die das Werk oder die eigene Sicht auf das Werk verändern.

Das ist absolut richtig!

Daraus folgt, dass für das eigene Wachstum regelmäßige Auftritte notwen-dig sind, denn ich kann mich nicht als Musiker zurücklehnen und sagen: Ich übe und wachse mal so still vor mich hin. Die entscheidende Wachs-tumsphase ist ja erst die Konfrontation mit einem wechselnden Publikum und verschiedenen Sälen.

Da kann ich jedes Wort unterschreiben. Absolut.

Diese regelmäßigen Auftritte sind aber nur möglich, wenn ein Musiker auch eine gewisse Karriere macht. Wobei Karriere nicht ein Selbstzweck sein soll, sondern die Möglichkeit, immer weiter wachsen zu können.

Karriere ist so, wie wenn man ein großes Los zieht. Das ist ein Glücksfall. Es gibt unendlich viele Künstler, die sicherlich eine Karriere verdient hät-ten, sie aber – aus welchen Gründen auch immer – nicht machen können.

Sie sprechen jetzt von der ganz großen Karriere.

Ja. Der letzte Schritt zur wirklich großen Karriere ist Glück. Es muss irgendetwas Entscheidendes passieren. Dein Nebenmann ist vielleicht genauso gut wie du, aber ihm ist das Glück nicht beschieden. Deshalb ist Karriere für mich eigentlich überhaupt kein Kriterium für die Qualität eines Musikers.

Aber ist es wirklich nur ein reiner Glücksfall, oder ist es nicht auch so, dass dieser Glücksfall sich eher einstellt, wenn man auf eine bestimmte Weise arbeitet?

Man kann nicht auf eine Karriere hinarbeiten. Mir ist es zugefallen, indem ich erst die schweizerische Uraufführung des *Konsul* in Basel gemacht habe, sodass die Leute auf mich aufmerksam wurden und ich überall singen konnte, zum Schluss auch in Berlin. Und auf einmal war ich ein Star. Wenn man z. B. an Anna Netrebko denkt: Das ist ein entzückendes und reizendes Geschöpf, ich finde sie zauberhaft. Ich bin extra nach Berlin gefahren, um sie zu hören. Es gibt sicher viele, viele andere gut aussehende Mädchen, die auch so hübsch singen wie sie. Aber es hat nicht mit der Karriere geklappt. Ich habe mal einen Meisterkurs gegeben, an dem eine Sängerin teilgenommen hat, die eine unglaublich schöne Stimme hatte. Wir haben miteinander gearbeitet, bis ich zur ihr sagte: Mädchen, du musst unbedingt vorsingen. Das habe ich arrangiert – in St. Gallen oder Zürich. Sie fängt an zu singen – und nach ein paar Takten hört sie auf und sagt:»Ich weiß nicht mehr, wie es weitergeht, ich kann nicht mehr.« Sie hat einfach aufgegeben. Mit dieser großartigen Stimme! Aber so ist das mit der Karriere: Wenn man an dem Tag, an dem man seine Chance bekommt, Kopfschmerzen hat oder Bauchweh, oder man hat Krach mit seinem Mann, oder die Stimme läuft nicht, dann wird es nichts mit der Karriere.

> Wenn man durch einen Misserfolg schon so frustriert wird, dass man aufgibt...

Es ist sicher auch eine Frage der Intensität des Glaubens an sich selbst und des Bewusstseins – das sage ich jetzt von mir –, dass man vom Schöpfer in eine Situation hineingeboren ist, die man intensiv ausnützen muss. Ich habe z. B. in jungen Jahren, mit achtzehn, neunzehn, zwanzig, Karl Böhm[7] vorgesungen. Der hat gesagt: Es tut mir furchtbar leid, aber Ihre Stimme ist viel zu klein, Sie können damit absolut niemals Karriere machen. Und Clemens Krauss[8] genauso: Um Gottes willen, niemals können Sie Karriere machen!

> Und das hat Sie alles gar nicht entmutigt? Zumindest von Clemens Krauss hätte ich mich völlig entmutigen lassen.

Natürlich hat es mich das. Ich bin immer durchgefallen. Ich habe den Wettbewerb in Genf[9] mitgemacht. Das war damals so, dass man hinter einem Vorhang gesungen hat, damit die Juroren nicht von der äußeren Erscheinung abgelenkt wurden. Das konnte ich nicht. Ich bin auch durch alle anderen Prüfungen durchgefallen. Immer wieder hat man mir gesagt, die Stimme sei zu klein.

> Das kann jungen Sängern ja nur Mut machen. Schlimmer kann es ja fast gar nicht laufen als bei Ihnen.

Ja, unbedingt. Und vier Jahre später habe ich Elektra gesungen! Und immer wurde meine große Stimme gelobt.

Sie haben mit zwanzig aber schon so an sich geglaubt, dass Sie trotzdem weitergemacht haben.

Absolut! Ebenso ist es Christian Gerhaher[10] ergangen, den ich über alles schätze. Er hat eigentlich Medizin studiert und war immer unentschlossen, für welchen Beruf er sich entscheiden sollte, für den Sänger oder den Arzt. Ich habe immer zum Sänger geraten, weil er eine fantastische Stimme hat. Wir haben zusammen gearbeitet, und ich habe ihm ein Vorsingen verschafft – ich sage nicht, wo und bei wem. Da hat der Dirigent zu ihm gesagt: Machen Sie Ihr Medizinstudium weiter. Und was ist aus dem Christian Gerhaher geworden? Ein Weltstar.

Jedenfalls war weder Ihre noch Christian Gerhahers Karriere ausschließlich ein Glücksfall. Vorher waren Sie unglaublich hartnäckig und unnachgiebig in Ihrem Glauben an sich selbst.

Oh ja! Hartnäckigkeit ist absolut notwendig. Und: dass man im Rücken jemand hat, der fest an einen glaubt. In meinem Fall meine geliebten Eltern. Meine Mutter, die selber Sängerin war und immer wieder gesagt hat: Du hast eine schöne Stimme, und du schaffst das auch. Und: Wir machen weiter.

Wettbewerbe haben für Sie keine Rolle gespielt, nicht wahr?

Nein, habe ich nicht gemacht. Bis auf das eine Mal in Genf hinter dem Vorhang.

Die Geschichte mit dem Vorhang erinnert mich an etwas, was der Pianist Eduard Erdmann[11] erlebt hat. Er saß in den 1950er Jahren selber in der Jury so eines Wettbewerbs mit Vorhang und ließ sich, ohne dass seine Jurykollegen das wussten, eine Teilnehmernummer geben und trat selber an. Anschließend ging er in die Jurybesprechung, um sich anzuhören, was seine Kollegen über sein Spiel zu sagen hatten: Grauenhaft, schrecklich, so kann man doch nicht spielen, der macht nie Karriere usw.! Am Ende hat sich Erdmann als Spieler zu erkennen gegeben. Das muss ein ziemlich peinlicher Moment für die Juroren gewesen sein, weil sie in ihrer Urteilsfähigkeit ad absurdum geführt worden waren.

Unglaublich! Aber das zeigt, wie viel man auf das Urteil anderer geben kann.

Die Basis für eine *mögliche* Karriere wird sicher durch die Ausbildung gelegt. Bei Ihnen war es ja eher ein Sonderfall, weil Sie schon extrem früh von Ihrer Mutter gefördert wurden.

Ja, das war sicher eine Ausnahme.

Wann haben Sie angefangen, regelmäßig singen zu üben?

Mit elf Jahren. Ab da habe ich täglich gesungen und mit meiner Mutter gearbeitet. Dann kam die Schauspielschule und mit sechzehn das erste Engagement am Theater.

Haben Sie immer nur mit Ihrer Mutter gearbeitet?

Nein, ich habe sehr viele Lehrer gehabt. Mein Vater sagte jedes Mal, wenn er einen guten Sänger oder eine gute Sängerin gehört hat: Da musst du hin.

Das waren dann einzelne Stunden oder auch kontinuierlicher, längerer Unterricht?

Die kontinuierliche Führung hatte immer meine Mutter. Trotzdem habe ich bei all den anderen auch viel gelernt. Ich musste ja auch außerdem noch zur Schule gehen und war eine schrecklich schlechte Schülerin. Meiner Mutter war das irgendwie wurscht. Ich durfte nur nicht sitzenbleiben. Und dann hat das Schicksal zugeschlagen. Mein Vater war Jude, wir mussten aus Deutschland weg. Mein Vater wurde eingesperrt, mit meiner Mutter bin ich unter ganz schwierigen Umständen nach Genf geflohen. Da bin ich weiter zur Schule gegangen, in eine Klosterschule. Jacques Dalcroze hat mich in seinen Unterricht aufgenommen. Ausdruckstanz und Körperbeherrschung durfte ich bei ihm lernen. Das hat mir unendlich viel gebracht, auch viel Selbstvertrauen. Dort ist irgendwann mein Vater zu uns gestoßen.

Wie war das möglich, dass er aus Deutschland lebend wieder herausgekommen ist?

Das weiß ich gar nicht so genau. Ich denke, dass es ziemlich viel Geld gekostet hat. Außerdem hatte er einen unheimlich lieben, treuen Freund, der sicher von Pontius zu Pilatus gelaufen ist, bis mein Vater freikam. Wir konnten aber in der Schweiz nicht bleiben, weil wir keine Aufenthaltsgenehmigung bekamen. Wir sind dann nach Österreich, nach Wien, weil meine Mutter der Meinung war, dass ich dort die beste Ausbildung bekäme. In Österreich hat es uns nach ein paar Jahren 1938 auch wieder erwischt, sodass wir in die Schweiz zurückgekehrt sind. In Genf habe ich eine neue Lehrerin gehabt, Madame Féard. Außerdem noch Hélène Ott, die mir sehr viel geholfen hat. Dann bin ich bei Salvati gewesen, das war die italienische Schule, und bei Anni Weber, einer damals sehr anerkannten Sängerin. Meine Mutter hat das alles beobachtet und meine Fortschritte kontrolliert. Dann hatte ich das Glück, nach Mailand gehen zu können zu einem wunderbaren Lehrer, Vittorio Moratti. Mit dem habe ich ernstlich arbeiten können. Der hat mich so weit ausgebildet, dass ich vorsingen gehen konnte und schließlich mein erstes Engagement in Luzern bekam. Da habe ich nach und nach gesungen, was man überhaupt nur singen kann. Das ist der kritische Punkt für einen jungen Menschen: Das junge Talent wird entdeckt, es hat eine wunderschöne Stimme und wird sofort eingesetzt in großen Rollen und vom Intendanten in der Provinz verheizt, der keine Rücksicht nimmt auf die Entwicklung der Stimme. Das Glück, das ich in Luzern hatte, gibt es vielleicht heutzutage nicht mehr: ein Intendant, der sich genau überlegt hat, was er meiner jungen Stimme zumuten durfte, Schritt für Schritt. So habe ich trotzdem in ziemlich kurzer Zeit die *Salome* gesungen. Ich freute mich einfach unendlich, dass ich diese Rolle singen konnte, und setzte mich Tag und Nacht mit dieser Frau auseinander. Ich habe überhaupt nichts anderes mehr gedacht. Alle haben zu mir gesagt, ich sei ein ganz anderer Mensch, so absorbiert war ich. Das war auch später mit allen meinen Rollen so. Ich war dann diese Person. Mein Mann hat zeitweise sehr darunter gelitten, weil ich an nichts anderes denken konnte.

Aber er war doch auch Sänger. Er hatte doch sicher Verständnis.

Gott sei Dank, ja. Er hat es verstanden.

Er war dann zeitweise mit Fidelio, Elektra oder Salome verheiratet. Das kann ja auch sehr interessant und abwechslungsreich sein.

Ja. Für ihn. Ich habe das gar nicht so gemerkt.

Nicht jeder kann wie Sie schon im Alter von elf Jahren mit der Gesangsausbildung anfangen. Wann ist es beim Gesang sinnvoll, mit einer professionellen Ausbildung zu beginnen? Nehmen wir an, ein Sechzehnjähriger käme zu Ihnen in den Unterricht. Könnten Sie mit so einem jungen Menschen schon arbeiten?

Ja, vorausgesetzt, dass er eine Stimme hat. Die würde ich nur mit Liedern ganz behutsam heranziehen. Nur mit Liedern und mit Übungen.

Wie lange?

Ich würde sagen, ein Jahr. Dann sieht man, wie sich die Stimme entwickelt hat. Das würde ich auf jeden Fall immer so machen, auch im Studium. Ich rate jungen Sängern, wenn sie es tatsächlich zum Theater schaffen, dringend, den Liedgesang niemals fahren zu lassen. Wenn ich am Abend vorher eine der ganz großen Rollen gesungen hatte, habe ich am nächsten Tag ein Schubert-Lied gesungen. Ich habe geschaut, wie weit die Stimme noch leise ansprechbar gewesen ist. Und wie oft war sie es nicht! Sie war müde.

Nach *Turandot* z. B. Das war eine Grenzpartie für mich. Da konnte ich am nächsten Tag nie ein Lied singen. Niemals! Außerdem würde ich einem jungen Menschen dringend raten, dass er sich körperlich fit hält, dass er nach Möglichkeit Tanz studiert oder Gymnastik macht, dass er gesund lebt, dass er viel an die frische Luft geht. Wenn er wandert, tut er sich etwas sehr Gutes. Auch Schwimmen ist gut. Dafür lieber nicht so viele Schallplatten hören und meinen, dass man die Sänger imitieren muss. Das ist eine ganz schlechte Sache. Bei Meisterkursen habe ich immer sofort gehört, welchen Sänger einer auf CD gehört hat. Und dann versuchen die jungen Leute, das nachzumachen. Die Frauen imitierten die Callas, die Männer Fischer-Dieskau. Das ist ganz falsch. Man soll auf sein Inneres hören und das konsequent entwickeln. Es ist so wichtig, seine Persönlichkeit auszubilden. Man muss viel mit sich allein sein in jungen Jahren. Ich war unendlich viel mit mir allein in den ersten Jahren meines Theaterdaseins. Darunter leidet man natürlich, wenn man nach Hause kommt und kein Mensch da ist. Wenn man mit niemandem reden kann, lernt man sich selbst besser kennen, man lernt, in sich hineinzuhorchen. Das ist die Ausbildung der Persönlichkeit. Das sollte man den Jungen sagen. Wenn sie Karriere machen wollen, müssen sie sich kennen und wissen, wie sie in welchen Situationen reagieren. Das macht die Persönlichkeit aus. Wenn man sich kennt, hat man auch die Kraft zu kämpfen. Auch gegen die Unsinnigkeiten, die auf dem Theater geschehen. Ich glaube, dass die Sänger zu wenig Persönlichkeiten sind. Sie müssten mit Argumenten kommen, warum sie den Quatsch nicht mitmachen. Nicht nur einfach sagen, ich bin dagegen.

Würden Sie einem jungen Menschen, bei dem Sie eine fantastische Stimme hören, raten, die Schule abzubrechen, um nur noch Musik zu machen?

Auf gar keinen Fall! Um Himmels willen nicht die Schule abbrechen! Was man angefangen hat, soll man bitte zu Ende machen. Abitur schadet nicht! Der Sänger soll seine Schulausbildung machen und Geduld haben, seine Stimme langsam ausbilden zu lassen. Das kann er gut während seiner Schulzeit machen. Man kann nicht den ganzen Tag singen üben. Er soll Lieder singen, auch vorsingen, und wenn es im Kanarienvogel-Club ist. Ich habe das auch gemacht in Wien. Überall. Dadurch lernt man, wie man sich benimmt, wie man auftritt, und man verliert die Hemmungen.

Kann es irgendwann auch zu spät sein? Nehmen wir an, jemand hat erst ein anderes Instrument studiert und entdeckt mit achtundzwanzig seine Berufung zum Gesang. Ist es dann zu spät?

Nein, es ist eigentlich nic zu spät. Wenn er mit achtundzwanzig erst anfängt zu singen, ist es reichlich spät. Er müsste vorher schon gesungen haben. Er wird ja nicht mit achtundzwanzig sagen, so, ich sing jetzt mal, sondern er hat vorher auch schon gesungen und nun den Punkt erreicht, an dem er das professionell machen will. Das ist vielen unserer großen Sänger so gegangen, dass sie erst ein anderes Instrument gelernt haben. Fritz Wunderlich z. B. war Bläser.

Noch ein kleiner Ausblick am Ende: Was hat sich Ihrer Meinung nach im Vergleich zu früher im Konzert- und Opernbetrieb geändert?

Vieles hat sich geändert. Es war damals keinesfalls so wie heute, dass der Regisseur diese ungeheure Hauptstellung hat und hundertprozentig bestimmen kann, wie alles geschehen soll. So etwas habe ich Gott sei Dank in meiner ganzen Karriere nie erlebt. Die heutigen Sänger kommen mir wie Unterdrückte vor, die alles tun müssen, was manche schrecklichen Regisseure von ihnen verlangen. Ich frage mich immer – und das ist eine Frage, die mich unglaublich beschäftigt –, warum die Sänger nicht die Kraft und den Mut haben, sich gegen diese wirklich fürchterlichen Dinge zu wehren, die manche Regisseure von den Sängern verlangen. Ich kann einfach nicht verstehen, dass sie es machen.

Das hat ja vielleicht finanzielle Gründe; die Angst, nicht wieder engagiert zu werden ...

Nein, also wir denken bestimmt nicht in erster Linie ans Geld, wenn wir singen. Ganz sicher nicht. Es ist wunderschön, Geld zu verdienen, dagegen habe ich gar nichts. Die Sänger sollen auch viel verlangen. Was die heute verdienen, ist ja gar nicht zu vergleichen mit dem, was wir damals bekommen haben. Aber die Aufführung muss doch ein gemeinsames Werk sein! Und jeder müsste eigentlich dazu stehen können. Jeder! Wenn der Regisseur etwas von mir verlangt hat und ich das gemacht habe, haben wir beide gemeinsam die Verantwortung dafür übernommen. Bei dem, was ich in den letzten Jahren zum Teil gesehen habe, kann ich mir nicht vorstellen, dass Sänger und Regisseur miteinander einverstanden gewesen sind.

Der Sänger hat das Engagement angenommen und muss die Rolle singen. Was will er machen, wenn der Regisseur von ihm etwas verlangt, was er nicht möchte?

Er müsste aufstehen und sagen: Wir sind eine Gemeinschaft und wir schaffen eine gemeinsame Arbeit, ein gemeinsames Werk, zu dem wir alle stehen. Aber genau das ist heute nicht mehr möglich. Dabei ist eines gleich geblieben: die großen Gefühle. Ob man dabei ein Kostüm anhat oder ein modernes Kleid, weil der Regisseur glaubt, seine Inszenierung sei dann aktueller, spielt gar keine Rolle. Das ist doch nur eine Äußerlichkeit. Dadurch wird's ja nicht modern.

Und beim Aufbau einer Karriere? Was hat sich da geändert? Muss man nicht vielleicht mehr als zu Ihrer Zeit an Wettbewerben teilnehmen?

Ach nein, die bringen gar nichts. Wenn ein ganz grandioser Sänger da entdeckt wird, ist es ja gut. Aber dann braucht der den Wettbewerb nicht. Ich war oft als Jurorin bei Wettbewerben. Ich habe noch selten gesehen, dass dort wirklich jemand entdeckt wurde. Früher war es eher so, dass die, die in Wettbewerben gewonnen hatten, von einem Tag auf den anderen Stars geworden sind. Das ist ja heute bei der Fülle an Wettbewerben nicht mehr so. Ich habe es bis jetzt nicht mehr erlebt. Die Sänger sollen ruhig auf Wettbewerbe gehen, zur Übung, ja. Es ist eine Möglichkeit vorzusingen. Das ist gut. Aber ich glaube nicht, dass es der Anstoß für eine Karriere sein kann. Es gibt, glaube ich, kein fertiges Rezept, wie man Karriere macht.

Die Impulsive:
Annette Dasch, Sopran

Annette Dasch (geb. 1976 in Berlin) zählt zu den führenden Sopranistinnen unserer Zeit. Sie ist Gast der Bayreuther Festspiele, der Salzburger Festspiele und Osterfestspiele und singt an den führenden Opernhäusern der Welt. Im Konzert arbeitet sie mit Orchestern wie den Berliner und Wiener Philharmonikern, dem Orchestre de Paris oder der Akademie für Alte Musik sowie mit Dirigenten wie Daniel Barenboim, Gustavo Dudamel, Nikolaus Harnoncourt, Paavo Järvi, Fabio Luisi, Kent Nagano, Andris Nelsons, Sir Roger Norrington, Seiji Ozawa, Helmuth Rilling, Sir Simon Rattle oder Christian Thielemann zusammen. Liederabende führen sie regelmäßig zu der Schubertiade Schwarzenberg, in den Wiener Musikverein, das Wiener Konzerthaus, zum Concertgebouw Amsterdam, in das Konzerthaus Dortmund und zum Schleswig-Holstein Musik Festival.

Sie ist Exklusivkünstlerin bei SONY BMG und wurde für ihre Debüt-CD (*Armida*) 2008 mit dem ECHO für die beste Operneinspielung des Jahres ausgezeichnet. Seit Anfang 2008 ist Annette Dasch Initiatorin und sehr erfolgreiche Gastgeberin von »Annettes Daschsalon« in Berlin.

Haben Sie in Ihrem Beruf mit ständig wechselnden Auftrittsorten eigentlich noch die Möglichkeit, kontinuierlich zu üben?

Ich muss ehrlich sagen, dass das bei mir sehr unterschiedlich und – vorsichtig ausgedrückt – sehr flexibel ist. Wenn man so wie ich freiberuflich tätig und dadurch immer unterwegs ist, arbeitet man sowieso ständig. Bei mir gibt es keine Phasen, in denen ich zwei Monate zuhause wäre und kontinuierlich Zeit hätte, Repertoire zu üben oder zu wiederholen. Ich übe also immer das, was ich gerade an dem Ort, an dem ich bin, aufführe. Natürlich überlege ich mir, welche Noten ich außerdem mitnehme, um für die Folgetermine zu üben.

Brauchen Sie zum Üben ein Klavier?

Das meiste Üben geschieht bei mir im Kopf. Ich übe viel weniger laut als still. Ich lerne auch Noten fast immer still. Da sitze ich zum Beispiel abends im Hotelzimmer im Bett, habe die Noten vor mir, eine Stimmgabel und einen Stift und lese einfach.

Lernen Sie so auch auswendig?

Das Auswendiglernen ist etwas, was ich eigentlich nie bewusst praktiziert habe. Es passiert einfach, dass ich etwas schließlich auswendig »weiß«, ab einem gewissen Kenntnisstand oder einem gewissen Grad der Verinnerlichung. Einzige Ausnahme sind Strophenlieder mit vier, fünf Strophen. Dann schreibe ich den Text ab und lerne ihn, indem ich ihn mit einem Blatt zu- und aufdecke.

Wie lernen Sie beispielsweise eine neue Opernpartie?

Erst einmal besorge ich mir einen neuen Klavierauszug. Das ist für mich das erste lustvolle Erlebnis mit einer neuen Partie: Die Noten sind noch ganz unberührt, ohne Aufzeichnungen. Ich brauche das Gefühl, dass ich mit dem Stück und dem Komponisten allein bin und Neuland betrete. Ganz schauderhaft finde ich es, von Opernhäusern Noten zugeschickt zu bekommen, in denen nur die eigene Partie steht!

Die gehen davon aus, dass sich Sänger nur dafür interessieren ...

Ja, das geht überhaupt nicht. Ich muss wissen, in welchem Zusammenhang ich agiere. Ich mache also die neuen Noten auf und lese alles, aber wirklich alles einmal gründlich durch: Vorwort, sämtliche Rollen, Tempi und natürlich meine eigene Rolle. Das klingt vielleicht analytischer, als es ist. Es ist für mich einfach lustvoll, mich damit zu beschäftigen. Das interessiert mich!

Lesen Sie nur den Text oder auch die Noten?

Selbstverständlich auch den Notentext.

Brauchen Sie dazu kein Klavier, um etwas anzuspielen?

Ich kann überhaupt nicht Klavier spielen. Ich stelle mir das im Kopf vor.

Sie haben also auch ohne Klavier ein harmonisches Leseverständnis?

Ja. Und das ist total wichtig! Irgendwie habe ich das gelernt, Klavierspielen aber nicht. Meine Schwester ist Pianistin, und ich wollte in der Kindheit nicht dasselbe machen wie sie.

Was passiert nach dem Durchlesen?

Dann kommt der zweite Durchgang: Ich nehme einen farbigen Stift und unterstreiche alles, was zu meiner Partie gehört. Am Anfang muss ich immer eine gewisse Schwellenangst überwinden, weil mir alles überbordend viel und schwer vorkommt. Ich weiß nicht, wo ich anfangen soll, das ist wirklich eine richtige Angst. Deshalb ist es wichtig, sich erst einmal einen Überblick, auch rein quantitativ, zu verschaffen. Dazu kommt noch die Angst vor den bekannten, großen Sachen. Wenn man zum Beispiel Pamina einstudiert, weiß man genau, was die ganze Welt erwartet, wenn sie diese Arie hört. Es hilft, die Rolle erst einmal zu strukturieren: Wo sind Stellen, an denen man nicht die volle Aufmerksamkeit hat und sich etwas zurückziehen kann, wo kann man mal raus usw. Und dann beginnt die eigentliche Arbeit des Einstudierens von Text und Tönen.

Immer noch mental? Oder spielen Sie sich doch einzelne Töne auf dem Klavier an?

Nein, immer nur im Kopf. Vielleicht manchmal bei extrem freier neuer Musik. Aber auch dabei ist es letztlich besser und nachhaltiger, wenn man nur mit Stimmgabel übt und nicht mit Klavier, weil man sich die Intervalle immer wieder selber suchen und exakt vorstellen muss. Das schult viel mehr, als sich vom Klavier und einzelnen Tönen abhängig zu machen.

Und so üben Sie nicht Einzeltöne, sondern die Intervalle, den Zusammenhang, was die eigentliche Musik ist.

Ja. Musik entsteht im Kopf. Es ist ganz wichtig, dass man sich nicht selbst überrennt, indem man zu früh die eigene Vorstellung mit einem Korrepetitor zerdrischt.

Sie unterscheiden beim Üben ganz klar zwischen dem Üben einer genauen Vorstellung und dem Üben der realen Darstellung. Das ist bei vielen Musikern gar nicht der Fall. Die übertragen einfach Noten auf ihr Instrument, ohne dass vorher dieser wichtige Schritt geschehen ist.

Da gibt es sehr unterschiedliche Typen, ja. Ich kann keine Musik singen, bei der ich nicht einen inneren Bezug fühle. Es gibt sicher Partien, die man sofort mit meiner Stimme in Verbindung bringen würde. Aber ich könnte beispielsweise keine Micaëla aus Bizets *Carmen* singen. Das ist schöne Musik, und ich höre gern zu, wenn andere das singen, aber ich merke, dass es aus mir persönlich nicht herauswill. Ich könnte es rein technisch natürlich singen, aber ich hätte nicht den inneren Bezug, der mir so wichtig ist. Umgekehrt funktioniert es für mich besser: mich in eine Rolle einzuleben, die vielleicht zunächst nicht zu meiner Stimme zu passen scheint.

> Wie geht es weiter, nachdem Sie für sich die Rolle still geübt haben? Sie werden doch auch mit Stimme üben müssen, auch die Kondition für eine so lange und anstrengende Partie wie zum Beispiel die Elsa aus Wagners *Lohengrin*. Es gibt schwere Stellen, die man regelrecht trainieren muss, damit sie im Ernstfall klappen.

Das mache ich mit dem Korrepetitor.

> Und davor? Wie singen Sie sich ein?

Das hat sich jetzt verändert, weil ich seit einem Jahr mit einem neuen Lehrer arbeite. Bis ich dreißig war, musste ich mich fast überhaupt nicht einsingen. Jetzt habe ich so eine Art Ritual. Ich nehme mir anderthalb bis zwei Stunden vor einer Vorstellung oder einer wichtigen Probe und beginne damit, Meridiane und Akupressurpunkte zu klopfen und zu drücken. Außerdem mache ich bestimmte Feldenkrais-Übungen, um den ganzen Körper zu spüren. Seit ich bei dem neuen Lehrer bin, lege ich viel Wert darauf, die Stimme anfänglich sehr fein zu führen. Ich fange mit dem leisesten Brummen an. Das kann man mit einem Balletttänzer vergleichen, der seinen Körper zunächst mit ganz vorsichtigen, feinen Bewegungen lockert. Bei mir ist das ein Wechsel von Summen, Atmen und Pausieren.

> Was summen Sie? Glissandi ...

Einzeltöne auf »w« oder »m« u.a., auch Glissandi, ja. Das tut mir gut, weil ich schon immer eine relativ raue Sprechstimme gehabt habe und deshalb als Erstes den weichen Stimmansatz übe. Es geht darum, meinen Körper zum Schwingen und schließlich zum Klingen zu bringen. Auch darum, zu mir selbst zu finden, mich zu spüren. Das ist ganz wichtig, um in dem ganzen Betrieb nicht aufgerieben zu werden.

> Üben Sie auch Stellen aus der Partie, für die Sie sich einsingen?

Das ist der nächste Schritt. Dann probiere ich einzelne Phrasen oder kleinere Zusammenhänge. Es gibt Stellen, die ich gar nicht antasten möchte, um sie für den Abend frisch zu erhalten, und andere, die ich gern noch einmal gründlich übe. Zwischen den einzelnen Aufführungen arbeitet die Rolle ja in einem weiter, und daher kommt es, dass ich manches unter einem neuen Blickwinkel für mich probe.

Gibt es zwischen dem Summen und der Arbeit an der Partie noch das typische Einsingen mit Skalen, Intervallen, Dreiklängen usw.?

Das habe ich früher mehr gemacht. Die Beweglichkeit ist jetzt einfach da, deshalb übe ich so etwas weniger. Aber wie gesagt ist dies ganz ausführliche Einsingen nur wichtigen Proben und Aufführungen vorbehalten.

Und an den anderen Tagen?

Da singe ich ja ständig bei den Proben und bleibe so im Training. Wir Sänger müssen viel weniger technisch üben als Pianisten.

Wie ist es für Liederabende? Da gibt es keine täglichen Proben oder die Arbeit mit einem Korrepetitor. Das Liedrepertoire müssen Sie doch sicher mehr für sich üben als eine Opernpartie.

Für Liederabende arbeite ich wirklich viel. Das ist sehr aufwendig, weil es nicht wie bei einer Oper eine lange Probenphase gibt. Der Begleiter wohnt meist ganz woanders, und man trifft sich mal für ein Probenwochenende und dann noch einmal vor dem Konzert. Ich muss meinen Part gut können, den Klavierpart gut kennen, also insgesamt eine sehr genaue Vorstellung haben, bevor ich zur ersten Probe komme. Es geht nicht, dass beide sich mit so einer Einstellung treffen, mit der Orchestermusiker in die erste Probe kommen.

Üben Sie einen ganzen Liedzyklus auch rein mental, oder singen sie in dem Fall doch real?

Ich mache beides.

Ohne Klavier?

Ja, ohne. Nur mit Stimmgabel. Ich übe so lange mental, bis ich nicht mehr an den Noten klebe. Lieder nach Noten zu singen hat keinen Sinn. Ich erinnere mich an den Liedunterricht bei Wolfram Rieger. Der fand nur statt, wenn man das Lied auswendig konnte. Und er hat so recht! Denn erst wenn man das Lied auswendig kann, ist man in der Lage, da anzusetzen, wo Liedinterpretation beginnt. Man muss das Lied von vorne nach hinten genau kennen, um es gestalten zu können: den Spannungsverlauf, den Wechsel von lyrischem Ich und bloßer Erzählung und all die Dinge, auf die es ankommt. Wenn man noch mit dem Notenlesen beschäftigt ist, geht das nicht.

Nur zur Klärung: Sie haben doch in München studiert, Wolfram Rieger ist aber in Berlin. Wie ging das zusammen?

Meine Schwester hat in Berlin bei ihm studiert, und ich war sehr oft in Berlin. Wir hatten einen Deal mit ihm, dass wir immer, wenn ein Sänger abgesagt hat, weil er meinte, er sei wieder mal erkältet, kommen konnten. Diese Gelegenheiten haben wir gierig wahrgenommen und viel dabei gelernt; auch wie man als Duo arbeitet.

Auf dem Klavier muss man manchmal bestimmte schwierige Stellen mehrere Hundert Male spielen, bis man sie sicher beherrscht, wobei die Gefahr sehr groß ist, dass sie am Ende nur noch »technisch« klingen und nicht mehr seelisch erfüllt. Gibt es beim Gesang ein ähnliches Problem, wenn Sie zum Beispiel schwierige Koloraturen üben müssen? Kann es sein, dass Sie am Ende gar nicht mehr spüren, was sie singen? Oder haben Sie ein wirksames Gegenmittel?

Wir haben ja den Text, der uns hilft, die Sprache. Das ist ein großer Vorteil. Da kann es nicht so leicht passieren, dass man den Sinn vergisst. Wir haben die Möglichkeit, wirklich schwierige Passagen lange auf Vokalen zu üben. Wenn dann der Text hinzukommt, kann man sich wieder auf den Inhalt konzentrieren. Ich finde übrigens auch, dass man Schubert-Lieder so üben sollte. Es ist oft extrem virtuos, den Text richtig unterzubringen. Ein scheinbar einfaches Beispiel: Immer wieder hört man die *Forelle* mit der sinnlosen Betonung »*In einem Bächlein helle*«, nur weil das musikalische Metrum so gesetzt ist. Wenn ich den Text aber sinnvoll singen will, muss ich das *Bächlein* betonen und das *helle* durch den sprachlichen Ausdruck färben. Und so geht es das ganze Lied weiter, dauernd sind schwere Zählzeiten auf unwichtigen Silben. Ich habe mir verschiedene Aufnahmen angehört und festgestellt, dass die Sänger immer wieder die unwichtigen Wörter betonen, nur weil das musikalische Metrum so ist.

Also wie kleine Kinder Gedichte aufsagen…

Ja, genau. Ich habe gedacht, das muss aufhören! Ich mache es anders! Und das war für mich der Antrieb, die *Forelle* zu singen, obwohl sie ein scheinbar so abgedroschenes Repertoirestück ist.

Also der Text ist ein ganz wichtiges Mittel gegen den Wiederholungsfrust. Gibt es noch andere?

Ja, ein vielleicht extremes Beispiel: Letztens hatte ich einen Liederabend mit Helmut Deutsch. Ich hatte eine schreckliche Kehlkopfentzündung, sodass ich bei der Probe nur extrem leise und oktaviert gesungen oder den Text geflüstert habe. Dadurch, dass wir uns übergenau zuhören mussten, hat sich unsere Aufmerksamkeit vollkommen auf Dinge gerichtet, die man vielleicht sonst weniger beachtet. Das war unglaublich spannend und detailgenau, eine ganz andere Probenerfahrung, geradezu experimentell.

Wir haben jetzt über das Wiederholen als notwendiges Übel des Übens gesprochen. Wie arbeiten Sie, wenn Sie ein Werk wiederholen müssen, das Sie längere Zeit nicht gesungen haben? Gehen Sie genauso vor wie bei einer Neueinstudierung, oder gibt es Unterschiede?

Ich setze mich erst einmal wieder mit den Noten hin und lese. Und irgendwann kommt die Erinnerung an bestimmte Stellen hinzu. Bei Liedern habe ich oft plötzlich ganz neue Ideen. Das kann auch das Proben betreffen: Wenn man zum wiederholten Mal dieselbe Figuration im selben Tempo im Klavier herunterleiern hört, entsteht die Lust, zum Beispiel ein radikal anderes Tempo auszuprobieren, weil man es sonst nicht mehr aushält. Es kann sein, dass im Konzert das Tempo wieder wie vorher ist, aber es ist trotzdem etwas anderes!

Das ist sicher auch von den wechselnden Partnern abhängig, die jeweils andere Aspekte mit ins Spiel bringen ...

Es ist natürlich ein enormer Unterschied, ob man eine *Johannespassion* mit einem Ensemble für Alte Musik oder zum Beispiel mit Zubin Mehta macht. Das ist in jeder Hinsicht völlig anders, eine total andere Interpretation. Generell ist es so, dass man etwas niemals völlig gleich macht. Ich stelle oft bei einer Wiederaufnahme fest, was ich beim ersten Mal alles noch nicht gemerkt habe, und ärgere mich darüber.

Man könnte es doch auch positiv sehen: dass man sich verändert und sogar verbessert hat. Umgekehrt wäre es wirklich schlimm.

Das ist wohl wahr. Aber die ältere Version ist mir dann unangenehm.

Sie haben in der nächsten Zeit viele Termine mit ganz verschiedenem Repertoire: Kantaten, Liederabende, dann wieder Oper. Wie bereiten Sie sich auf diese völlig unterschiedlichen Stücke parallel vor?

Dafür gibt es natürlich eine längere Vorlaufstrecke. Wenn ich weiß, dass ich in zwei Monaten an der Met singen muss, sehe ich jetzt schon ab und zu mal wieder in meine Partie hinein und wiederhole, auch weil ich Spaß daran habe, nicht weil ich muss.

Wie läuft der Konzerttag ab? Dass Sie sich in aller Ruhe einsingen bzw. vorbereiten, sagten Sie schon. Wann genau geschieht das, wenn die Vorstellung abends ist? Und was machen Sie den Rest des Tages?

Wenn die Vorstellung um 19 Uhr ist, muss ich meist um 18 Uhr in der Maske sitzen. Dann bin ich wahrscheinlich um 16.30 Uhr im Theater, damit ich alles in Ruhe und ohne jede Hektik vorbereiten kann: noch in der Kantine einen Kaffee trinken, mich einsingen, warmmachen. Nach der Maske nehme ich mir noch einmal einzelne Stellen meiner Partie vor.

Singen Sie sich erst im Theater ein oder auch schon vorher, zum Beispiel vormittags, zu Hause?

Zu Hause geht gar nicht. Das wäre für mich unmöglich. Da bin ich jemand anderes. Wenn sich die Tür zu meiner Garderobe öffnet, dann bin ich die Sängerin und spüre die Spannung, die ich brauche, um mich konzentriert einzusingen. Zu Hause ist die Couch so nah, ist der Kühlschrank so nah... Nein, das geht nicht!

Müssen Sie den ganzen Tag schweigen, so wie etwa Christa Ludwig?

Es ist nicht so, dass ich mich drei Tage lang nur noch mit Klopfzeichen verständige. Aber ich rede wenig und bin keine gute Gesellschaft, schlafe viel, damit ich entspannt bin. Das ist auch für den Kopf enorm wichtig.

Wenn man zu lange schläft, kommt der Kreislauf nicht mehr in Schwung, oder?

Bis zu drei Stunden vor dem Auftritt kann ich schlafen. Dann allerdings muss ich aufstehen, noch einmal duschen – da habe ich mein Ritual. Auch das richtige Essen tagsüber ist wichtig. Nicht zu viel, nicht zu schwer, keine fettigen Soßen oder käselastigen Gerichte. Viel grüner Tee – den schwitzt man bei der Aufführung wieder aus... Ich muss immer sehr viel trinken, vor allem wenn ich leicht erkältet bin; einmal habe ich 8 Liter Wasser bei einer Vorstellung getrunken.

Wie gehen Sie mit der Aufregung vor der Vorstellung um? Oder ist die für Sie kein Problem?

Ich hatte damit vor einer Weile ein Problem; ich kam mit der Aufregung und dem Druck vorher einfach nicht mehr klar. Da hat mir eine Mentaltrainerin sehr geholfen. Mit ihr habe ich mich immer vormittags und unmittelbar vor dem Auftritt getroffen und zwischendurch viel geschlafen.

Wie hat sie Ihnen geholfen? Das Problem hat wohl jeder.

Sie verfügt über eine unglaubliche Menge an Techniken, aus der sie für den jeweiligen Fall auswählt. Da hat sie einen ausgeprägten Instinkt.

Ist das ein Gespräch?

Nein, sie ist keine Psychotherapeutin, sie arbeitet sonst mit Leistungssportlern. Sie fragt mich vor dem Auftritt, was ich jetzt brauche, um da rauszugehen. Dann antworte ich zum Beispiel: Ich brauche das Gefühl, dass ich in jedem Fall gemocht werde, dass ich dafür nicht vom Publikum abhängig bin. Ich versenke mich dann in Gedanken an Menschen und Tiere, die mich sehr stark lieben. Das ergibt ein ganz bewusstes Bild, das ich symbolisch hier am Handknöchel verankere. Dann genügt eine Berührung, und ich sehe das Bild wieder vor mir. Oder, anderes Beispiel: Ich brauche meinen Humor. Dann denke ich an eine Situation, in der ich so lustig war, dass ich eine ganze Gesellschaft zum Lachen gebracht habe. Die verankere ich dann am nächsten Knöchel. Und so geht es weiter: Ich brauche noch Mut und denke daran, wie ich die Zugspitze bestiegen habe usw. Wenn ich auf die Bühne gehe, genügt es, auf die Knöchel zu drücken, dann werden die Bilder aktiviert, dann ist alles da.

Und das funktioniert?

Das funktioniert! Klingt absurd, aber funktioniert. Voraussetzung ist das mentale Training vorher, in dem die Vorstellungen verankert werden. Immer wenn ich merke, dass ich ein Problem mit der Aufregung bekomme, mache ich das wieder.

Brauchen Sie jedes Mal die Mentaltrainerin dafür, oder geht das auch allein?

Das kann ich inzwischen allein. Wenn aber eine traumatische Situation passiert ist, dann brauche ich sie wieder. Dann muss sie das aus meinem System herausbringen. Sehr hilfreich ist auch das Klopfen von Meridianen, das ich vorher schon erwähnte. Zwischen den Augen, unter der Nase, über dem Kinn und über dem Brustbein. Man merkt schon nach einer Runde Klopfen, wie die Aufregung vergeht. Das ist eine richtige Befreiung. Man macht es so oft, bis es einem gut geht.

Wie arbeiten Sie in der ersten Probe mit einem neuen Pianisten? Man muss sich ja noch kennenlernen, hat unter Umständen sehr unterschiedliche Tempovorstellungen usw.

Meist indem man erst einmal frisch von der Leber weg durchsingt und hört, was geschieht. Vor allem darf man nicht gleich anfangen, sich zu kritisieren, man muss sich zunächst aufeinander einlassen, so unvoreingenommen wie möglich. Wenn man ein Lied zum zweiten oder dritten Mal gemacht hat, kommt man natürlich ins Gespräch. Man probiert Ideen aus, verwirft sie wieder oder findet sie gut – das ergibt die gemeinsame Arbeit. Wichtig ist, dass Vertrauen entsteht. Meine Klavierbegleiter Wolfram Rieger und Helmut Deutsch müssen mir sagen können, wenn ich einen Ton von unten anschiebe oder einfach etwas zu tief intoniere, und ich muss mich darauf verlassen können. Es geht immer darum, sich gegenseitig gut zuzuhören. Dann braucht man unter Umständen gar nicht viel zu reden.

Hat es auch manchmal richtig gekracht? Sodass es zu keiner Einigung kam?

Mit Liedbegleitern eigentlich nie. Mit Korrepetitoren kann es passieren, dass man sich eingesteht, nicht miteinander arbeiten zu können. Wenn einfach der Notentext heruntergeknallt wird oder man mir sagen will, wie Herr Böhm das damals gemacht hat. Dann muss ich leider den Raum verlassen ...

Und mit Dirigenten? Da kann man nicht einfach den Raum verlassen.

Es kann vorkommen, dass einer völlig unflexibel ist und nicht bereit, sich auf die Erfordernisse einer Singstimme einzustellen. Es ist, als ob man als Sänger gar nicht vorhanden wäre, einfach ausgelassen würde. Das ist geradezu gespenstisch!

Wer ist denn ein positives Beispiel, wer »singt« mit als Dirigent?

Daniel Barenboim ist zum Beispiel ein fantastischer Begleiter, der hat sehr gute Ohren; der spürt schon im Voraus, wie man auf dem hohen Ton landet, ob man ihn wird aushalten können oder nicht. Das ist ganz einmalig. Was mich am meisten fesselt, ist ein Dirigent, der so zwingend dirigiert, dass ich mich dem gar nicht entziehen kann, weil ich spüre, dass es so genau richtig ist, dass es so geht und nicht anders. Das ist ein Gefühl wie für einen Surfer, der auf einer Welle gleitet. So empfinde ich es bei Andris Nelsons[1]; der hat solch einen sicheren Zugriff. Es gibt die unterschiedlichsten Typen: sture Kapellmeister, dann völlig selbstische Typen, die ganz in ihrer kitschigen Vorstellung gefangen sind ... Dagegen kann man gar nichts machen, denen ist man einfach ausgeliefert, auch das Orchester. Dem Publikum erscheinen die oft besonders »erleuchtet«, aber die Musiker sind eigentlich völlig allein gelassen. Mir ist es am liebsten, wenn ein Dirigent eine Partitur einfach liest, sich seine eigene Vorstellung bildet und die gemeinsam mit Orchester und Sängern umsetzt. Ich habe keine Probleme damit, mich an einer Vorstellung eines Dirigenten zu reiben, die ganz anders ist als meine, das kann sehr spannend sein.

Wie geschieht es, dass – wenn alle Einzelheiten geprobt sind, alle Meinungsunterschiede behoben – alles zusammenwächst?

Für Liedprogramme hilft es, sie im Zusammenhang durchzuproben. Und zwar weil man nur dann ein Gespür für den Spannungsbogen des Gesamtprogramms entwickeln kann. Ich mache gern Programme, in denen jede Konzerthälfte aus einer Gruppe von Liedern eines Komponisten besteht. Dann wird diese Gruppe ohne Unterbrechungen hintereinander geprobt. Wir Frauenstimmen haben ja weniger zusammenhängende Zyklen als die Männerstimmen: keine *Winterreise*, keine *Schöne Müllerin* usw. Wir müssen Zusammenstellungen finden, die stimmig sind. Also muss man auch viel probieren, ob ein Programm so funktioniert oder man noch etwas umstellen muss: die Tonartenfolge, der Wechsel von schnellen und langsamen Liedern, eventuell eine Entwicklung innerhalb der Gruppe, wie sprechen die Lieder miteinander... Das ist wie ein Puzzlespiel. Durch die Abfolge kann sich sogar die Interpretation einzelner Lieder nochmals verändern, damit die Dramaturgie stimmt. Es ist auch wichtig, zwischen den Proben Zeit zu haben, über alles schlafen zu können. Es arbeitet ja weiter in einem. Zeit ist ein enorm wichtiger Faktor beim Üben.

> Wir haben über Liedbegleiter und Dirigenten gesprochen. Wie ist das Verhältnis zu Regisseuren? Da gibt es womöglich noch mehr Willkürherrschaft als bei Dirigenten, die immerhin einen Notentext umsetzen. Vor allem bei Regisseuren, wenn sie vom Schauspiel kommen und auf die Oper herabsehen.

Es gibt zum Glück auch Regisseure, denen ich völlig vertrauen kann. Hans Neuenfels[2] zum Beispiel. Der hat ein absolut sicheres Auge, der sieht genau, was funktioniert und was nicht. Von ihm kann ich mich in den Proben einfach führen lassen. Oft ist mir danach etwas ein- bzw. aufgefallen, und wir haben darüber geredet. Er gehört zu den wenigen Menschen, die wirklich sehen.

> Gibt es bei den Bühnenproben noch die Möglichkeit, stimmlich zu experimentieren, so wie Sie es von Liedproben beschrieben haben?

Die Bühnen- und Orchesterproben sind die, die ich am wenigsten liebe, weil sie eigentlich am unkünstlerischsten sind. Proben in der Oper ist für mich immer schön bis zum Tag der Klavierhauptprobe. Aber sobald das Orchester dazu kommt, wird ständig abgebrochen, das Orchester ist immer erst mal zu laut, sodass man nach einer halben Stunde schon heiser ist. Eigentlich müsste man am Anfang besonders leise singen, um das Orchester zu zwingen, leise zu spielen. Aber das ist nicht möglich, sonst ruft der Intendant den Agenten an und beschwert sich. Es ist eine schreckliche Atmosphäre. Also stehen alle herum und liefern möglichst laute Töne ab, keiner spielt mehr. Nur wirklich guten Dirigenten und wirklich guten Regisseuren gelingt es, an dieser Stelle noch kreativ zu arbeiten und die Sache voranzubringen.

> Ist denen eigentlich klar, wie furchtbar die Situation für die Sänger ist?

Glaube ich nicht. Das ist ja unser Job. Das ist eine Selbstverständlichkeit; auch dass Sänger ausgetauscht werden. Die schöne Zeit ist dann vorbei. Darunter leidet zuallererst die Kunst.

> Wird es nicht wieder schöner, wenn diese Phase überwunden ist? Bei der Generalprobe zum Beispiel?

Bei der Generalprobe kommt immer hinzu, dass auf einmal Publikum dabei sitzt. Das kann bei lustigen Stücken sehr befreiend sein. Nach all der Proberei kann man sich nicht mehr vorstellen, dass darüber jemand lachen könnte, und auf einmal tritt der Fall aber doch ein. Eine Generalprobe kann auch brutal sein. Ich habe mir abgewöhnt, die Qualität von Sängern, ja sogar einer Produktion anhand einer Generalprobe zu beurteilen. Eigentlich kann man erst am zweiten oder dritten Abend sehen, ob eine Vorstellung funktioniert oder nicht. Bei der Generalprobe und der Premiere sind alle fest und angespannt, haben Angst vor den Journalisten. Eigentlich darf man sich so etwas gar nicht ansehen. Man muss in die dritte oder vierte Vorstellung gehen.

Auch in Bayreuth?

Da ist es ein bisschen anders, weil zwischen den Proben immer sehr viel Zeit ist, um sich zu erholen. Aber der Normalfall sieht so aus: an einem Tag Klavierhauptprobe, am nächsten und übernächsten Tag je zwei Bühnen- und Orchesterproben, am Tag darauf Orchesterhauptprobe, am nächsten Tag Generalprobe, ein Tag Pause, Premiere. Man geht auf dem Zahnfleisch, und in dem Moment kommen die Kritiker.

So stellen sich das wahrscheinlich die wenigsten jungen Menschen vor, die ein Gesangsstudium beginnen und Opernsänger werden wollen. Wie sind Sie zum Gesang gekommen? Wie ging alles los?

Ich wuchs in einem musikalischen Elternhaus auf, bei uns wurde viel Musik gemacht, Streichquartett gespielt, gesungen. Meine Mutter war eigentlich Medizinerin, hat sich aber aus dem Chorgesang heraus zur Gesangssolistin entwickelt und Oratorien gesungen.

Hat sie Ihnen den ersten Unterricht gegeben?

Das wäre überhaupt nicht möglich gewesen, weil wir uns in meiner Kindheit und Jugend nicht so gut verstanden haben. Heute schon, aber damals nicht, ich war lange in der Protestphase. Bei uns zu Hause war es normal, dass jeder Instrumentalunterricht bekam; ich habe Klarinette gespielt und dadurch viel auch über das Orchesterspiel gelernt. Ich hatte einen sehr guten Lehrer, der mir das Phrasieren und ein kantables Legato beigebracht hat. Das lernt man bei Blasinstrumenten sehr gut. Mit fünfzehn, sechzehn Jahren habe ich sehr gern in Chören gesungen, in kleineren Vokalensembles, in denen wir jede Chorstimme zu dritt besetzt hatten und eine *h-Moll-Messe* oder eine *Matthäuspassion* sangen. Das waren bahnbrechende Erlebnisse für mich.

Hatten Sie zu der Zeit schon Gesangsunterricht?

Nein, höchstens etwas Stimmbildung im Ensemble. Alles lief über das Gehör. Das Singen war mir eigentlich gegeben. Ich hatte einfach immer eine Stimme. Mit dreizehn, vierzehn Jahren schon war das keine Mädchenstimme, sondern eine richtige Gesangsstimme. Durch diese Berliner Chorszene habe ich enorm viel gelernt, das waren sehr engagierte Kantoren, die genau hören konnten und uns Sänger auch dazu anhielten. Dort habe ich zum Beispiel gelernt, dass schwere Taktteile nicht unbedingt betont werden sollten, wenn der Textsinn einen anderen Schwerpunkt verlangt. Für diese Musik habe ich gebrannt, darin bin ich total aufgegangen.

Woher kam der Impuls, irgendwann doch Gesangsunterricht zu nehmen?

Von meiner Mutter. Ich habe mit fünfzehn so viel gesungen, dass jemand kontrollieren musste, ob alles gesund blieb und ich mir keine falschen Gewohnheiten zulegte. So kam ich zu einer Koloratursopranistin.

Mich interessiert immer, wie man zu jemand, der einen voran gebracht hat, gekommen ist. War es Zufall oder eine Empfehlung? Sie hätten ja auch bei jemand Schrecklichem landen können und so viel Zeit verlieren.

In Berlin gab es die Professorin Irmgard Hartmann-Dressler – das heißt, es gibt sie immer noch, sie ist um die neunzig und immer noch eine ausgezeichnete Lehrerin –, der ich mich vorgestellt habe und die mich einer ihrer ehemaligen Schülerinnen weiterempfahl. Man muss sich umhören und herauskriegen, wer gut ist.

Haben Sie dann auch andere Sachen als Alte Musik singen müssen?

Ich war stark in der Alte-Musik-Szene engagiert und hatte Vorbehalte gegen das romantische Repertoire. Und meine Lehrerin war sehr vorsichtig mit meiner Stimme, um nichts kaputt zu machen. Deshalb blieb das Repertoire erst einmal dasselbe. Zu der Zeit war Emma Kirkby angesagt und ich meinte, ich müsse zum Singen den Körper wegnehmen und meine Stimme heller machen, als sie eigentlich ist. Das war so eine Mode. Zu manchen passt diese Art zu singen auch sehr gut.

War es vielleicht gut, um die Kopfresonanz der Stimme zu schulen?

Ach Gott, besser wäre es gewesen, den ganzen Körper zu schulen und leise singen zu üben, aber nicht alles durch ein kleines enges Nadelöhr zu führen. Aber ich will das überhaupt nicht der Lehrerin vorwerfen, das war mein eigener Wunsch. Ich hatte das Gefühl, ein Riesenweib zu sein, und wollte nicht klingen wie so eine Walküre! Es war eine Lebenseinstellung, dass die Oper schlecht ist und dort alle Leute mit einem unnatürlichen Vibrato singen, abgedunkelt und »hinten«. So etwas wollte ich auf keinen Fall machen.

Irgendwann muss ja aber eine Art Wende geschehen sein. Was ist passiert?

Ich lernte einen jungen Dirigenten kennen, der sich genau für die Musik begeisterte, die mich bisher nicht interessiert hatte: Strauss, Wagner, Brahms usw. Der hat mich ganz geschickt aus dem Schneckenhaus der Alten Musik hinausgelockt, indem er mir einfach ein paar Strauss-Lieder zum Singen gegeben hat. Oder *Isoldes Liebestod*, den er auf der nächsten Schulchorfahrt von mir gesungen haben wollte. Und so habe ich gemerkt, dass es noch eine völlig andere Dimension von Singen gab, einen ganz anderen Klangstrom, dem ich mit Neugier, aber auch mit Angst begegnet bin.

Angst vor dem Neuen, Unbekannten?

Auch Angst, das zu verlieren, was ich so gut beherrschte, das ganze Repertoire der Alten Musik und die passende Stimme dafür. Angst, dass sich meine Stimme durch diese neue Art von Musik so verändern könnte, dass ich die alte nicht mehr würde singen können. Hinter mir ein vertrautes Feld, in dem ich mich ungezwungen bewegte, und vor mir das große Unbekannte, das ich überhaupt nicht überschauen konnte und zu dem es ein weiter Weg sein würde.

Ist so der Wunsch entstanden, Opernsängerin zu werden?

Es kam noch mehr hinzu: Ich hatte in der Staatsoper die Möglichkeit, die Generalprobe einer *Götterdämmerung* zu sehen, und war unendlich beeindruckt, was die Sänger da leisten, wie sie als ganzer Mensch klingen müssen, wie der gesamte Körper gefordert ist. Das hat bei mir eine Gänsehaut nach der anderen produziert. Und all diese Einflüsse zusammen führten zu dem Entschluss, diese ewige Barockmusik hinter mir zu lassen ...

... bzw. eine bestimmte Auffassung von Barockmusik, die doch zu ihrer Zeit etwas mit beispielloser Pracht und Größe zu tun hatte.

Jedenfalls war mir klar, dass ich aus Berlin raus musste in ein neues Umfeld, wenn ich mich vom Alten lösen wollte, um dieses Neue kennenzulernen.

Da waren Sie sehr entscheidungsstark. Normalerweise bleibt doch jeder lieber bei dem, was er kennt ...

Es war eigentlich ein großes Durcheinander. Ich war auch bei den Pfadfindern aktiv – ich wandere auch heute noch gern und viel, wenn es zeitlich geht – und da mit vielen Handwerkern zusammen. Ich wollte sogar kurzzeitig Dachdeckerin werden und die Schule abbrechen. Außerdem machte ich mir Gedanken, wie ich die Welt verbessern könnte. Ich war ein ziemlich problematischer Teenager und bin mit sechzehn Jahren von zu Hause ausgezogen. In meinem Kopf herrschte eigentlich zu viel

Chaos, um eine klare Entscheidung zu fällen. Es war meine Schwester, die damals schon Klavier studierte, die arrangierte, dass ich meinem späteren Professor Josef Loibl vorsang. Der hat sofort meine ganzen Zweifel weggewischt, auch meine Ängste, mal in einem Chor zu landen. Er musste mir versprechen, mir rechtzeitig zu sagen, wenn es mit meiner Entwicklung nicht weitergehen und die Karriere auf Chor hinauslaufen würde.

Und so gingen Sie nach München. Wie sind Sie mit dem Kontrast zwischen den beiden Städten klargekommen?

Der Kontrast ist riesig und war damals noch viel größer. Berlin war noch irgendwie beschaulicher, kuscheliger und vor allem viel billiger. In München war auf einmal alles so teuer. Ich habe dort an der Hochschule nicht dieselbe Musikbegeisterung angetroffen, wie ich sie von meiner Clique aus Berlin kannte, diesen Enthusiasmus, gemeinsam Projekte zu machen, sich in den U-Bahn-Schacht zu stellen und Madrigale zu singen oder so etwas. Die Münchner Hochschule war damals sehr berufs- und karriereorientiert; ich weiß nicht, ob das heute auch noch so ist. Wenn ich mich über eine Mucke gefreut habe, wurde ich von den anderen Studenten gleich gefragt, wie viel ich dabei verdiene! Das war ein Geist, den ich überhaupt nicht verstand. Ich habe die Jahre zum Üben und Lernen genutzt und in Berlin Konzerte gegeben, wo wir ein kleines Opernensemble gründeten, mit dem wir *Hänsel und Gretel, Così fan tutte* und *Figaros Hochzeit* aufführten.

Also keine völlige Abnabelung von Berlin?

Nein, gar nicht. In München habe ich mir eigentlich nur meinen Unterricht abgeholt und bin – obwohl man darauf erst ab dem fünften Semester Anspruch hatte – schon im ersten Semester auch zum Liedunterricht bei Jan Philipp Schulze gegangen. Mit ihm habe ich denselben Deal gemacht wie mit Wolfram Rieger, dass ich immer kommen konnte, wenn jemand absagte. Der hat mir gleich eine riesige Liste mit Liedern gemacht, die ich lernen sollte. Er stand auf dem Standpunkt, dass Repertoire-Einstudierung umso nachhaltiger sei, je früher sie geschehe. Loibl stand auf demselben Standpunkt und sagte immer: Alles, was Sie im Studium nicht lernen, kostet Sie später unnötig viel Zeit und Nerven.

Das ist absolut richtig! Das ist ein ganz wichtiger Satz.

Da habe ich regelrecht Repertoire gescheffelt. Das war super! Loibl hat mich auch sehr früh auf Wettbewerbe geschickt. Er hat mir später gestanden, dass er eigentlich nur wollte, dass ich das internationale Niveau kennenlernte und ein bisschen den Kopf gewaschen bekäme – aber leider habe ich ungünstigerweise die drei Wettbewerbe gewonnen. Der erste war der Schumann-Liedwettbewerb in Zwickau, dann Barcelona und Genf. So konnte er nicht mehr vermeiden, dass es mit der Karriere losging. Dann kamen sofort Agenturen auf mich zu, vor allem nach dem Wettbewerb in Genf, wo Fabio Luisi[3] das Schlusskonzert dirigierte und so beeindruckt war, dass er mich seiner Agentur weiterempfahl und mir Konzerte anbot.

Würden Sie generell jungen Sängern empfehlen, an Wettbewerben teilzunehmen? Sind Wettbewerbe sinnvoll?

Es ist sicher kein Muss. Wenn man die Situation nervlich nicht aushält, sollte man es lassen. Ich habe immer wieder gesehen, wie hervorragende Leute, die später Karriere gemacht haben oder machen, gleich in der ersten Runde ausgeschieden sind. Man muss wissen, dass eine Juryentscheidung nicht der Weisheit letzter Schluss ist. Man muss ein innerlich distanziertes Verhältnis dazu haben, dann kann man einfach mal sehen, wie weit man kommt. Mit der Einstellung ist ein Wettbewerb eine gute Übung. Als Sänger muss man sich ständig bei Vorsingen vorstellen, dafür ist ein Wettbewerb ein gutes Training.

Müssen Sie noch vorsingen?

Aber selbstverständlich. Das ist immer schrecklich.

Michel Piccoli hat gerade erzählt, dass er für seinen neuen Film *Habemus papam* tatsächlich Nanni Moretti vorsprechen musste. Er bekam das Papstgewand angezogen und sollte ein paar Passagen aus dem Text sprechen. Er war sehr aufgeregt, ob Nanni ihn nehmen würde. Mit seinen 85 Jahren!

Das ist ja kurios! Eine gute Geschichte. Die würde ich meinen Studenten erzählen, wenn ich welche hätte.

Sie haben eigentlich »nur« in München studiert, oder?

Ich war auch zwischendurch in Graz für eine kurze Zeit.

Jedenfalls zeigt Ihre Karriere, dass es auch ganz ohne die viel gepriesene Internationalität des Studiums gehen kann, von der heute ständig die Rede ist. Die Hochschulen sind gezwungen, auf das Bachelor-Master-System umzustellen, damit die Studierenden angeblich leichter von einer Hochschule zur anderen und möglichst auch von einem Land zum anderen wechseln können, was ja im Prinzip eine gute Idee ist.

Das ist beim Singen nicht unbedingt ratsam. Man braucht eine kontinuierliche Führung und Entwicklung. Ich hatte lange in München das Gefühl, noch sehr viel lernen zu müssen. Ein Wechsel wäre völlig sinnlos gewesen. Im übrigen klappt der Hochschulwechsel ja nicht einmal zwischen Innsbruck und Wien!

In Ihrer Karriere scheint es ganz geradlinig immer nur aufwärtszugehen. Hatten Sie auch mit Rückschlägen zu kämpfen?

Ständig. Es ist immer ein Kampf, auch ein Zweifeln, vielleicht doch nicht gut genug zu sein. Die Hochs, die man nach gelungenen Aufführungen hat, dauern nicht lange an. Es ist kein besonders Glück bringender Beruf. Die Grenze für Qualität ist nach oben hin offen. Deshalb kann es nie endgültige Befriedigung geben. Und die Presse kann einen manchmal sehr heruntermachen. Das sind Tiefschläge, die schwer zu verarbeiten sind. Schlimmer als ein Vorsingen, das zu nichts führt. Denn man muss ja weitermachen in der Rolle, für die man verrissen wurde.

Gibt es auch Kritiker, die einem helfen, sich zu verbessern?

Das wäre schön. Aber leider sind die dafür nicht intelligent genug. Es gibt schon ein paar gute Kritiker, aber die schreiben, was man sowieso schon weiß, wenn man selbstkritisch genug ist. Kritiker sind gezwungen, so zu schreiben, dass die Leute ihre Artikel lesen wollen. Und nichts lesen sie lieber als einen bösen Verriss, der in einem möglichst verletzenden Jargon geschrieben ist. Ich muss manchmal weinen, wenn ich lese, was über Kollegen geschrieben wird, zum Beispiel dass Frau XY fette Waden hat und dergleichen. Woher nehmen die das Recht, so etwas zu schreiben? Ich kann solche Kritiken ganz schlecht wegstecken.

Manche Kritiker sind schon kriminell. Ihnen fehlt die geringste Demut. Das muss man wohl aushalten können, wenn man öffentlich auftritt. Welche Eigenschaften finden Sie noch wichtig für eine Karriere?

Das Wichtigste ist, dass man tatsächlich etwas zu sagen und ein wirklich interessantes Instrument Stimme mit einer besonderen Klangfarbe und künstlerischen Persönlichkeit hat. Das Nervenkostüm muss extrem robust, stabil und widerstandsfähig sein. Man muss in der Lage sein, sich von irgendwelchen unqualifizierten Meinungen unabhängig zu machen, gleichzeitig aber kritikfähig sein gegenüber Personen, denen man vertrauen kann. Ja, und man muss auch etwas ganz anderes machen, einen Ausgleich suchen. Für mich war es immer das Wandern, aber leider komme ich zu selten dazu.

Etwas Ungewöhnliches ist auch der »Daschsalon«, Ihre Fernsehsendung, in der Sie Talente präsentieren. Wie hat sich das Projekt entwickelt?

Das wäre in England gar nichts so Ungewöhnliches, da sind solche Sendungen ganz geläufig. Anfangs hatte ich nur die Idee, meinem Berliner Publikum etwas zu schenken, indem ich ihm Sänger präsentierte, und zwar als reine Saal-Veranstaltung, also ohne Fernsehen. An eine systematische Fortsetzung hatte ich nicht gedacht. Aber die erste Veranstaltung war sofort Kult, sodass das Fernsehen auf mich zukam. Ich mochte erst nicht recht, weil ich keine Konzessionen an den Fernsehbetrieb machen wollte. Die haben dann einfach aufgenommen, ohne dass wir uns um die Kameras gekümmert hätten. Nach der ersten Übertragung auf 3sat habe ich aber doch manche Regel lernen müssen, zum Beispiel in die Kamera zu sehen, sonst fühlen sich Fernsehzuschauer nicht angesprochen und langweilen sich.

Gibt es etwas, womit Sie Ihre Stimme entspannen können, nachdem Sie eine anstrengende Partie gesungen haben?

Ich mache nach wie vor sehr gern Alte Musik. Auch Mozart ist mir ein seelisches Bedürfnis. Seine Musik ist immer gut für die Stimme. Und Liederabende; die sind das Gesündeste.

Der Grenzgänger:
Kai Wessel, Countertenor

Kai Wessel (geb. 1964 in Hamburg) begann, nachdem er zahlreiche Preise und Stipendien erhalten hatte (u. a. DAAD), seine Karriere als ein führender Vertreter seines Fachs, eingeladen von Orchestern und Dirigenten in aller Welt (u. a. Philippe Herreweghe, Nikolaus Harnoncourt, Gustav Leonhard, Jordi Savall, Ton Koopman, Sylvain Cambreling, Heinz Holliger und Peter Rundel). Operngastspiele führten ihn u. a. nach Barcelona, Nizza, Hannover, an die Deutsche Oper Berlin und an das Theater Basel, dem er von 1994 bis 2004 als Gast verpflichtet war. Ebenso trat er in Bühnenproduktionen bei nahezu allen wichtigen Festspielen für barocke und zeitgenössische Musik auf. Für seine Stimme wurden Werke von namhaften Komponisten geschrieben wie Mauricio Kagel, Heinz Holliger, Klaus Huber und Matthias Pintscher.

Kai Wessel studierte Musiktheorie, Komposition und Gesang an der Musikhochschule Lübeck. Parallel dazu kam ein Studium barocker Aufführungspraxis an der Schola Cantorum Basiliensis bei René Jacobs, dessen Assistent er bei Bearbeitungen mehrerer Opern war.

Kai Wessel ist heute Professor für Gesang und Historische Aufführungspraxis für Sänger an der Hochschule für Musik und Tanz Köln.

Wie strukturierst Du Dein tägliches Üben? Ist das ein bestimmter, immer gleicher, quasi ritueller Ablauf? Oder ist das Vorgehen im Gegenteil abhängig vom Repertoire und der Tagesform?

Dazu muss ich vorweg sagen, dass ich gar nicht täglich üben kann, weil ich zu viele andere Sachen mache. Ich unterrichte sehr viel und singe dabei natürlich auch vor. Ich habe ein Menge Soprane in meinen Klassen in Wien und Köln und nutze beim Unterrichten die Randschwingung der Stimmbänder, die gerade Soprane brauchen, gerne für mich mit. Insofern ist das auch eine Art Üben. An Tagen, an denen ich tatsächlich selber üben kann, beginne ich mit Entspannungs- und Einsingübungen, um die Stimme erst einmal schleimfrei zu bekommen, bis ich die richtige Balance und die Kraft habe, die zum Singen notwendig sind. Wenn ich zu müde bin, muss ich mehr Übungen machen.

Was sind das für Übungen? Geläufigkeitsübungen?

Die Geläufigkeit war von Anfang an kein Problem für mich. Deshalb sind es eher Übungen, um die Resonanzräume zu aktivieren. Wenn ich müde bin, rutscht die Stimme nach hinten, sodass ich die Kopfresonanz wieder erobern muss. Wenn ich wirklich einen Tag zum Üben zur Verfügung habe, teile ich ihn mir so ein, dass ich morgens die Stimme mit Übungen auf Vordermann bringe – das dauert eine Viertel- bis halbe Stunde – und nachmittags oder abends an den Stücken arbeite. Wichtig für den Sänger ist es, immer den Körper zu beobachten bzw. zu fragen. Wenn ich weiß, dass ich in der folgenden Woche eine anstrengende Probenphase habe, fange ich rechtzeitig an, meinen Biorhythmus in Ordnung zu bringen: gut zu schlafen, mich gut zu ernähren, für körperliche Fitness zu sorgen.

Deine Sprechstimme ist ja eindeutig Bass. Übst Du auch in dem Register oder machst Du nur Übungen im Altus-Bereich?

Als ich damals bei René Jacobs[1] zu studieren angefangen habe, war es sogar Bedingung, dass ich ein halbes Jahr nur meine Bass-Stimme weiterentwickelte und das Altus-Fach liegen ließ. Das hat mir auch insofern gut getan, dass ich heute immer mal wieder kleinere Bass-Partien singe. Im nächsten Jahr werde ich gegen Ende einer Oper Bass singen, nachdem ich vorher Altus war.

Anders herum ist es wahrscheinlich unangenehmer, oder?

In einer Oper von Mauricio Kagel war es umgekehrt: erst Bass, dann Altus, was ein bisschen gefährlich ist. Das habe ich aber erst während der ersten Durchläufe gemerkt.

Dann ist es also gar nicht sinnvoll, zum Einsingen mit dem Bassregister anzufangen?

Doch. Ich brauche dafür eine andere Körperspannung, und das Changieren zwischen beiden Registern ist immer eine gute Ergänzung und macht Spaß. Es darf nur nicht überhandnehmen, sonst kann es sein, dass die Altstimme Mühe macht.

Wie strukturierst Du nach den Einsingübungen die Arbeit am Repertoire? Beginnst Du mit Sachen, die der Stimme gut tun, beispielsweise Mozart oder Bach, oder gehst Du sofort an die Stücke, die aktuell anliegen?

Ich habe leider gar keine Zeit, Sachen zu singen, die nicht aktuell anliegen. Ich muss mich immer sofort mit dem Aktuellen beschäftigen.

Wenn das Aktuelle ein neues Werk ist, wie studierst Du es ein? Gibt es einen bestimmten Weg, den Du gerne gehst, oder ist der eher stückabhängig?

Der hängt ab von der Stilistik, von der Epoche. Wenn es beispielsweise ein Barockstück ist – nehmen wir Händel –, dann habe ich es mit einem übersichtlichen Aufbau zu tun. Ich lese erst einmal das Libretto, um zu wissen, worum es überhaupt in der Oper geht, in welchem Zusammenhang meine Arie steht und was mein Charakter und meine Aufgabe darin sind. Ist es aber ein zeitgenössisches Stück, gehe ich mit dem Text auch schlafen und fange wesentlich früher an. Der Text ist das Allererste und Wichtigste beim Lernen. Oft nehmen Komponisten an äußerlich betrachtet unlogischen Textstellen Wiederholungen vor, die gefährlich werden und dazu führen können, dass man sozusagen an der Weiche falsch abbiegt. Ich habe zwar ein fotografisches Gedächtnis ...

Wie praktisch!

Nicht unbedingt. Ich muss in Gedanken immer umblättern, was bei Ensembleproben sehr umständlich sein kann, weil ich nicht einfach von einer beliebigen Stelle singen kann, sondern wissen muss, auf welcher Seite etwas wo steht und was die anderen Instrumente machen. In der Barockmusik sind die Rezitative am schwierigsten zu lernen, weil ich dazu eigentlich meinen Dialogpartner brauche.

Lernst Du grundsätzlich erst den Text? Oder doch auch gleich die Musik?

Ich versuche, erst nur den Text zu lernen, auch den der Partner. Die Musik lerne ich ohne Korrepetitor, weil ich dazu einfach die Zeit nicht habe. Ich begleite mich dann selbst. Bei sehr umfangreichen Partien nehme ich sogar alles auf: Ich singe die anderen Stimmen – egal in welcher Stimmlage – hinein und lasse meine Partie weg. Wenn ich dann meine Stimme übe, weiß ich, worauf ich jeweils reagieren muss.

Also eine selbst gemachte »Music minus one«, nur viel kreativer.

Genau. Ich laufe dann auch mit Ohrstöpseln durch die Gegend, sodass sich alles gut einprägt. Auf keinen Fall übe ich aber mit CDs.

Fotografisches Gedächtnis heißt ja zunächst nur, dass man sich das Notenbild optisch sehr schnell einprägen kann. Wie erarbeitest Du Dir dazu die Klangvorstellung?

Ich bin von Haus aus Komponist, da liest man Partituren immer mit Klangvorstellung. Ich lerne ja nicht das abstrakte Notenbild, das noch lange nicht die Musik ist. Ein Beispiel für ein Stück, bei dem es mir wirklich sehr schwer gefallen ist, die Klangvorstellung zu üben, ist ein Werk von Klaus Huber, der einige Sachen für mich geschrieben hat. Es heißt *Die Seele muss vom Reittier steigen*[2] und war eine Komposition für Donaueschingen 2002. Es dauert über eine halbe Stunde, wobei ich überwiegend auf Arabisch in Drittel- und Vierteltönen singe. Das war unglaublich schwer. Ich habe über ein halbes Jahr dafür üben müssen.

Ich kann mir noch vorstellen, wie man Vierteltöne übt, indem man von unserem chromatischen System ausgeht. Aber wie übt man Dritteltöne?

Indem man arabische Musik hört. Da kommen Intervalle vor, die unser westliches Ohr einfach nicht kennt. Auch für das Orchester war es schwierig, aber Huber hat sehr gut mit den Musikern gearbeitet, sehr geduldig gesagt, welche Töne noch etwas höher oder tiefer sein mussten, um die richtigen Schwebungen zu bekommen. Es war fantastisch, was für Klänge dabei am Ende entstanden sind! Das Stück wurde noch öfter gespielt, aber ich konnte es nur gut singen, wenn ich mir zwei Wochen vorher alles frei gehalten und ausschließlich arabische Musik gehört hatte. Das ging natürlich nicht immer, weil ich ja auch unterrichten muss.

Reichen nicht irgendwann ein paar Tage, um wieder einzusteigen, wenn man das Stück mehrmals gemacht hat?

Nein, weil das Ohr sonst alles in Richtung Chromatik korrigiert. Das sind unwillkürliche Korrekturen, die ich ebenso unwillkürlich über die Stimmmuskulatur auszugleichen versuche, wodurch die Stimme fest wird. Das geht nicht gut. Man muss deshalb vorher alle »westlichen« Einflüsse ausschalten. Zum Glück hat Huber im Orchester immer wieder Parallelverläufe, die dem Sänger helfen, sich zu orientieren. Im Gegensatz zu Isabel Mundry[3], die ihn doch recht allein lässt. Sie schreibt auch viele Viertelton-abschnitte, aber ohne Hilfen aus dem Orchester zu bieten. Solche Partien muss ich allein über die Kehlspannung lernen, bis sich die Stimme automatisch einstellt, was unheimlich zeitintensiv ist.

Da nützt natürlich auch ein fotografisches Gedächtnis nicht so viel.

Eben. Ich habe festgestellt, dass es zwei Typen von fotografischem Gedächtnis gibt: Der eine Typus liest einfach und kann den Notentext sehr schnell auswendig wiedergeben, vergisst ihn allerdings auch relativ bald wieder. Ich gehöre zum zweiten Typus: Ich lese zwar ad hoc vom Blatt ohne Probleme, brauche aber sehr lange, bis ich alles auswendig weiß, ich benötige auch wirklich die Proben am Opernhaus und mit dem Orchester. Ich sehe den Text zwar vor mir, aber zunächst mit vielen Lücken. Manchmal sehe ich die Noten, aber nicht den Text. Es müssen ja mehrere Komponenten ineinandergreifen. Der Mund macht auch oft nicht das, was das innere Auge sieht.

Also dauert die Umsetzung des fotografischen Bildes länger.

Ja, genau. Aber ich behalte alles länger und zuverlässiger als der erste Typus. Einmal musste ich für Salzburg eine Rolle kurzfristig wiederholen, die ich zuletzt vor zehn Jahren studiert hatte. Ich sah nach kurzer Zeit wieder alles vor meinem inneren Auge, und zwar ganz sicher. Weil ich aber seit einem Jahr keine Ferien mehr gehabt hatte, war ich so müde, dass die ersten zwei Tage bei den Proben ziemlich peinlich gewesen sind. Ich sah die Musik, aber ich konnte sie nicht sicher hören. Der Kontakt war gestört. Erst nach einer Woche war ich wieder richtig drin, dann ging es ziemlich gut.

Wann fängst Du an, auswendig zu lernen? Gleich mit dem fotografischen Lernen?

Im Grunde schon, aber zunächst nicht systematisch. Das ist noch einmal ein bewusster Prozess vor den Proben, auch weil ich am besten in letzter Minute unter Druck lernen kann. Nur was die Rezitative in barocken Stücken anbelangt, weiß ich, dass ich früher anfangen muss, sonst kann ich unter Umständen zwar den Text sicher, nicht aber die Musik.

Hast Du eine bestimmte Methodik, um komplizierte Rezitative zu lernen? Etwa erst den Text, dann den Text im Rhythmus und zum Schluss mit Melodie...

So könnte man es machen. Ich stehe dazu in meinem Wohnzimmer, habe die Noten aufgeschlagen und stelle mir die Szene konkret vor. Wenn es ein Dialog ist, lerne ich, auf die Partie der Kollegin bzw. des Kollegen zu reagieren, bis ich den Ablauf flüssig beherrsche. Je besser ich mir das bildlich und szenisch vorstelle, desto leichter lerne ich es. Arien übe ich anders, nämlich indem ich mich selber am Cembalo begleite. Früher habe ich mir dabei jede Verzierung genau überlegt, was ich mir inzwischen abgewöhnt habe, weil die Dirigenten oder vor allem die Regisseure oft eine vollkommen andere Vorstellung von der Arie haben.

Haben Regisseure denn Ahnung von Verzierungen? Die können ja zum Teil nicht einmal Noten lesen.

Sie sehen die Arie in einem vollkommen anderen Zusammenhang, sie denken sich einen ganz anderen Affekt, sodass meine vorher eingeübten Verzierungen plötzlich überhaupt nicht passen und ich mir andere überlegen muss. Auch so ist es immer noch stressig genug, weil ich sie während der Probenphase in den bereits gelernten Part einfüge und mir merken muss. Sie dürfen auch am Ende nicht gelernt klingen, sondern spontan, als würde ich sie mir im Moment ausdenken.

Da wäre die Arbeit mit einem Korrepetitor aber doch hilfreich.

Ja, am Opernhaus arbeite ich schon mit einem Korrepetitor, nur nicht beim Einstudieren, wie es viele Kollegen machen. Ich bin dann froh, dass ich mich endlich ganz auf die Gesangsstimme konzentrieren kann. Sonst achte ich oft mehr auf die komplizierte Klavierbegleitung.

Gibt es auch unmusikalische Korrepetitoren, die nicht mitatmen und denen Du erst einmal den Klavierpart vormachen musst?

Am Theater eigentlich nicht, weil wir unsere Absprachen haben. Bei Vorsingen ist es mir dagegen schon passiert, dass bei der Probe alles in Ordnung war, aber der Korrepetitor auf der Bühne plötzlich alles ganz anders gemacht hat als abgesprochen. So wurde mein Vorsingen für Glyndebourne zur Katastrophe. Der Korrepetitor hat mich regelrecht reingeritten. Und statt abzubrechen, habe ich gedacht: Da musst du jetzt durch.

Kann man das beim Vorsingen machen, einfach abbrechen und sagen: Also Entschuldigung, aber unsere Absprache war anders?

Das muss man einfach. Ich bringe ich es auch meinen Studenten so bei. Natürlich werden manche Korrepetitoren dann zickig, aber das muss man in Kauf nehmen. Allerdings bin ich in den allermeisten Fällen an sehr nette geraten, die offen waren für meine Wünsche und Vorstellungen.

Wenn ein Stück einmal einstudiert und auswendig gelernt ist, wie sicherst Du es, damit Du Dich bei der Aufführung ganz auf den Vortrag konzentrieren kannst? Wie vermeidest Du, dass mit jeder Wiederholung das Ergebnis immer mechanischer und weniger durchlebt klingt? Oder ist das für Sänger per se kein Problem, weil man allein physisch gar nicht so oft wiederholen kann wie ein Pianist oder Geiger?

Doch, doch, das kann schon passieren. Das Ergebnis klingt am Ende alles andere als frisch.

Dann hat man etwas regelrecht zer-übt. Wie kann man das vermeiden? Bzw. wie kann man trotz Wiederholungen »frisch« bleiben?

Ich komme natürlich mit ziemlich vielen, sehr verschiedenen Dirigenten, Kollegen und Orchestern in Berührung. Das ist jedes Mal ein ganz anderes Erleben, ein ganz anderer Klang. Jeder Dirigent hat unterschiedliche Vorstellungen, insofern muss ich mich ad hoc umstellen können. Das mache ich jetzt eigentlich immer sehr gern, während ich es früher mit etwas größerer Arroganz nicht immer zugelassen habe.

Physikalisch ausgedrückt: Durch unterschiedliche Reibungswiderstände entstehen immer wieder neue Spannungsfelder. Gerade wenn man unterschiedlicher Meinung ist, kann das Ergebnis ja sehr spannend sein.

Na ja, es gab schon auch sehr skurrile Situationen, in denen ich meine gut funktionierende Technik dazu benutzt habe, die abseitigen Vorstellungen eines Dirigenten dem Publikum überdeutlich zu zeigen. Ein Kritiker hat das einmal sehr nett formuliert, indem er geschrieben hat, dass ich die verrückten Ideen des Dirigenten sehr klug und souverän, aber doch auch mit genügend Ironie herübergebracht hätte. Seitdem arbeite ich mit dem Dirigenten natürlich nicht mehr. Der hatte überhaupt keine Ahnung vom Singen und vom musikalischen Atem und hat verlangt, dass ich die Fortsetzung einer Arie nach einer Adagio-Kadenz weiter im Adagiotempo singe. Völliger Blödsinn!

War das bei Alter Musik? So ein Besserwisser mit »Telefon in die Vergangenheit«, wie das Harnoncourt einmal genannt hat?

Ja. Das ist einer, der sich profilieren muss, indem er alles »anders« macht. Aber im Normalfall sind diese »Reibungswiderstände« sehr gewinnbringend, weil sie einen zwingen, vieles immer wieder neu zu betrachten. Mit Harnoncourt war die Arbeit in dieser Hinsicht fantastisch und unglaublich toll, da kamen wirklich gute Impulse – und zwar auf der Basis der Partitur und des musikalischen Zusammenhangs –, durch die ich vieles neu gehört und anders gestaltet habe als bis dahin. Aber niemals so, dass ich die Linie und den Atem verloren hätte. Er hat einem das Ohr für die innere Struktur geöffnet und einen dann auch musikalisch getragen und nie allein gelassen.

Wie wiederholst Du ein Stück, das Du vor längerer Zeit einstudiert und fast völlig vergessen hast? Ist das dieselbe Arbeitsweise wie beim ersten Einstudieren?

Nein, denn es ist – egal wie lange die erste Einstudierung zurückliegt – in jedem Falle eine Wiederholung. Dieses Wiederholen ist zunächst ein ganz mechanischer Prozess: Ich sehe, was die Stimme noch kann, ob und wie sie sich in der Zwischenzeit verändert hat. Da gibt es Stellen, an die ich mit der veränderten Stimme anders herangehen muss als beim ersten Mal.

Irgendwann spielt dann die musikalische Vorstellung des Dirigenten eine Rolle. Erst in dem Moment beginnt für mich der endgültige Prozess der Neuerarbeitung. Die ersten Probentage bedeuten daher für mich einen großen mentalen Stress, weil ich in vielem völlig umdenken muss, gerade wenn der Dirigent sehr fordernd ist.

Also steht am Anfang der Wiederholungsaspekt im Vordergrund, später durch den Einfluss des Dirigenten aber das Neuhören, Neugestalten usw.?

Nicht nur durch seinen Einfluss. Ich entdecke auch selbst Stellen, die mir beim ersten Mal nicht so inhaltsschwanger erschienen sind und die sich mir mit einer ganz neuen Bedeutung erschließen. Das kann auch erst bei der siebten Vorstellung passieren. Plötzlich macht es »plopp«, und ich habe ein neues Verständnis vom Zusammenhang, in dem eine Stelle auf einmal Sinn ergibt. Solch späte Erleuchtungen sind meist dadurch bedingt, dass eine technische Schwierigkeit im Vordergrund gestanden hat, eine Hürde, die ich irgendwann überwunden habe und dann frei werde für so eine übergeordnete Erkenntnis.

Wie ist es mit Repertoirestücken, also Sachen, die Du oft singst, bei denen »das erste Mal« oder besser das vorige Mal nicht so lange zurückliegt?

Ich habe ja kaum solche Repertoirestücke. Als Countertenor macht man in erster Linie immer wieder Neues am Theater.

Aber Du singst ja auch viel Oratorium. Da hast Du doch Repertoirestücke.

Ja, natürlich, als Norddeutscher habe ich eine starke Affinität zu Bach und Schütz.

Musst Du solche oft gesungenen Sachen noch üben oder reichen die Proben?

Ich fange normalerweise drei Wochen vorher wieder an. Inzwischen greife ich zu einem Trick, indem ich einfach einer Studentin bzw. einem Studenten eine Arie aufgebe, von der ich weiß, dass sie bestimmte Schwierigkeiten enthält und ich sie bald singen muss. Dann kann ich auf diese Weise gleich mitüben.

Wie laufen bei Dir die letzten Tage vor einer Premiere ab? Da nimmt ja der Stress enorm zu …

In den 25 Jahren, die ich das jetzt mache, habe ich mich von manchen Dingen verabschiedet, die mich unheimlich viel Kraft gekostet haben: Premierengeschenke in letzter Minute besorgen, die Karten für Eltern und Freunde. Da kann man sich in einem Moment völlig verzetteln, in dem man eigentlich die volle Konzentration bräuchte. Das mache ich nicht mehr. Ich habe früher oft noch am Wochenende vor der Premiere meinen Studenten Unterricht angeboten und bin nach Wien oder Köln hin- und zurückgefahren. Das geht enorm auf die Kondition. Wenn ich merke, dass mein Körper das nicht schaffen wird, mache ich auch das nicht mehr. Man hat nur begrenzte Kapazitäten, mit denen man umgehen lernen muss. Das Wichtigste ist, dass die Konzentration auf das Wesentliche fokussiert wird.

Und am Aufführungstag selber? Übst Du noch viel?

Nein, nur so viel, wie für das sichere Funktionieren der Stimme notwendig ist. Ich singe mich natürlich morgens ein. Je nachdem, wie die Stimme läuft, mehr oder weniger. Aber dann sehe ich zu, dass ich mir viel Gutes tue, um mich so wohl wie möglich zu fühlen.

Morgen ist Aufführung. Wie sieht der morgige Tag aus?

Ach, ich muss vormittags Weihnachtsgeschenke besorgen, bei der Post anstehen...

Fürchterlich...

Ja, schrecklich stressig. Aber ich werde auch Karten schreiben, das ist ganz genüsslich, da kommt man wieder zur Ruhe.

Das ist wegen Weihnachten eine Sondersituation. Kann man generell sagen, dass Du am Aufführungstag gern etwas anderes machst als üben?

Ja, unbedingt. Das Wichtigste ist für mich, dass ich nachmittags Kaffee trinken gehe, nachdem ich mich etwas hingelegt habe. Ich setze mich in ein schönes Café und esse ein gutes Stück Kuchen. Das ist wichtig für meinen Biorhythmus, noch mal so ein Stoß Kohlehydrate... Die richtige Mahlzeit nehme ich erst nach der Aufführung ein, auch wenn das ernährungstechnisch nicht so gut sein soll. Zwei Stunden vor der Aufführung gehe ich den Text noch einmal durch, manchmal, wenn es eine lange Partie ist, auch schon vor dem Kaffee. Ich singe mich rechtzeitig ein, bevor ich in die Maske muss. Es kann furchtbar nervend sein, wenn man da lange zu sitzen hat.

Reden wir über das Proben. Wir haben das Thema ja schon einige Male gestreift. Du kannst Deine Rolle vollständig, wenn Du zur ersten Probe erscheinst, meist auch schon auswendig.

Ja. Ich stelle bei den ersten Proben fest, was ich noch besser üben muss, wo ich Probleme habe. Daran arbeite ich dann ganz gezielt mit dem Korrepetitor.

Auch langsam, um die genaue Koordination zu üben?

Nein, das hilft mir gar nicht, weil das langsamere Tempo für die Stimme sehr belastend sein kann.

Nicht einmal schwierige Koloraturen? Singst Du die immer gleich im Tempo?

Eigentlich schon. Außer wenn es wirklich ganz kompliziert Koloraturen sind. Ich habe gerade in Hannover von Steffani *Orlando generoso* gesungen[4]. Das war dermaßen kompliziert, die Koloraturen waren nie voraussehbar, keine Wiederholungen, keine Sequenzen; das musste ich tatsächlich eine Weile langsam üben.

Wenn ein Sänger oder Kammermusikpartner eine etwas langsamere oder schnellere Vorstellung von einem Stück hat als ich, kann ich mich als Pianist darauf einstellen, ohne meine Technik zu gefährden. Meist habe ich beim Üben schon alle möglichen Varianten durchgespielt. Aber Sänger sind ja in ihrer Gestaltung viel abhängiger vom Tempo.

Für den Sänger kann schon ein minimal zu langsames Tempo tödlich sein. Es gibt Arien, in denen die Koloraturen perfekt laufen, wenn das Tempo stimmt. Wenn es ein bisschen zu langsam ist, verliere ich furchtbar viel Kraft und Luft und muss zwischenatmen. Ist es aber etwas zu schnell, dann wischen sie, dann kann ich sie nicht mehr »fassen«

Ein guter Dirigent sollte eigentlich auf den Sänger eingehen. Es hat doch keinen Sinn, die gemeinsame Arbeit zu gefährden, nur weil der Herr oder die Dame am Pult glaubt, alles bestimmen zu können.

Ja. Aber die wenigsten Dirigenten können ein Tempo halten, das man einmal vereinbart hat. Das ist meist jeden Abend anders. Dagegen muss man als Sänger leider gewappnet sein.

Also in verschiedenen Tempi üben?

Im Grunde schon.

Kannst Du etwas zum Aufbau, zur Strukturierung einer gelungenen Probe sagen?

Ich sage erst einmal etwas zu schlechten Strukturierungen, die leider ziemlich häufig sind. Vor einer Weile habe ich eine Kantaten-CD eingespielt: Am Ende der Aufnahmephase, nachdem wir zwei Tage lang im Ensemble Motetten gemacht hatten, wurden die Soloarien und -rezitative aufgenommen. Klar, dass ich nicht mehr ganz frisch war. Oder: Das Katastrophalste ist, wenn die Generalprobe am selben Tag wie die Aufführung stattfindet. Da habe ich schon Unglaubliches erlebt, die pure Rücksichtslosigkeit. In Donaueschingen habe ich für das Huber-Stück vorher vereinbart, dass ich bei der Generalprobe, die am selben Tag stattfand, nur mit halber Stimme singe. Dort habe ich dann erfahren, dass davon eine Aufnahme gemacht und Konzert und Probe vermengt werden sollten.

So eine Frechheit! Wie wäre denn ein Probenablauf gut strukturiert? Mal abgesehen davon, dass die Generalprobe nicht am selben Tag sein sollte.

Wenn zum Beispiel die Einteilung nicht so ist, dass erst der Sopran seine sämtlichen Arien singt, dann die anderen Solisten, sondern alles so über den Tag verteilt ist, dass sich die Stimme immer wieder erholen kann. Auch für die Konzentration ist das besser.

Eine Aufführung ist ja nicht nur Endergebnis der Übe- und Probenarbeit, sondern auch immer Ausgangspunkt für weitere Verbesserungen, für künstlerisches Wachstum. Im Ernstfall Konzert erhalten wir einen Motivationsschub, weiter an uns zu arbeiten. Karriere ist unter diesem Blickwinkel kein Selbstzweck, sondern Instrument um des eigenen Besserwerdens willen. Deine Biografie ist sicher ein Sonderfall, weil Du mit Komposition begonnen hast und auf diesem »Umweg« zum Gesang gekommen bist. Aber dennoch sehe ich darin zwei ganz wesentliche Aspekte, die bei allen von mir Interviewten in den unterschiedlichsten Varianten auftauchen: erstens den weiteren Horizont, ein umfassenderes Musikverständnis durch einen übergeordneten Blickwinkel; zweitens die Bereitschaft, einen anderen Weg zu gehen als den anfangs eingeschlagenen. Wie kann man den weiteren Blickwinkel bekommen, auch wenn man keine kompositorische Begabung hat?

Zum Beispiel indem man sein Repertoire ein bisschen außergewöhnlich gestaltet. Das mache ich mit meinen Studenten grundsätzlich. Natürlich muss man das Standardrepertoire üben, aber jeder sollte auch etwas singen, das er vielleicht nicht immer braucht, aber das für ihn und seine Entwicklung wichtig ist. So erweitert man seinen Horizont. Über Besonderheiten erschließen sich Wege, nicht über das, was alle machen. Eine Studentin hat ein Engagement an der Wiener Staatsoper für Nono bekommen, weil sie Kagel vorgesungen hat. Mit ihrem Standardrepertoire wäre sie da vielleicht nicht reingekommen. Gott sei Dank fördern inzwischen auch Wettbewerbe diese Art von Repertoire. Ich habe immer viel in Bibliotheken gehockt und Literatur gesucht, die mich interessiert hat. Da ist die Bartoli auch ein gutes Beispiel. Sie macht wirklich eine Riesenkarriere mit Programmen, zu denen jeder Veranstalter sagen würde: »Bist Du wahnsinnig?«

Wann sollte man als Sänger mit der professionellen Ausbildung beginnen?

Ich habe erst während des Studiums damit begonnen, als ich mich fürs Singen interessiert habe. Das war Nebenfach im Kompositionsstudium, was mir die Hochschulleitung erst gar nicht genehmigen wollte. Ich habe als Bass angefangen, und meine Lehrerin, Frau Prof. Ute von Garczynski – eine *Wozzeck*-Marie, eine Tosca etc. – brachte mich darauf, Countertenor zu werden. Eine großartige Frau, der ich ganz viel zu verdanken habe.

Also wieder die Bereitschaft, etwas zu machen, wogegen andere sich gewehrt hätten.

Ja, diese Lehrerin war für mich ein Riesenglück. Das war ein fantastischer Unterricht!

Glück muss man schon auch haben. Aber viele Studenten kommen ja zu Lehrern, die kein Glücksfall sind. Was kann man denen raten? Sollen sie, wenn sie Karriere machen wollen, zu Lehrern gehen, die sogenannte Koryphäen sind und ihre Finger in wichtigen Wettbewerben haben, aber leider nicht unbedingt auch gut unterrichten, oder zu weniger bekannten Lehrern, die aber vielleicht ganz hervorragenden Unterricht geben? Leider läuft es oft auf diese Alternative hinaus, denn die wirklich guten Musiker sind in der Regel keine Machtmenschen, weil sie Machtspiele für ihr persönliches Glück nicht brauchen.

Da würde ich unbedingt zu der zweiten Kategorie raten. Ein guter Unterricht ist das Allerwichtigste. Man muss die Karriere selbst anwerfen, zum Beispiel über Wettbewerbe. Es gibt für den Einstieg Anfängerwettbewerbe, etwa im Rahmen des Deutschen Gesangswettbewerbs. Dort habe ich zur eigenen Orientierung mitgemacht, später dann beim Profiwettbewerb.

Wettbewerbe können aber auch sehr schmerzhafte Erfahrungen sein.

Oh ja. Man darf sich halt nicht aus der Bahn werfen lassen und muss merken, wo die eigenen Grenzen liegen. Häufig spielen bei Wettbewerben politische Ränke eine Rolle, sodass man sich manchmal nur wundern kann, wer am Ende einen Preis bekommt.

Wettbewerbe allein genügen aber sicher nicht. Es muss nach einem gewonnenen Wettbewerb weitergehen. Wie war das bei Dir?

Ich hatte einen Preis bekommen neben jungen Sängern mit viel größeren Stimmen, die ihren Rossini oder Verdi herausgestemmt haben, dass ich mir ganz fehl am Platze vorkam. Aber man hat meinen persönlichen Ausdruck gelobt. Der Preis bestand u. a. aus einigen Konzerten, an die sich weitere Engagements anschlossen, erst in Lübeck, drei Jahre später bei Philippe Herreweghe[5].

Wie kam die Verbindung zustande?

Durch Barbara Schlick[6], bei der ich einen Kurs gemacht hatte. Herreweghe gründete damals ein neues Ensemble, für das er einen Altus suchte. Auch Kurse können wichtige Verbindungen schaffen.

Deine Karriere scheint sich ja im richtigen Tempo bewegt zu haben. Ich meine damit, dass die eigene künstlerische Entwicklung und deren Ausdruck durch wachsende Aufgaben gewissermaßen im Gleichschritt vonstattengehen. Immer wieder gibt es ja junge Musiker, die einen wichtigen Wettbewerb gewinnen oder einen einflussreichen Agenten finden und dann zu früh »verheizt« werden, noch bevor sie die körperlichen, geistigen und emotionalen Voraussetzungen für die anspruchsvollen Partien haben, die ihnen vermittelt werden. Gab es auch in Deiner Entwicklung Dinge, die Du zu früh gemacht hast? Oder ist bei Countertenören die Gefahr nicht so groß?

Doch! Bei uns ist es zum Beispiel die Partie des *Julius Cäsar*, die ich grundsätzlich abgelehnt habe – bis zum letzten Jahr. Da kam drei Wochen vor der Premiere der Notanruf aus Göttingen. Der Hauptdarsteller war ausgefallen. Ich hatte die Partie noch nie studiert, aber der Regisseur, der Dirigent, das Orchester und die Händel-Festspiele kannten mich. Sie haben mir einen Korrepetitor angeboten, der mit mir von morgens bis nachts die Partie gearbeitet hätte.

»Hätte?«

Ja, denn ich muss das allein und für mich machen. Ich habe mich für zwei Tage ausgeklinkt und erst mal nur die Rezitative gelernt, nicht die Arien. Die kannte ich gut vom Hören, man lernt sie auch schneller. Die Premiere lief sehr gut, aber in der zweiten und dritten Vorstellung hatte ich Gedächtnislücken. Ich habe dann irgendwie und irgendwas weitergesungen. Jedenfalls habe ich die Rolle 23 Jahre abgelehnt und dann in Rekordzeit eingepaukt. Das ist eine Riesenpartie, die unheimlich gefährlich ist. Wer sie zu früh singt, kann sich seine Stimme dauerhaft ruinieren. Gibt es so etwas eigentlich auch auf dem Klavier?

Am Klavier wie auch bei Streichern gibt es außer einer Sehnenscheidenentzündung leider kein körperliches Regulativ wie beim Singen. Es gibt 17-jährige Pianisten, die technisch schon so gut wie alles können, aber weder geistig noch emotional reif sind für bestimmte Stücke. Weil aber das Durchschnittspublikum immer ungebildeter wird, fällt das fast niemandem mehr auf. Nur noch das jugendliche Alter und eine möglichst gute Optik zählen. Das ist wie beim Zirkus: Je früher einer ein Kunststückchen machen kann, desto werbewirksamer ist das ganze Theater. Der Inhalt, die Substanz der Musik, bleibt bei dem Rummel auf der Strecke. Technik und geistig-emotionale Reife sind selten auf gleicher Höhe.

Das Problem gibt es leider auch beim Singen. Wenn ein junger Sänger eine schwierige Partie schon einigermaßen bewältigt und sich damit verheizen lässt, fehlt ihm doch die Reife. Und die Erfahrung, die ihn mit seinen Kräften klug haushalten lässt. Das Publikum ist begeistert, weil er noch so jung ist, aber die Strafe kommt doch irgendwann ...

Die Disziplinierte:
Gaby Pas-Van Riet, Querflöte

Gaby Pas-Van Riet (geb. 1959 in Essen, Belgien) ist als Solistin mit dem gesamten Konzertrepertoire für Flöte international tätig. Hohes Ansehen erwarb sie sich auch durch die Uraufführungen vieler hochkomplexer, zum Teil ihr gewidmeter Werke der Moderne (z.B. *NUN* von Helmut Lachenmann) und der Wiederentdeckung romantischer Flötenkonzerte. Sie ist Soloflötistin des SWR Radiosinfonieorchesters Stuttgart, Professorin für Flöte an der Musikhochschule Saarbrücken und Gastprofessorin in Antwerpen. Seit 2000 ist sie ständiger Gast als Soloflötistin der Berliner Philharmoniker.

Ihre Ausbildung erhielt sie an der Hochschule Antwerpen, der Musikhochschule Köln und dem Konservatorium Basel in der Meisterklasse von Peter-Lukas Graf. Sie ist Preisträgerin bedeutender Wettbewerbe (z.B. ARD-Wettbewerb) und als Kammermusikerin und Solistin in zahlreichen CD-Produktionen zu hören.

Kannst Du beschreiben, wie Du ein neues Stück einstudierst? Ist das immer ein ähnliches Vorgehen, oder gibt es unterschiedliche Wege, die von der Art Werk abhängig sind, das Du übst, von der Besetzung, vielleicht sogar vom Lebensalter?

Das ist der Punkt: Die Zeiten haben sich so radikal gewandelt, dass ein großer Unterschied ist zwischen der Art, wie ich als Kind geübt habe und wie meine Studenten heutzutage üben. Ich bin auf dem Dorf aufgewachsen ohne kulturell prägende Einflüsse und fing mit 8 Jahren an, Flöte zu spielen. Ich kannte fast nichts. Ich hatte zwar ein paar Schallplatten von Rampal[1], die ich aufgelegt und dann mitgespielt habe – was man ja eigentlich nicht machen sollte – aber das meiste musste ich mir ohne solche Hilfen selbst erarbeiten. Gebe ich heute meinen Studenten z. B. die Poulenc-Sonate auf, kennen sie alle das Stück in mehreren verschiedenen Aufnahmen. Diese Möglichkeiten hatte ich nicht. Ich frage mich aber, ob es für die Studenten heute wirklich ein Vorteil ist ...

Du meinst, weil alles einfach verfügbar ist, ohne die Anstrengung, sich erst einmal eine eigene Vorstellung vom Stück erarbeiten zu müssen?

Ja, man hat alles irgendwie im Ohr, aber eben nur irgendwie. Viele machen sich gar nicht mehr die Mühe, auch den Klavierpart anzusehen. Ihnen reicht diese Irgendwie-Vorstellung. Ihnen fehlt auch die Zeit. Wenn ich sehe, wie oft sie an ihren Handys sitzen, wie viele Management-Mails sie schreiben müssen, wundere ich mich, dass sie überhaupt noch Zeit zum Üben haben. Es müssen schon wirklich disziplinierte Schüler sein, die ihr Handy ausschalten, wenn sie üben, die sich von allen störenden Einflüssen bewusst abschotten, um sich auf die Musik zu konzentrieren. Hier auf dem Kurs versuche ich auch, ihnen einen disziplinierten Tages- und Übeablauf zu vermitteln. Es beginnt morgens mit Atemübungen – wir sind hier ja in der Natur –, dann eine Weile technische Übungen, und erst danach fangen wir mit der Arbeit an den Stücken an.

Machst Du das selber genauso? Erst Atemübungen ...

Gerade als Bläser ist es enorm wichtig, dass du eine gute Natur hast, eine gesunde Konstitution. Man muss kein Klosterleben führen, aber man muss sich und seine Gesundheit pflegen: genug schlafen, sich gut ernähren. Wer jede Nacht immer nur feiert und zu spät ins Bett geht, kann am nächsten Tag nicht mit voller Konzentration üben. Mein Ablauf ist folgender: Etwa ein Fünftel der Übezeit sind Atemübungen und Tonübungen. Dann mache ich eine Weile nur Technik.

Was sind das für technische Übungen? Tonleitern, Dreiklänge ...

Ganz wichtig sind für mich tägliche Tonleitern, sodass ich in einer Woche durch den Quintenzirkel bin. Am ersten Tag C-Dur, G-Dur und F-Dur, am zweiten Tag die Tonarten mit zwei Vorzeichen (D-Dur und B-Dur) usw.

Das ergibt aber nur sechs Tage ...

Ja, so habe ich Sonntag frei. Nach den Tonleitern mache ich Sprungübungen: Oktaven, Septimen, Sexten usw., Chromatik, Triller, es gibt sehr viele Dinge, die man täglich trainieren muss.

Wie lange übst Du maximal am Tag?

Man kann als Bläser nicht ewig üben, weil man die Muskulatur sehr stark beansprucht. Ich kann zwar acht Stunden im Tonstudio aufnehmen, weil man immer zwischendurch pausiert, aber kontinuierliches Üben ist maximal drei oder vier Stunden möglich.

Das ist auch für das Klavier eine gute Zeit, wenn man außerdem viel mentale Vorarbeit macht.

Das setzt natürlich wieder eine große Disziplin voraus, die man selten bei den Studenten findet. Sie haben oft gar kein Konzept. Ich teile hier auf dem Kurs regelrecht ein, was sie wie bis zum nächsten Tag üben sollen. Da helfen die alten Rezepte aus meiner Kinder- und Jugendzeit.

Hattest Du einen Lehrer, der Dir genau erklärt hat, wie Du etwas am besten übst?

Der musste mir gar nicht viel erklären. Auch die technischen Übungen musste er nie abfragen, die habe ich immer von allein gemacht. Wenn ich sie bei meinen Schülern nicht abfrage, machen das die wenigsten.

Du hattest also schon sehr früh ein hohes Maß an Selbstdisziplin.

Das war wohl so. Aber ich war mir dessen nie bewusst. Es war einfach eine Selbstverständlichkeit, regelmäßig meine Übungen zu machen.

Daran sieht man schon die Begabung und die Grundvoraussetzung für eine spätere Karriere. Du hast Dich ja auch selbstständig ziemlich früh um eine Verbesserung Deiner Ausbildung gekümmert und bist bald an die Musikhochschule Köln gegangen.

Ja, mit vierzehn.

Das ist ziemlich mutig. Ich könnte mir vorstellen, dass die erste Hürde die Eltern gewesen sind, die es zu überzeugen galt, einen so großen Schritt allein zu tun: nicht nur in die nächste größere Stadt, sondern auch noch in ein anderes Land.

Aber es waren Eltern, die auch sehr stolz waren auf ihre Tochter. Sie haben mich in allem unterstützt. Ich hatte mit dreizehn »Jugend musiziert« gewonnen und mit vierzehn noch einen Wettbewerb, durch den ich das Ibert-Konzert mit dem Radio-Orchester spielen konnte, und zwar auswendig und technisch ziemlich perfekt.

Dann hast Du also auch vorher schon guten Unterricht gehabt, sonst sind solche Erfolge doch gar nicht möglich.

Ich hatte ab acht Jahren einen Oboisten zum Flötenlehrer und später einen Flötisten aus dem belgischen Nationalorchester, der aus der französischen Schule kam. Das heißt: strengste Rhythmus-Kontrolle, meist mit eingeschaltetem Metronom – oder er hat mit seinem Bleistift den Takt angegeben. Die Gefahr dieser Methode ist, dass die Musik auf der Strecke bleibt, aber ich habe dadurch ein gutes Taktgefühl bekommen. Es ist mir regelrecht eingedrillt worden. Auch im Orchester sagen immer alle, dass ich ein gutes Taktgefühl habe. Dabei heißt es doch oft von Frauen, dass sie damit Probleme haben. Das habe ich viele Male gehört und war immer gekränkt, denn das ist einfach nicht wahr!

Ich musste im Anfangsunterricht immer laut zählen. Das fand ich damals schrecklich, aber so habe ich keinen Ton ohne eine genaue rhythmische Vorstellung gespielt.

Ich habe auch Solfège-Unterricht gehabt und fünf verschiedene Schlüssel lesen müssen: den Bassschlüssel, drei C-Schlüssel und den Violinschlüssel. Es gab Übungen mit Schlüsselwechsel in jedem Takt, die man zu Klavierbegleitung durchsingen musste, ohne zu stocken. Gleichzeitig sollte man den Takt dazu schlagen. Das war am Konservatorium in Antwerpen, das ich besucht habe, bis ich sechzehn war. Ab vierzehn bin ich parallel in Köln gewesen. Außerdem war ich am Musikgymnasium. Ich hatte Schule von morgens um halb 9 bis abends um halb zehn und fing dann noch an zu üben. Ich habe mein Ibert-Konzert mit einer halben Stunde Üben pro Tag gelernt. Mehr war nicht möglich.

Wie lange hast Du insgesamt dafür gebraucht?

Einen Monat. Das ist auch ein Ergebnis des französischen Erziehungssystems mit Solfège usw. Aber auf diese Weise können viele deutsche Studenten gar nicht arbeiten, weil so ein Musikerziehungssystem wie in Frankreich hier fehlt.

Dabei ist Musik eine Sprache, die man systematisch lesen und verstehen lernen muss. Dafür bräuchten wir auch in Deutschland Solfège-Klassen, in denen das gelehrt wird, nicht so nebenbei im Instrumentalunterricht. Aber an der Musikschule soll ja alles möglichst wenig anstrengend, nur kein Aufwand sein ...

... immer alles Spaß machen ... Aber leider ist das nur ein kurzfristiger Spaß, weil er zu nichts führt und wirklich große Erfolgserlebnisse ausbleiben.

Aber mir hat die viele Arbeit Spaß gemacht! Ich hatte nie das Gefühl, mich zu überarbeiten. Durch das französische System habe ich viel schneller und leichter lesen gelernt als deutsche Kinder: Man hat schon eine genaue Rhythmus- und Tonvorstellung, bevor man das Instrument überhaupt in die Hand nimmt.

Können sich Deine Studenten einen Notentext vorstellen, ohne ihn erst spielen zu müssen?

Die sind viel weiter in der Klangvorstellung als ich damals, weil sie sich jedes Stück auf CD oder im Internet anhören können, bevor sie es üben.

Dann ist aber diese Klangvorstellung keine eigenständig erarbeitete, sondern eine imitierte, zumindest durch die CD vorgeprägte.

Ja, genau an der Stelle ist bei ihnen »der Wurm drin«. Es fehlt oft eine eigene Interpretation. Sie haben es viel bequemer als ich damals, aber sie sind auch weniger selbstständig und viel leichter ablenkbar. Ich saß im Zug und habe im Geiste meine neuen Stücke geübt.

Wie ist das heute? Machst Du immer noch so viel mental?

Mit vier Kindern kann ich heute nicht viel mehr üben als damals.

Nehmen wir ein konkretes Beispiel, Helmut Lachenmanns NUN für Flöte, Posaune und Orchester, das Du mit uraufgeführt hast. Wie hast Du Dir den Flötenpart erarbeitet? Doch nicht nur mental in der Bahn, oder?

Helmut und ich wohnten im selben Dorf und sind uns ab und zu beim Einkaufen begegnet. Ich mit meinem Haufen Kinder und meist gut gelaunt und er oft schwermütig, sodass ich ihn etwas aufgeheitert habe. Da hatte er eines Tages Lust, etwas für mich zu schreiben. Noch bevor er zu komponieren angefangen hat, haben wir bei ihm zu Hause herumexperimentiert, zusammen mit dem Posaunisten Mike Svoboda. Dabei haben wir viel gelacht. Irgendwann hat er aufgeschrieben, was wir da für Geräusche gemacht haben. Die einzelnen Abschnitte kamen per Fax, die ich gelesen, geübt und dann mit ihm zusammen erarbeitet habe. Als alles da war, habe ich mir die Partitur angesehen und meine Einsätze gelernt. Meine Stimme habe ich mit den wichtigsten Ereignissen aus der Partitur auf einen großen Karton geklebt, sodass ich alles gut verfolgen konnte. Es musste außerdem so zusammengeklebt werden, dass durch das Blättern die Musik nicht kaputt gemacht wurde. Das Kleben und Einrichten der Stimme war fast mehr Aufwand als das Üben selber. Das ging dann ziemlich schnell.

Wie bist Du vorgegangen, als alles fertig verklebt war?

Wie bei allen neuen Stücken. Es ist ganz komisch: Nachdem ich mich mit der Konstruktion des Stücks beschäftigt habe – genauso auch bei der Boulez-Sonatine –, trage ich das Stück einen Monat lang in meinem Flötenkoffer mit mir herum, bevor ich wirklich anfange, es zu üben.

Und was passiert mit den Noten im Koffer?

Ich bin in Gedanken immer wieder damit beschäftigt. Zwischendurch muss ich anderes üben, aber wenn ich zum Beispiel im Hotelzimmer bin, zieht es mich wie magisch an, dann taucht plötzlich dieses neue Stück wieder aus dem Koffer auf. Das ist ganz seltsam. Wenn ich ständig mit meinem Handy beschäftigt wäre, könnte ich das nicht machen. Dann wären die Ablenkungen viel zu groß.

Und wenn Du schließlich »richtig« ans Üben gehst, was passiert dann?

Das ist immer in Pausen. Wenn ich mich vor den Orchesterproben einspielen muss, dann übe ich an dem Stück und »benutze« es zum Einspielen. Ich bin nicht der Meinung, dass moderne Musik den Ansatz kaputt macht. Das passiert nur, wenn jemand es nicht richtig kann.

Gibt es auch Literatur, die Du auswendig lernst?

Ja, ich spiele viel auswendig, Berio und Bach zum Beispiel. Aber auch Solokonzerte: Ibert, Mozart, Nielsen…

Und wann lernst Du auswendig? Wenn Du alles nach Noten geübt hast oder sofort beim Einstudieren?

Ich bin ein sehr emotionaler Mensch und denke viel in Bildern. Es geht wie von selbst. Ich muss nicht extra auswendig lernen. Das hängt mit meiner Art des Übens zusammen. Ich spiele immer mit Emotion, schon wenn ich ein Stück lerne. Ich kann mir alles beim Lesen vorstellen und weiß, wie ich es spielen möchte. Dadurch, dass sich mir die Emotionen leicht einprägen, lerne ich es auch gleich auswendig. Es gibt natürlich immer ein paar Punkte, die man sich wirklich merken muss. Aber alles andere muss man fließen lassen. Ich weiß nicht, ob ich das so »richtig« mache, aber für mich funktioniert es.

Wenn man emotional beteiligt ist, lernt man zehnmal so schnell wie ohne innere Beteiligung. Überleg nur mal, wie endlos man in der Schule gebraucht hat, um irgendwelche abstrakten Vokabeln zu pauken, die einen überhaupt nicht interessiert haben, und wie schnell es ging, eine Seite Schubert zu lernen, obwohl das ungleich schwieriger ist.

Sehr gut. Dann mache ich also alles richtig…

Es gibt ja verschiedene Kanäle, die man sich beim Auswendiglernen zunutze machen kann. Das Hören, das Tasten, das Sehen usw. »Siehst« Du die Musik bzw. die Noten auch vor Dir?

Ich sehe schon vor meinem inneren Auge, wo es in die nächste Zeile geht. Aber ich spiele nicht auswendig nach einem inneren Notenbild. Ich lerne beispielsweise gerade ein Mozart-Konzert auswendig. Dann singe ich innerlich in der S-Bahn oder laut im Auto alle Noten auf Namen. Auch beim Einkaufen spiele und singe ich innerlich und bleibe manchmal plötzlich stehen, wenn ich nicht weiter weiß. Dann wundern sich die Leute und halten mich für nicht ganz normal. Wenn ich eine Gedächtnislücke feststelle, weiß ich, was ich mir noch einmal genauer ansehen muss, aber ich brauche meine Flöte nicht dazu. Wenn ich ein Stück im Konzert auswendig spielen muss, kenne ich es schon einen Monat vorher Note für Note.

Es gibt ja immer ein paar extrem schwierige Stellen, die man sehr oft üben muss, damit sie im Konzert hundertprozentig sicher funktionieren. Was machst Du dagegen, dass solche Stellen mit jeder Wiederholung emotional verflachen?

Ich wiederhole nie etwas so lange. Nach zwei, drei Wiederholungen muss alles klappen. Wenn eine Stelle überhaupt nicht geht, werfe ich auch schon mal meine Noten in die Ecke, wo sie so lange bleiben, bis ich anfange, mir zu überlegen, was ich eigentlich nicht kann. Dann spiele ich es langsam und versuche herauszukriegen, wo genau das Problem liegt. Auch danach übe ich noch eine Weile langsam, bis ich die Sicherheit gefunden habe, es auch wieder schneller zu spielen. Aber etwas endlos wiederholen kann man als Bläser gar nicht, dann macht man sich den Ansatz kaputt.

Einigen der von mir interviewten Musikern gelingt es, für die Dauer einer solchen Wiederholungsphase einfach ihre Emotionen abzustellen, um sie nicht abzunutzen. Wäre das auch für dich eine Möglichkeit?

Das ist für Bläser nicht ratsam, weil die beteiligten Emotionen direkt Einfluss auf die Atemführung und den Ansatz haben. Die ganze Blastechnik verändert sich durch die Emotionen. Wenn man nur die Fingertechnik trainiert – was natürlich möglich wäre –, stimmt alles, was mit dem Atem zusammenhängt, nicht mehr. Dann übt man eigentlich etwas Falsches oder zumindest etwas, was man hinterher gar nicht verwerten kann. Denn die Koordination von Finger- und Atemtechnik ist ja das Wichtigste!

Wie übst Du ein Werk, das Du vor Jahren gespielt hast und nun wieder lernen möchtest?

Das ist derselbe Prozess noch einmal. Es geht ein bisschen schneller, weil die Erinnerung irgendwann hilft.

Ist wirklich alles genauso? Oder hat sich nicht auch etwas verändert?

Es kommen neue Ideen hinzu. Aber dazu muss das Stück eine ganze Weile geruht haben, sonst ist die Gefahr groß, dass man einfach nur immer dasselbe macht.

Wie bereitest Du Dich unmittelbar auf ein Konzert vor?

Am Tag vorher übe ich sehr viel, aber am selben Tag gibt es nur schlafen, schlafen, schlafen. Die Noten kommen mit ins Bett.

Aber Atem- und Einspielübungen machst Du schon, oder?

Unbedingt. Leider hat man morgens meist Generalprobe. Danach spiele ich alles noch einmal durch, aber langsam, nichts im Tempo, esse etwas und gehe ins Bett. Wichtig ist auch, dass ich mir genau überlege, was ich anziehe, worin ich mich wohlfühle. Die Sachen müssen rechtzeitig vor dem Konzert fertig da liegen. Wenn ich etwas Neues anziehe, übe ich am Tag vorher in diesen Sachen, um mich daran zu gewöhnen. Das ist für Männer vielleicht schwer zu verstehen.

Im Gegenteil! Wir müssen uns an unsere Konzertuniform, diese schrecklichen, steifen Sachen, gewöhnen. Nichts behindert mehr beim Klavierspielen als die entsetzlichen Manschettenknöpfe. Man muss das unbedingt mit den verschiedenen Programmen vorher ausprobiert haben, sonst gibt es Probleme im Konzert.

Bei uns Bläsern ist es nicht nur die Bewegungsfreiheit, sondern auch die Atmung, die in einem zu engen Kleid zum Problem werden kann.

Wie läuft ein »normaler« Übetag ab? Du sagtest ja schon: Atemübungen, Technik, Arbeit am Stück...

Nach dem Aufstehen mache ich erst einmal Gymnastik. Wenn die Kinder in der Schule sind, gehe ich joggen. Auch heute habe ich eine Dreiviertelstunde gejoggt. Dann bin ich noch geschwommen. Ohne körperliche Fitness kann man die Belastungen unseres Berufs nicht aushalten. Danach fange ich an zu üben.

Und nach dem Üben noch Probe im SWR-Orchester...

Ja. Deshalb muss ich bis zehn Uhr mit dem Üben fertig sein. Dafür stehe ich um sechs auf.

Nehmen wir an, Du spielst als Solistin ein Flötenkonzert. Vor der ersten Probe kannst Du es sicher vollständig, oder?

Ja, natürlich. Für ein neues Konzert fange ich ein Jahr im Voraus an. Jetzt habe ich gerade Bernstein gespielt. Ein Jahr vorher habe ich die Noten in meiner Flötentasche mit mir herumgetragen und bei jeder Gelegenheit hineingesehen, bis ich es genau kannte. Dann habe ich angefangen, es »richtig« zu üben.

Du trennst also ganz strikt zwischen mentalem und praktischem Üben? Erst wenn Du es genau kennst, nimmst Du die Flöte?

Nein, ganz so streng bin ich dabei nicht. Ich greife schon mal zur Flöte, um etwas auszuprobieren, dann mache ich wieder mental weiter. Es ist schwierig, ganz kontinuierlich an einer Sache zu arbeiten, weil wir so viel reisen müssen. In der Studentenzeit war ich wahnsinnig diszipliniert. Wenn ich bis nach Mitternacht gefeiert hatte, habe ich das am nächsten Morgen am Ansatz gemerkt. Das hat dann keinen Spaß gemacht. Ich habe mich mit Disziplin immer besser gefühlt und letztlich mehr Spaß am Musizieren gehabt. Das ist wirklich eine Voraussetzung für die Karriere.

... dass die Selbstdisziplin Spaß macht.

Ja, so kann man das sagen. Es ist aber nicht so, dass ich nicht auch gern feiere und Wein trinke usw., ich übertreibe es nur nicht. Das hängt sicher mit meiner Erziehung zusammen. Meine Kinder schlafen oft bis elf, wenn sie können. Das gab es bei uns nie. Mein Vater hätte das gar nicht erlaubt. Es ist Zeitverschwendung.

Wie ist es, wenn Du in kammermusikalischen Formationen spielst: Hast Du dann auch schon alles vollständig einstudiert, bevor ihr mit dem Proben beginnt? Oder ist es eher ein gemeinsames experimentelles Proben? Du hast eine CD mit Streichtrio gemacht, eine mit Harfe...

Die Sachen sind für mich nicht so schwer. Das meiste spiele ich einfach vom Blatt. Wenn es nicht *Chant de Linos* von Jolivet[2] ist. Das muss man richtig üben. Aber die Mozart-Quartette habe ich mit dem Trio zusammen gelernt. Die hatten natürlich ihre Stricheinteilung usw. schon gemacht. Ich musste Schwierigeres üben: die Stücke mit Orchester oder mit Klavier oder die Solosachen.

Wie weit kannst Du denn Deinen Part, wenn Du zur ersten Probe kommst?

Ich mache so viele Übungen, dass ich das meiste vom Blatt lese. Der Vorteil ist vielleicht, dass ich nichts kaputt spiele. Meine Orchesternoten hole ich eine Woche im Voraus, damit ich weiß, was kommt, aber ich übe das nicht. Es ist für mich eine Art sportliche Herausforderung, die Sachen vom Blatt zu lesen.

Aber nicht während der Aufführung...

Nein! Während der ersten Probe. Wir haben eine ganze Woche Proben. Ich habe immer wahnsinnig viel Programm und muss mir genau überlegen, was ich in der verbleibenden Zeit wirklich üben muss. Aber ich brauche das so.

Noch einmal zurück zur Kammermusik: Wie übt ihr in der letzten Probe vor einem Konzert?

Wir versuchen immer, eine Generalprobe zu machen, aber wir sind so hart zueinander, dass es meist keine Generalprobe wird. Wir ändern immer noch etwas in letzter Minute.

Das heißt, die Aufführung selber ist dann eine Art Generalprobe...

Ja, und manchmal läuft es schief, aber das Publikum merkt es nicht, weil es irgendwelche Kleinigkeiten sind. Wenn man Stücke viel spielt, probiert man auch während des Konzerts neue Lösungen aus. Und wenn die Partner darauf reagieren, macht es unglaublichen Spaß. Das ist das Schönste an Konzerten!

Ja. Man ist dann ja viel wacher und beteiligter, als wenn alles einfach so läuft wie immer.

Manchmal übertreibt man auch etwas und lernt dabei, es das nächste Mal nicht mehr so zu machen.

Du hast mir letztens erzählt, dass Du als Kind schon jeden Sonntag die Konzertsituation geübt hast.

Ja, während meine Eltern ferngesehen oder Karten gespielt haben, bin ich am Sonntagabend in ein Nebenzimmer gegangen und habe mir Kerzen angezündet, Konzertkleidung angezogen und mein Programm gespielt, als wäre es ein Konzert. Am Anfang – da war ich elf oder zwölf – habe ich zu einer Schallplatte von Jean-Pierre Rampal gespielt und war mein eigenes Publikum. Später – mit fünfzehn ungefähr – habe ich mir von dem Geld, das ich bei kleineren Auftritten wie Begräbnissen usw. verdient hatte, ein teures Aufnahmegerät gekauft und mich immer sonntags in meinem »Privatkonzert« aufgenommen. Und ich war nervös dabei! Vor mir selber! Aber dann wusste ich, was ich noch besser üben musste, um es auch bei Aufregung spielen zu können.

Außerdem lernt man so viel besser, sich selbst zuzuhören.

Ja, sicher, das hat viele Vorteile.

Wie lang dauerten Deine Privatkonzerte?

Unterschiedlich. Bis zu zwei Stunden. Ich habe auch meine Etüden gespielt; alles, was ich üben musste. Wenn ich montags mit Üben anfing, habe ich mir zu allererst einen Übeplan für die Woche gemacht.

Schriftlich oder nur im Kopf?

Nein, schriftlich.

Was stand da drin?

Natürlich alle Stücke und Stellen, die ich üben musste, aber auch wie viel Zeit das jeweils dauern durfte. Ich habe mich oft absichtlich unter Druck gesetzt und mir zum Beispiel fünf Minuten gegeben, um ein Übungsstück zu lernen.

Wie bist Du auf die Idee eines Übeplans gekommen? Auch von allein wie bei Deinen Sonntagskonzerten?

Nein, in dem Fall hat mir mein Vater, der gar kein Musiker ist, den Tipp gegeben und mir auch gezeigt, wie ich es machen muss. Das ist ein unglaublich wichtiges Hilfsmittel zum Üben. Sonst übt man planlos herum und spielt immer wieder etwas durch, was man schon längst kann. Üben heißt aber, dass ich das spiele, was ich *nicht* kann! Was ich schon kann, muss ich nicht üben. Das habe ich sonntags gemacht.

So zielgerichtet, wie Du schon als junges Mädchen geübt hast, hast Du ja auch Deine Ausbildung in Angriff genommen.

In Belgien geht man in die Grundschule, bis man zwölf ist, mit dreizehn ging ich aufs Musikgymnasium in Antwerpen. Das war eine halbe Stunde mit dem Zug, zwanzig Minuten mit dem Bus und eine Viertelstunde mit dem Fahrrad. Jeden Morgen und jeden Abend. Da habe ich gelernt, mich zu organisieren. Die viele Bewegung ist bis heute die Grundlage für meine Gesundheit.

Und wie kamst Du auf die Idee, außerdem noch in Köln mit dem Studium anzufangen? Das war ja nur ein Jahr später. Gab es da einen Lehrer, zu dem Du unbedingt wolltest?

Nein, ich hatte nur das Gefühl, dass ich auch außerhalb Belgiens lernen müsste, weil mir die Möglichkeiten dort zu begrenzt erschienen. Da gibt es ein oder zwei Orchester von Rang, mehr nicht. Ich hatte in Belgien ab dem Alter von zehn Jahren den besten Lehrer, den ich mir wünschen konnte. Er war zweiter Flötist im Nationalorchester und unterrichtete an der Musikschule in Mechelen. Mit ihm habe ich »Jugend musiziert« gewonnen und das Ibert-Konzert gelernt. Wir haben uns zusammen überlegt, wohin ich gehen könnte, um mein Diplom zu machen. In Belgien kam damals niemand infrage. So bin ich nach Köln gekommen und hatte

Unterricht beim Soloflötisten des WDR. Der hat, bis ich achtzehn war, nur langsame Sätze mit mir gemacht und an der Tonschönheit gearbeitet, weil ich so auf Technik fixiert war.

Das habe ich auch mal mit einer Koreanerin gemacht, die nur ihre Finger schnell bewegen konnte. Sie hat mich dafür gehasst. Gelernt hat sie es trotzdem nicht.

Ich habe ihn auch gehasst. Und wie! Aber ich habe es, glaube ich, gelernt und bin ihm dankbar. Mit achtzehn wurde ich Vollstudentin in Köln. Mit einundzwanzig hatte ich das Gefühl, genug bei ihm gelernt zu haben, und bin zu Peter-Lukas Graf[3] nach Basel gegangen. Das war eine ganz bewusste Wahl, auch weil er Klavier spielte und dirigierte und mir die harmonischen Bezüge erklären konnte. Der hatte ein umfassenderes Musikverständnis und hat nicht nur Flöte gespielt. Das fand ich sehr, sehr wichtig. Die Gefahr beim Flötespielen ist, dass man sich mit seiner eigenen Stimme zufriedengibt, aber die Musik nicht im Zusammenhang begreifen lernt. Davon hatte ich genug.

Welche Rolle haben Wettbewerbe für Dich gespielt?

Eine wichtige, auch in negativer Hinsicht. Nachdem ich als Kind meine ersten Erfolge hatte, sollte ich auf einen großen internationalen Wettbewerb. Da bin ich in der ersten Runde rausgeflogen. So wusste ich: Ich war zwar die Beste meiner Altersgruppe in Belgien, aber international hatte ich noch gar keine Chance.

Wie war Deine Reaktion? Bist Du gleich verärgert abgereist?

Nein, ich bin geblieben und habe mir angehört, wie die anderen gespielt haben. Erst mal ist natürlich die Jury schuld, aber nachdem man die anderen gehört hat, weiß man, was man zu arbeiten hat.

Gab es auch Wettbewerbe, bei denen die anderen gar nicht besser waren, die Jury also tatsächlich nicht gut war?

Einmal ja, in Paris. Das war Politik.

Würdest Du trotzdem sagen, dass es gut ist, zu Wettbewerben zu fahren, auch wenn die Erfahrungen negativ sein können?

Ja. Es ist ein enormer Anreiz und ein konkretes Ziel, ein Repertoire zu einer bestimmten Zeit fertig zu haben. Man muss sich die Zeit bis dahin genau einteilen und ein kluges Repertoire zusammenstellen. Das sind alles Aufgaben, die sich später im Ernstfall auch stellen und die man hieran üben kann.

Du hast auch einige wichtige Wettbewerbe gewonnen. Haben Dir die Preise etwas für die Entwicklung der Konzerttätigkeit gebracht?

Ja, schon. Am hilfreichsten war der Preis beim ARD-Wettbewerb. Ohne ihn wäre ich vielleicht nicht zum Vorspiel für die Stelle der Soloflötistin beim SWR eingeladen worden.

Wie bist Du mit den gerade erwähnten negativen Erfahrungen fertigge-worden?

Ich hatte das Glück, ein gutes Elternhaus zu haben, das mir viel Unterstüt-zung und Stabilität gegeben hat.

So wurdest Du mit eventuellen Selbstzweifeln aufgefangen?

Ich hatte nie Selbstzweifel, denn ich wollte nie etwas werden. Ich habe nie angestrebt, Soloflötistin zu werden. Ich hätte auch bei uns in der Dorfmu-sikschule unterrichtet und mir von da aus meine Konzertchen organisiert. Das hätte mir nichts ausgemacht. Ich hatte keine Ansprüche. Ich habe nie an eine Karriere gedacht und wäre auch ohne glücklich geworden. Wenn ich einige meiner Studenten sehe, die bei mir anfangen und glauben, sie machen deshalb auch Karriere, muss ich sie erst einmal auf den Teppich herunterholen und sie dazu bringen, Musik zu machen und Freude am Üben zu haben. So habe ich nie gedacht. Das ist mir ganz fremd. Auch heute noch.

Wenn man Deinen Lebenslauf sieht, könnte man denken, dass Du alles von Anfang an geplant und optimal getimt hast. So war es aber gar nicht?

Nein. Die Motivation war und ist, schöne Musik zu machen und sie immer besser und tiefer zu verstehen und auszudrücken. Aber es war nicht alles so geradlinig, wie es im Lebenslauf scheint. Es gab natürlich auch Rück-schläge: Vorspiele, die nicht geklappt haben, wo man mich gemein behan-delt hat. Hinterher habe ich gedacht, ich höre auf. Aber die Musik hat mich immer wieder gepackt. Nur einmal habe ich wirklich gedacht, ich könnte nie wieder spielen. Das war, als eines meiner Kinder mit acht Jahren an einem Gehirntumor gestorben ist.

Das ist ja auch wirklich das Schlimmste, was einem passieren kann.

Ja, das ist das Schlimmste. Aber es war tatsächlich die Musik, die mir geholfen hat, diesen Schlag zu verarbeiten und emotional zu bewältigen. Es gab noch andere Schicksalsschläge, und immer ist es die Musik, die hilft, sie zu verarbeiten und positiv umzusetzen. Ich würde nie heulend in der Ecke sitzen bleiben, sondern morgens wieder aufstehen und üben. Gerade wenn man eine Weile zwangsweise aussetzen muss (ich hatte vier Geburten, das waren auch immer Pausen für die Musik), weiß man hinter-her wieder, was für einen herrlichen Beruf man ausübt, was für ein Glück man hat.

Der Erfahrene:
Ingo Goritzki, Oboe

Ingo Goritzki (geb. 1939) ist einer der größten Oboisten unserer Zeit und einer der weltweit gefragtesten und erfolgreichsten Lehrer für Oboe. Nachdem er an den Musikhochschulen Freiburg und Detmold zunächst ein Flötenstudium begonnen hatte, wechselte er in die Oboenklasse von Helmut Winschermann, der seine Begabung sogleich erkannte. Ingo Goritzki wurde auf zahlreichen internationalen Wettbewerben (u. a. in Birmingham, Prag und Genf) ausgezeichnet und war zehn Jahre Solooboist im Sinfonieorchester Basel, bis er 1976 Professor an der Musikhochschule Hannover wurde, 1990 an der Musikhochschule Stuttgart. Mit Ulf Rodenhäuser teilt er sich die Leitung der Musikalischen Akademie Stuttgart. Sein vielseitiges Können ist auf zahlreichen CD-Aufnahmen dokumentiert.

Sie haben ihr Studium mit dem Hauptfach Querflöte begonnen und sind erst nach einiger Zeit auf die Oboe umgestiegen und ein erfolgreicher Oboist geworden. Das wirft für mich eine ganze Reihe von Fragen auf. Die erste ist: Was ist damals während des Studiums passiert, dass Sie die schwerwiegende Entscheidung fällten, Ihr Hauptinstrument zu wechseln?

Zunächst einmal muss ich sagen, dass es ganz andere Zeiten gewesen sind. Meine Biografie wäre heute so nicht mehr möglich. Die Flöte war ein Instrument, das meine Eltern für mich ausgesucht hatten, weil sie der Meinung waren, es könnte zu mir passen. Damals war ich etwa vierzehn. Meine Brüder spielten alle ein Streichinstrument, was sicher die Auswahl eines Blasinstruments beeinflusst hat, und alle mussten wir auch Klavier lernen. Für meinen Vater war die musikalische Erziehung der Kinder von allergrößter Bedeutung. Meine erste Flötenlehrerin war nicht besonders fähig, was meinem Vater schnell auffiel. Er hat sich dann überall umgehört und eine jüngere Flötenlehrerin gefunden, die gerade mit dem Studium in Freiburg fertig war, in Tübingen unterrichtete, aber einmal die Woche zu uns nach Oberndorf kam. Sie legte sofort die technisch richtigen Grundlagen und trieb mir schnell all die Fehler aus, die ich mir bei der ersten Lehrerin angewöhnt hatte. Der nächste Lehrer war an der Hochschule in Trossingen...

Ich dachte, Sie hätten in Freiburg mit dem Studium begonnen?

Das ist richtig. Trossingen war vorher. Ich war eine Art Jungstudent in einer Vorklasse vor dem eigentlichen Studium, zwei Jahre vor dem Abitur. Nach dem Abitur war ich mir nicht so sicher, was ich machen wollte, und bin im Grunde nur dem Vorbild meiner beiden Brüder gefolgt und habe in Freiburg mit dem Musikstudium begonnen. Ich hätte eigentlich zu Nicolet[1] nach Berlin gewollt, aber das war zu weit weg und wäre bei sechs Kindern in unserem Haushalt nicht finanzierbar gewesen. So bekam ich Flötenunterricht bei Gustav Scheck[2] in Freiburg. Das war damals ein großer Name. Ich weiß nicht, was in seinem Unterricht nicht funktioniert hat. Ich kam vom Lande und hatte von nichts Ahnung. Er fing mit viel zu hohen Ansprüchen bei mir an und erwartete Dinge, die ich noch gar nicht konnte. Außerdem hatte ich angeblich zu dicke Lippen, woran ich nun wirklich nichts ändern konnte. Der psychische Druck war so stark, dass ich nach einem Semester keinen Ton mehr spielen konnte. Es war wie eine Allergie. Schon beim bloßen Anblick der Flöte spürte ich reinen Widerwillen. Mein Lehrer merkte davon nicht viel, weil er mit ganz anderen Dingen beschäftigt war. In seinem pädagogischen Erleben habe ich keine besondere Rolle gespielt.

In einem im Internet veröffentlichten Interview[3] habe ich gelesen, dass er Ihnen empfohlen hat, zur Oboe zu wechseln. U. a. wegen zu dicker Lippen...

Nein. Von Scheck kamen gar keine Impulse. Ich habe überlegt, mit Hauptfach Klavier ins Schulmusikstudium zu wechseln. Aber das wäre nichts für mich gewesen. Es war mein Bruder Johannes, der gesagt hat: »Mach doch Oboe, davon gibt es nicht so viele.« Ich mochte Oboe schon immer sehr gern und habe die variablen Ansatzmöglichkeiten durch das Doppelrohrmundstück besonders geschätzt. Da gibt es nicht die eine Lippenstellung, sondern die Möglichkeit, den Klang durch das Oboenrohr und einen variablen Ansatz zu beeinflussen. Das hat mich ganz besonders fasziniert.

Und so sind Sie nach Detmold zu Winschermann[4] gegangen?

Nein. Die Geschichte ist etwas länger. In den Semesterferien bin ich auf einer Musikfreizeit gewesen und konnte plötzlich wieder sehr gut Flöte blasen. Die Oboe spielte also erst einmal keine Rolle mehr. Meine Klavierlehrerin in meiner Heimatstadt Oberndorf war die Schwiegermutter von Hans Peter Schmitz[5], dem Flötenprofessor in Detmold, einem großen Flötisten und Lehrer, der u. a. die »Flötenlehre« geschrieben hat. Über sie kam ich an die Detmolder Musikhochschule.

Also immer noch mit der Flöte.

Und mit Hauptfach Klavier bei Klaus Schilde[6]. Schmitz war nur immer für zwei Wochen in Detmold. Er lebte in Berlin und hatte für den Rest der Zeit seinen Unterricht an fortgeschrittene Studenten delegiert. Sein System bestand darin, dass man im ersten Semester ausschließlich das h^1 blasen durfte. Egal, was man vorher schon konnte: Man musste ein Semester lang h^1 spielen. Aber ich war ganz enthusiastisch bei der Sache. Trotzdem kehrte nach ein paar Wochen oder Monaten mein Problem zurück: Das Trauma kam wieder und ich konnte keine Flöte mehr sehen. Ich habe Schmitz einen Brief geschrieben und meine Blockade geschildert. Er antwortete mit einem Telegramm: »Außer fleißig Flöte üben nichts unternehmen!«

Aber gerade das ging doch nicht!

Ja, das war wenig hilfreich. Ich bekam, während Schmitz in Berlin weilte, über Kommilitonen Kontakt zu Winschermann. Ich habe mich einfach mal in seinen Unterricht gesetzt und ihm am Ende ein oder zwei Töne auf der Oboe vorgespielt – vielleicht auch eine Tonleiter. Das Griffsystem der Oboe ist dem der Flöte sehr ähnlich, deshalb ging es ganz gut. Und wie Winschermann nun einmal ist, hat er gesagt, dass wir es ja probieren können.

Ja, so war Detmold. Einfach den Studenten ihre Freiheit lassen und ihnen Möglichkeiten geben, sich auszuprobieren!

Heute völlig undenkbar!

Und das entgegengebrachte Vertrauen wurde nicht enttäuscht.

Nein. Innerhalb weniger Wochen habe ich schon einige Stücke spielen können, zu seinem großen Erstaunen. Schmitz war mit dem Ganzen gar nicht einverstanden und warf mir vor, nur auszuweichen. Aber ich musste doch die Oboe ausprobieren, um zu wissen, was ich wollte! Dann setzte er mich unter Druck und sagte, wenn ich Oboe studieren wolle, könne ich das tun, dürfe aber nie wieder zu ihm zurück. Das war für mich kein Problem, da ich sowieso nicht daran dachte, jemals wieder eine Flöte anzufassen. Bis die Welle in die andere Richtung zurückging, aber mit aller Macht: Ich musste einfach wieder Flöte spielen.

Kurz nachdem er Sie so unter Druck gesetzt hatte?

Ja, ganz kurz danach. Ich erinnere mich noch, wie ich ihm eine ganze Weile nachgegangen bin, ohne dass ich mich getraut hätte, ihn anzusprechen. Immer in zehn Metern Entfernung in der Hoffnung, dass er sich umdrehen könnte.

Aber er hat sich nicht umgedreht?

Nein.

Ein Glück! Hat Winschermann etwas von ihrem Dilemma gemerkt und irgendwie reagiert?

Durch einen raffinierten Kniff hat er mich wieder an die Oboe gebracht. Er gab mir das Manuskript eines klassischen Oboenkonzerts von Josef Fiala[7], einem mit Mozart befreundeten Komponisten, das ich abschreiben und üben sollte. Durch das Schreiben wurde ich wahrscheinlich abgelenkt. Ich beschäftigte mich ganz intensiv mit dem Stück und bekam immer mehr Lust, es zu spielen. Am Ende war mein Problem weg und ist nie mehr zurückgekehrt. Das Kapitel war damit endgültig erledigt. Bei Mucken habe ich übrigens beide Instrumente gespielt und war durch die doppelte Einsetzbarkeit für Veranstalter attraktiv, weil ich deren Kosten gesenkt habe.

Mich interessiert besonders, wie es Ihnen gelungen ist, so schnell den Abstand zu Ihren schon viel länger Oboe spielenden Kommilitonen aufzuholen, dass Sie bereits nach wenigen Jahren Ihre erste Orchesterstelle bekommen haben.

So schnell war das nicht. Das hat noch vier Jahre gedauert.

Was heute in der Regelstudienzeit wäre. Sie haben aber erst während des Studiums mit Ihrem neuen Hauptfachinstrument angefangen. Also ging es schon ziemlich schnell.

Es war ja kein völlig neues Instrument: Die Applikatur ist ähnlich und auch die Art der Musik. Ich hatte das Mozart-Konzert schon auf der Flöte gespielt und keine große Mühe, es auch auf der Oboe zu lernen. Vor meiner ersten Orchesterstelle war ich über die Studienstiftung noch für ein Jahr in Paris, außerdem zusammen mit meinen Brüdern auf Kammermusikkursen von Casals und Sándor Végh in der Schweiz. Diese Kurse waren sehr, sehr intensiv und haben auf uns großen Eindruck gemacht.

Wenn man all das in so kurzer Zeit erreicht, frage ich mich, ob diesem Erfolg nicht eine besondere Art des Übens zugrunde liegt? Sie müssen ja sehr effizient mit dem Faktor Zeit umgegangen sein. Gibt es da ein »Geheimnis«?

Ich habe natürlich nie bloß so in den Tag hinein geübt, obwohl viel über die Intuition ging, ebenso wie bei meinem Lehrer Winschermann. Der hatte eigentlich keine spezielle Unterrichtsmethodik: Er machte vor, und wir haben es teils bewusst, teils unbewusst übernommen, vor allem seine unglaublich virtuose Ansatztechnik. In puncto Methodik habe ich viel von Jost Michaels[8] gelernt, der die Bläser-Kammermusik geleitet hat. Dabei blieb nicht aus, dass ich auch seine methodischen Übungen kennenlernte, die er im Laufe der Jahre zusammengestellt hatte. Die übertrug ich auf die Oboe. Von Schmitz kannte ich ebenfalls einige Übungen, die ich mir zunutze machte.

Das ist sehr interessant: Alle Interviewpartner haben davon profitiert, dass sie über den Tellerrand des eigenen Instruments hinausgesehen und von anderen gelernt haben. Die Perspektive ist derjenigen der »normalen« Studenten entgegengesetzt. Sie haben gemerkt, was Ihnen fehlte bzw. was Sie brauchten, und haben sich umgesehen, woher sie es bekommen könnten. Der »normale« Student lässt sich von seinem Lehrer bedienen, und das reicht ihm.

Das wäre mir ganz fremd gewesen. Meist reichten kleine Hinweise hier und da, die ich mir zunutze machte. Auf den ersten Wettbewerben musste ich feststellen, dass ich nicht viel konnte. In Paris wurde mir klar, dass ich technisch noch fast ein Anfänger war. So wurde ich gezwungen, mir Gedanken zu machen, wie ich mich verbessern könne. Alle neuen Spieltechniken brachte ich mir selbst bei. Wir spielten ja während des Studiums in erster Linie Barock und frühe Klassik.

Sie haben ja auch schon früh Barockoboe gelernt.

Das war wiederum Winschermanns Verdienst. Ich durfte mit der Cappella Coloniensis[9] die legendäre Russlandreise machen, weil ein reguläres Mitglied, ein Berliner, aus politischen Gründen nicht mitfahren durfte. Der aufgeregte Anruf erreichte Winschermann, als ich gerade Unterricht hatte. Er schlug vor, dass ich mitfahren sollte, weil ich angeblich schon lange

Barockoboe spielte. Er verbürgte sich am Telefon dafür, dass ich es könne. Er ging dann an den Schrank, holte die Barockoboe heraus und gab sie mir mit den Worten: »So, jetzt geh nach Hause und üb das.« So war Winschermann. Durch die Arbeit in der Cappella habe ich viele interessante Leute kennengelernt, z. B. auch Paul Sacher[10] aus Basel, der auf mich aufmerksam wurde und vermittelnd geholfen hat, dass ich meine erste Stelle als Solooboist in Basel erhielt. Natürlich musste ich ein Auswahlvorspiel machen, geschenkt bekam ich die Stelle nicht. Ich spielte eine Händel-Suite vor und hatte wahrscheinlich irgendwas im Ton, weshalb sie mich genommen haben. Orchestererfahrung brachte ich keine mit und hatte bislang kaum Orchesterstudien gemacht. Auch das wäre heute undenkbar! Ich trat also völlig überfordert diese Stelle an und merkte dabei, was ich noch nicht konnte. Das erste Jahr war extrem anstrengend, weil ich von einem Waterloo ins andere kam. Ich habe versucht, die Probleme zu systematisieren und meinen technischen Stand Schritt für Schritt zu verbessern.

So schlecht können Sie aber nicht gewesen sein. Sie haben schließlich an einigen Wettbewerben teilgenommen und dort Preise gewonnen.

Ja, in Prag und Genf. Und den Deutschen Hochschulwettbewerb habe ich gewonnen.

Sind Wettbewerbe vor allem für die Karriere gut oder auch sinnvoll für die persönlich-künstlerische Entwicklung?

Für mich waren sie notwendig für die Entwicklung. Unbedingt! Ich habe ja im Grunde genommen immer nur *nach*gearbeitet: Defizite festgestellt und systematisch ausgeräumt. Ich war nie *vor*bereitet, sondern immer nur *nach*bereitet.

Haben die Wettbewerbe auch für die Karriere eine Rolle gespielt? Oder waren die persönlichen Beziehungen, zum Beispiel zu Paul Sacher, wichtiger?

Ein Preis bei einem großen internationalen Wettbewerb sieht in der Biografie immer gut aus. Aber das Netzwerk persönlicher Beziehungen hat letztlich mehr gebracht. In Basel habe ich Kontakt zu dem Schallplattenlabel »Claves« aufgenommen. Das waren zwei kunstsinnige Damen, die mit einem kleinen Kreis ausgewählter Künstler, zum Beispiel Peter-Lukas Graf, eine richtig renommierte Firma aufgebaut haben. Das war eigentlich der entscheidende Schritt zu einem größeren Bekanntheitsgrad, weil die Aufnahmen großen Erfolg hatten. Wir machten viel Bach, Vivaldi, die klassischen Oboenkonzerte, die ich später noch mal aufgenommen habe, auch Strauss. Es war eine Zeit, in der so etwas wirklich noch registriert wurde.

Wenn heute nicht wenigstens ein »Echo Klassik« darauf steht, interessiert das niemanden mehr. Aber damals wurde noch davon geredet.

Doch zurück zu Ihrem »Übe-Geheimnis«: Wie studieren Sie ein neues, noch nicht gehörtes Werk ein? Ist es bei jedem Stück ein wenig anders, oder verfahren Sie auf eine immer wieder ähnliche Weise, zum Beispiel indem Sie ein neues Stück erst einmal lesend kennenlernen?

Da gibt es wirklich kein Geheimnis. Wie ich arbeite, ist, glaube ich, nichts Besonderes. Ich fange sofort an, mit der Oboe auszuprobieren, ohne vorher zu lesen. Bei Stücken Neuer Musik sehe ich mir höchstens vorher die Spielanweisungen an, wenn ungewöhnliche Zeichen verwendet werden. Aber selbst das probiere ich sofort auf dem Instrument aus, weil ich mir eine genaue Vorstellung auch vom Klang, nicht nur von der Struktur machen will. Beides wächst im Laufe der Zeit zusammen: das Bewusstsein von der Struktur und eine bis zur kleinsten Note genaue Klangvorstellung. Es darf keine Note geben, die man ohne ein klares Bewusstsein von ihrem Platz in der Gesamtstruktur spielt. Vorher denke ich nicht, dass ich ein Stück wirklich beherrsche. Das merke ich immer wieder bei der Arbeit mit Studierenden. Da gibt es ganze Wüstenstriche von strukturlosen Noten, die ohne jede Idee von Zusammenhang gespielt werden.

Man kann also sagen, dass Ihre ersten Übeschritte darauf zielen, die Struktur bis ins kleinste Detail zu verstehen. Was geschieht dann, wenn jede Note ihren Platz in der Vorstellung gefunden hat? Gibt es noch Stellen, die Sie häufig üben müssen, damit sie sicher klappen?

Ja, natürlich gibt es die. Und daraus ergibt sich für mich eine der wichtigsten und interessantesten Fragen: Warum sind bestimmte Stellen schwer? Mein Verfahren ist, dass ich schwere Stellen in ganz kleine Gruppen von drei oder vier Noten zerteile, die für sich nicht schwierig zu spielen sind. Die Arbeit ist dann die, diese an sich leichten Notenfolgen so zu verbinden, dass ich auf die Knoten stoße, die die Verbindung verhindern. Meist sind das psychische Knoten, die man durch das Zerlegen in einfache Folgen überwindet.

Sie zerlegen erst, üben die Teilchen und setzen sie dann wieder zusammen.

Ja. Diese größeren Abschnitte übe ich erst wieder langsam, bis ich sie ganz sicher kann, dann allmählich immer schneller und in immer größeren Zusammenhängen. So löst sich der Knoten auf. Sehr häufig gibt es Probleme bei Trillern, die auf der Oboe oft unangenehm sind wegen der Griffkombinationen. Und wenn der Triller selbst funktioniert, ist das Problem die Hinführung zum Triller oder auch der Übergang zum Nachschlag. Komischerweise hat das Problem jeder, es ist eine Art Ladehemmung vor dem Nachschlag.

Wie lösen Sie das Problem?

Es kommt darauf an, den Schluss des Trillers an den Nachschlag zu binden. Dazu verlangsame ich die letzten Trillertöne und spiele den Nachschlag ruhiger, sodass der Schluss eine Art Doppelschlag ist.

Wie oft wiederholen Sie eine richtig schwere Stelle?

Sicher fünfzigmal, auch mehr.

Passiert es Ihnen, dass durch sehr häufiges Wiederholen eine Stelle immer mechanischer klingt, weil sie sich emotional entleert?

Es sind ja nicht nur Wiederholungen. Während des Spiels wächst beispielsweise das harmonische Verständnis, auch das Verstehen der Struktur. Ich entdecke dabei – was ganz, ganz wichtig ist – die Phrasierung, den energetischen Aufbau der Phrase.

Jede »Wiederholung« ist ein Schritt weiter zum Verständnis der Stelle und ihrer Bedeutung im Zusammenhang, kann man das so sagen?

Ja, unbedingt. Innerlich wächst etwas mit, während sich die Finger zunehmend von allein bewegen. Das ist auch ein Kernpunkt im Unterricht: Wenn du immer nur alles durchspielst, ohne mitzudenken, lernst du nichts, du schadest nur dir und dem Stück. Dann lieber spazieren gehen!

»Üben« Sie auch, wenn Sie spazieren gehen? Ich meine damit, ob auch mentales Üben bei Ihnen eine Rolle spielt.

Ja, das ist vor allem zum Auswendiglernen sehr gut.

Wann lernen Sie auswendig? Erst wenn Sie ein Stück vollständig spielen können oder schon beim Einstudieren? Geschieht es quasi von allein beim Üben, oder ist es ein gesonderter Prozess?

Bei mir ist das noch einmal ein gesonderter Vorgang. Vor allem lerne ich viel visuell.

»Sehen« Sie die Noten oder die Griffe?

Ich sehe eigentlich immer die Klaviatur vor mir.

Das ist interessant! Sie sehen nicht die Klappen?

Nein, ich sehe keine Klappen oder Griffe, sondern die Klaviertasten. Dadurch »sehe« ich auch die Harmonik, die ich so wichtig finde.

Schauen Sie sich auch den Klavierpart an, wenn Sie beispielsweise die Hindemith-Sonate auf der Oboe üben?

Ja, das mache ich immer. Natürlich übe ich den nicht, bis ich ihn im Tempo kann. Aber ich will die Harmonik verstehen, und im Falle Hindemiths auch die Polyphonie.

Lernen Sie erst auswendig, wenn Sie das ganze Stück spielen können oder schon wenn Sie einen größeren Teil geübt haben, z. B. die Exposition?

Immer in Teilen. Wenn ich die Exposition spielen kann, lerne ich sie sofort auswendig.

Auch mental?

Ja, und das empfehle ich auch immer wieder. Bei allen möglichen Gelegenheiten geht mir das Stück im Kopf herum. Dann kann mir im Konzert nichts mehr passieren.

Ich habe als Kind immer nur intuitiv auswendig gelernt, d. h., ich wusste das Stück irgendwann auswendig. Beim zweiten Mal »Jugend musiziert« ist es mir passiert, dass ich sehr lange vor der Tür warten musste, bis ich endlich an der Reihe war. Währenddessen gingen mir meine Stücke unfreiwillig durch den Kopf bzw. durch die Finger, bis ich an eine Stelle kam, die mir einfach nicht mehr einfiel. Die Noten hatte ich nicht dabei, sodass ich nicht nachsehen konnte. Klar, dass im Konzert die Stelle schiefgegangen ist. Seitdem habe ich mir vorgenommen, jedes Stück auch im Kopf auswendig zu lernen, damit mir so etwas nie wieder passieren kann.

Das meine ich: Man muss alles sicher »sehen« können; eher beherrscht man sein Stück nicht. Ich möchte noch etwas sagen, was ganz bläserspezifisch ist: Das ist das Problem der Rohre. Man lernt ein Stück immer auch mit einem bestimmten Material, vor allem in der Neuen Musik. Die Tonhöhenausdehnung ist ja viel, viel größer geworden. Das erfordert eine ganz andere Machart der Rohre, sonst sind diese hohen Töne gar nicht spielbar. Ich brauche für ein klassisches Stück und ein zeitgenössisches völlig verschieden gearbeitete Rohre. Wenn ich es etwas überspitzt formuliere, kann ich sagen, dass ich mir für jedes Stück ein passendes Rohr zubereite, und zwar beim Üben. Das Rohr verändert sich mit meiner sich entwickelnden Klangvorstellung.

Wie wiederholen Sie ein Stück, das Sie viele Jahre nicht gespielt haben?

Das geht jedenfalls schneller, als wenn ich es neu lernen müsste. Hier berühren wir einen Punkt, der wahrscheinlich damit zusammenhängt, dass ich erst so spät mit der Oboe begonnen habe. Mir fehlt völlig die unbewusste Sicherheit der Kollegen, die seit der frühen Kinderzeit ihr Instrument spielen. Deshalb weiß ich vom ersten Ton an genau, was ich gearbeitet habe. Es ist immer ein ganz bewusstes Üben. Der Nachteil meiner Entwicklung ist, dass mir diese unbewusste Komponente fehlt, die man hat, wenn man sich mit zwölf Jahren schon einmal durch die ganze Literatur gespielt hat; der Vorteil ist, dass ich alles gut vermitteln kann, weil ich sicher über jedes Problem schon einmal nachgedacht habe. Beim Wiederholen kommt mir das auch zugute, weil ich mich an sehr viel erinnern kann. Ich weiß auf jeden Fall noch, welche Stellen ich besonders üben muss und was damals das Problem – oder der Knoten – gewesen ist.

Das heißt, der Verstehensprozess, der beim ersten Mal Teil des Übens war, ist noch in der Erinnerung gespeichert und daher bereits abgeschlossen.

Ja. Es geht nur noch darum, den spieltechnischen Teil des Übens wieder zuverlässig zu machen.

Gibt es nicht auch den Fall, dass sich die Vorstellung von einem Stück über die Jahre gewandelt hat bzw. beim Wiedereinstudieren neue Ideen entstehen?

Ja, natürlich. Aber das übt man eigentlich nicht. Das kommt.

Gerade wenn Sie viel Barock gespielt haben, dürfte sich im Laufe der Jahrzehnte viel gewandelt haben. Man artikuliert doch heute ganz anders als in den 1950er Jahren.

Ja, sicher. Da kam man ganz aus der Spätromantik. Aber es gibt auch technische Details: Z. B. kann man die Barockoboe oder die barocke Traversflöte nicht mit Vibrato spielen. Das klingt ganz absurd. Dafür muss man sich das vorher gelernte Vibrato wieder abtrainieren.

Welchen Anteil beansprucht in Ihrem täglichen Üben die Repertoirepflege?

Ich übe meistens auf den nächsten Auftritt hin. Wenn Repertoirestücke dabei sind, übe ich die natürlich wieder mit. Ich übe aber immer gern Neues, selbst wenn eine Weile nichts Aktuelles anliegt. Was meine Studenten spielen, das möchte ich mir auch aneignen, virtuose, romantische Sachen, die in meinem Studium noch gar nicht entdeckt waren. Dass ich alte Sachen einfach so wiederhole, um sie warmzuhalten, kommt eigentlich nicht vor. Und täglich wächst das Repertoire um neue Stücke! Ich war persönlich sehr mit Isang Yun befreundet, der sich hervorragend mit der Oboe auskannte und wunderbare Stücke dafür komponiert hat. Die spiele ich, wo immer es geht. Und Berio, die *Sequenza*. All das sind Stücke, die man als Oboist einfach spielen muss. Das habe ich übrigens alles selber gelernt. Keiner meiner Lehrer hat so etwas gespielt.

Machen Sie auch Übungen zum Einspielen?

Ja. Damit geht es immer los. Es gibt ein paar Bereiche, die ich abdecke, bevor ich anfange, meine Stücke zu spielen. Der erste Bereich ist der

Umgang mit dem Ton: Tonhalteübungen, Vibratoübungen. Das Vibrato muss so flexibel sein, dass es nicht stereotyp klingt. Ich mag schon das Wort nicht; das klingt wie ein Etikett, das man einem Ton verabreicht. Es muss jedoch natürlicher Bestandteil des Tons sein.

Wie beim Singen also.

Unbedingt. Wenn ich ein Vibrato künstlich auf einen Ton aufpfropfe, ist es schon zu viel. Der Ton muss schwingen: Das ist Vibrato.

Wie sieht diese Tonhalteübung konkret aus?

Der Ton kommt aus dem Nichts, schwillt an und geht wieder zurück ins Nichts. Wenn man diese Übung kann, ist alles darin enthalten: die Kunst der Ansprache des Tons, Dynamik, das Beenden eines Tons ...

In verschiedenen Registern wahrscheinlich? Beginnend mit h^1 ...

Ja, das kommt hier wieder zu Ehren! Wenn ich neuere Musik spiele, die die dritte Oktave beansprucht, übe ich viel im höchsten Register. Als Bernd Alois Zimmermann das erste Mal ein a^3 geschrieben hat, ist die Bandbreite der Oboe enorm erweitert worden. Noch heute wissen manche Kollegen nicht die Griffkombination dafür. Kein Wunder, denn jahrhundertelang war das e^3 die absolute Grenze. Aber mich haben diese Grenzbereiche schon als Student fasziniert. Zum Teil wurde das Interesse an Neuer Musik sicher von meiner ersten Klavierlehrerin in Freiburg, Edith Picht-Axenfeld[11], angeregt, zum Teil war es aber auch schon immer eigener Wunsch.

Wie ist es mit Skalen, Geläufigkeit?

Mache ich auch. Das meinte ich mit »Bereichen«. Die manuelle Geläufigkeit ist der zweite Bereich, nachdem ich im ersten Bereich am Ton, also am Ansatz gearbeitet habe. Aber Tonleitern werden oft unterschätzt. Sie sind niemals nur manuell: Die Atemführung ist ganz, ganz wichtig. So eine Tonleiter nach oben zu führen, ist eine musikalische Aufgabe! Darin steckt die ganze klassische Musik. Ein anderer Schwerpunkt meines Übens ist der Staccato-Bereich. Es gibt so viele verschiedene Arten von »Staccato«: perlé, détaché, non legato, portato bis staccatissimo ... All dies muss genauestens geübt, alle Unterschiede herausgearbeitet werden.

Wie geht es danach weiter?

Das hängt davon ab, wie viel Zeit ich habe. Jetzt nehme ich mir zum Beispiel eine ganze Woche, in der ich etwa sechs Stunden auf den Tag verteilt üben werde, um ein Recital-Programm vorzubereiten, das ich nächste Woche in England spielen muss.

Wie können Sie als Bläser sechs Stunden am Tag üben? Wie hält das der Ansatz aus?

Ich werde natürlich nicht auf den Rohren üben, mit denen ich das Konzert spiele, sondern auf leichteren. Sonst würde ich es nicht aushalten. Aber die Rohre müssen gut genug sein, damit ich am Klang arbeiten kann.

Wenn ich so lange am Tag spiele, muss ich zwischendurch Rückenübungen zur Entspannung und Kräftigung machen. Gibt es bei der Oboe ein Haltungsproblem?

Oh ja! Man hat immer die Tendenz, nach vorn geneigt zu spielen. Ich stelle mich oft mit dem Rücken zur Wand, um mich aufzurichten.

Werden Sie jeden Tag das ganze Programm üben oder von Tag zu Tag andere Schwerpunkte setzen?

Ich übe immer nur schwerpunktmäßig. Ich weiß in jedem Stück, was ich besonders üben muss. Darauf konzentriere ich mich. In dem Stück von Isang Yun werden es vor allem die hohen Töne im Pianissimo sein. Das bedeutet auch viel Arbeit am Rohrmaterial, sonst sind die Töne gar nicht zu spielen. Aber ganz grundsätzlich ist mein Schwerpunkt die Arbeit am Ton, an der Tonbildung. Das ist für mich ganz zentral.

Wie weit haben Sie ein Stück einstudiert, wenn Sie zur ersten Probe gehen?

Das hängt natürlich von der Besetzung ab. Manche Dinge kann man nur mit den Partnern üben, weil so viel vom Zusammenspiel abhängt und von der Flexibilität der Partner. Es gibt Stücke, die man sogar auswendig können muss, sonst braucht man gar nicht erst anzufangen zu proben. Das Bläserquintett von Schönberg beispielsweise. Das müsste man eigentlich erst in Zweiergrüppchen proben, damit man wirklich jede andere Stimme genau kennenlernt.

Wäre das eine optimale Strukturierung des Probenverlaufs: eine größere Kammermusik-Besetzung in Zweierbeziehungen aufteilen und erst danach zusammenführen?

Ja, bei komplizierten Stücken. Aber das geht aus Zeitgründen natürlich nicht immer. Da aber bei Proben selten alle anwesend sind, weil immer irgendjemand verhindert ist, entstehen solche Kombinationen oft zwangsweise. So ist es uns beim Schönberg-Quintett ergangen. Erst bei den letzten vier Proben waren wir vollständig.

Abschließend würde ich gern eine Liste mit Eigenschaften durchgehen, die ich bei meinen letzten Interviews gesammelt habe und die mir für Künstler typisch erscheinen, denen es gelungen ist, eine tragfähige Karriere aufzubauen. Wenig überraschend ist die bei allen vorhandene ungewöhnliche Selbstdisziplin.

Na ja, meine Anfänge auf der Oboe waren eher ziemlich locker: Ich habe einfach das Ding in die Hand genommen und irgendwie angefangen zu spielen. Ich bin viel weggefahren. Mal habe ich meinen Lehrer ein ganzes Semester kaum gesehen. Das klingt eigentlich nicht nach außergewöhnlicher Selbstdisziplin. Ich hätte mir gewünscht, dass man mich an die Hand genommen und mir genau gesagt hätte, was ich Schritt für Schritt tun muss, um in möglichst kurzer Zeit aufzuholen, was ich alles nicht konnte. Stattdessen wurde ich sofort zu absoluter Selbstständigkeit erzogen.

Das meinte ich eigentlich mit Selbstdisziplin: Die Disziplin ist Ihnen von niemandem aufgezwungen worden, Sie haben sich *selbst* dazu erzogen. Ohne Ihre Fähigkeit zur Selbstkritik wären Ihnen Ihre Defizite nicht aufgefallen, sondern Sie hätten sich damit begnügt, eine tolle Stelle bekommen zu haben.

Wenn Sie es so meinen, war meine Selbstdisziplin allerdings sehr ausgeprägt.

Ja. Ich meine nicht Disziplin als »Sekundärtugend«, wie es Helmut Schmidt einmal genannt hat – also morgens möglichst früh aufstehen, zwei Stunden hirnlose Übungen und Etüden machen, acht Stunden nach Stoppuhr üben –, sondern als elementare Grundlage für die eigene Entwicklung, als Primärtugend. Eine weitere Eigenschaft: so flexibel sein, dass man in der Lage ist, ungewöhnliche Ereignisse als Glücksfälle zu erkennen, die es zu ergreifen gilt.

Ich hatte Glück, in Basel genommen zu werden... Aber das war nicht schwer als Glücksfall zu erkennen. Oder was meinen Sie?

Das war ja bereits das Ergebnis anderer Glücksfälle, die nicht so leicht als solche zu erkennen waren: des »Glücksfalles«, dass Sie plötzlich nicht mehr Flöte spielen konnten und sich etwas anderes überlegen mussten. Das war eigentlich in dem Moment ein Unglück, aber Sie haben daraus einen Glücksfall gemacht, weil Sie dank Ihrer Flexibilität und Ihres Interesses für andere Instrumente einen Ausweg gefunden haben.

Richtig. Als Glücksfall habe ich das damals sicher nicht empfunden. Ich war ganz unten.

Das trifft sich mit einer weiteren Eigenschaft: sich von Misserfolgen nicht entmutigen zu lassen. Sie hätten ja auch alles hinschmeißen können.

Dazu hätte auch nicht viel gefehlt.

Stattdessen haben Sie einen anderen Weg eingeschlagen.

Ich hätte es ganz aus eigener Kraft nicht geschafft. Meine Brüder, vor allem mein Bruder Johannes, haben mich sehr unterstützt. Da hatte ich immer einen Rückhalt.

Das ist auch ein häufig wiederkehrender Punkt: Die Stütze im familiären Bereich spielt in vielen Biografien eine große Rolle.

Winschermann hat mich auf seine Art natürlich auch gestützt. Das Beispiel mit der Barockoboe habe ich ja erzählt. Ich musste mir nur das Wie immer selber erarbeiten.

Der alte Detmolder Standpunkt: Begabungen finden selber ihren Weg. Leider kostet das sehr viel Zeit.

Das habe ich auch oft gedacht. Wie viel schneller hätte alles gehen können!

Andererseits haben Sie sich bei Lehrern, die Ihnen ein enges methodisches Korsett verordnet haben, recht bald unwohl gefühlt: ob es Gustav Scheck oder Hans Peter Schmitz gewesen sind. Bei Winschermann und der Freiheit, die er Ihnen gelassen hat, lief es hingegen sehr gut. Sie haben sich Ihre eigenen, zu Ihnen passenden Methoden entwickelt.

Ja, und die funktionieren bis heute. Sonst könnte ich mit 70 Jahren nicht mehr so viel spielen. Gerade beim Bläser rebelliert sonst der Körper.

Eine weitere Eigenschaft: Vielseitigkeit, über den Tellerrand des eigenen Instruments hinwegsehen können. Sie haben viel von der Flöte übernommen, Übungen von den Klarinettenkollegen adaptiert, Klavier als weiteres Hauptfach studiert, sich für Neue Musik interessiert und letztlich viele Kompositionen für Ihr Instrument angeregt. All diese Impulse kamen ja nicht von Lehrern, sondern waren eigene Wünsche. Überhaupt: andere Interessen neben der Musik. Die habe ich bei vielen Interviewpartnern gefunden.

Oh, ganz viele! Meine erste Frau ist eine brasilianische Pianistin: Wir haben in Brasilien das gemacht, was Bartók in Ungarn und Rumänien gemacht hat. Mit dem Mikrophon in der Hand haben wir quer durchs Land Arbeitslieder aufgenommen.

Also sprechen Sie auch Portugiesisch?

Ja, sicher. Diese Lieder haben wir aufgeschrieben und gesammelt. Wunderbare Musik! Und Literatur hat mich immer interessiert, und, und, und …

Habe ich noch eine Eigenschaft übersehen?

Vielleicht meine Leidenschaft als Lehrer. Das ist eine echte Passion. Es macht mir heute soviel Freude wie zu Beginn. Durch das Unterrichten habe ich mir viel mehr Gedanken über die Musik und mein Instrument gemacht, reflektiert, mir Methodisches einfallen lassen. Das Bedürfnis, alles weiterzugeben, damit die künstlerische Entwicklung fortgesetzt wird, lässt niemals nach.

Ingo Goritzki 193

Der Komponist und Interpret:
Jörg Widmann, Klarinette

Jörg Widmann (geb. 1973 in München) ist als Klarinettist und Komponist
gleichermaßen erfolgreich. Als Solist ist er Gast bei bedeutenden Orchestern im In- und Ausland und konzertiert mit Dirigenten wie Christoph
von Dohnányi, Sylvain Cambreling und Kent Nagano. Mehrere Klarinet-
tenkonzerte, zum Beispiel von Wolfgang Rihm und Aribert Reimann, sind
ihm gewidmet und von ihm uraufgeführt worden.

In seinem kompositorischen Schaffen widmet sich Jörg Widmann
allen Genres von Solo- über Kammermusik- und Orchesterwerke bis zur
großen Oper. Dirigenten wie Christian Thielemann, Pierre Boulez, Jonathan Nott und Kent Nagano führen seine Werke auf. Seine Opern werden
in Häusern wie der Alten Oper Frankfurt und der Bayerischen Staatsoper
München gespielt. Zentral im kammermusikalischen Schaffen stehen
seine Streichquartette, die u.a. vom Artemis Quartett, dem Hagen Quartett und dem Arditti Quartett zur Uraufführung gebracht wurden.

Jörg Widmann war Kompositionsschüler von Kay Westermann, später
von Hans Werner Henze, Wilfried Hiller, Heiner Goebbels und Wolfgang
Rihm. Sein Klarinettenstudium absolvierte er an der Musikhochschule
München und der Juilliard School of Music in New York. Seit 2001 unter-

richtet er als Professor für Klarinette an der Freiburger Musikhochschule. Seit 2008 ist er außerdem Professor für Komposition am Institut für Neue Musik der Musikhochschule Freiburg.

Mich interessiert sehr, wie Sie sich die doppelte Tätigkeit als Klarinettist und Komponist zeitlich organisieren. Können Sie beispielsweise am selben Tag unmittelbar hintereinander Klarinette spielen und komponieren?

Es bedarf heute mehr denn je einer ganz strikten Planung, die mir eigentlich völlig gegen das Naturell geht. Früher fiel es mir irgendwie leichter, beides am selben Tag zu machen. Als ich meine erste Oper geschrieben habe, 2002/2003, da habe ich nachts komponiert, am nächsten Morgen war ich um 10 Uhr in der Hochschule zum Unterrichten, mittags habe ich geübt, nachmittags wieder unterrichtet und abends komponiert. Das würde mein Körper heute gar nicht mehr mitmachen.

Ein solcher Tagesablauf klingt allerdings nicht sonderlich gesundheitsbewusst...

Nein, das ist er auch nicht. Deshalb habe ich mir jetzt ein paar Monate weitgehend konzertfrei gehalten, um meine neue Oper zu schreiben. Das ist für mich ein Novum.

Und wie ist es in »normalen« Zeiten, wenn Sie beides täglich unter einen Hut bringen müssen?

Da weiß ich zum Beispiel, wenn ich abends das Klarinettenkonzert von Mozart gespielt habe, dass ich danach auf dem Hotelzimmer keine Lust habe, einfach den Schalter umzulegen und weiterzukomponieren, wie ich es früher gemacht habe. Man braucht vor dem Konzert nicht nur den »Einschwingvorgang«, also das Üben, sondern hinterher auch einen »Ausschwingvorgang«: schön essen gehen oder wenigstens etwas trinken und die Musik nachwirken lassen. Ja, die Musik klingt nach – die Zeit dafür muss man sich gönnen! Man kann ein Mozart-Konzert nicht einfach innerlich abstellen. Das Schöne ist heute: Ich will es gar nicht abstellen.

Trotzdem passiert es mir immer noch, dass ich auf Konzertreisen mein Notenpapier mitnehme, aber dennoch keine Note schreibe. Ich bin dann wohl zu sehr in der gespielten Musik und nicht frei für meine eigene.

Also kann man sagen: Wenn Sie konzertieren, komponieren Sie nicht, und wenn Sie komponieren, spielen Sie nicht Klarinette?

Ganz so strikt vielleicht nicht. Jetzt habe ich für drei Wochen eine reine Komponierphase. Trotzdem übe ich jeden Tag in den Abendstunden Klarinette, weil ich am Ende dieser Phase ein Konzert mit einem äußerst schweren Programm mit Stücken von Wolfgang Rihm spiele, darunter ein Solostück, das die spieltechnischen Möglichkeiten des Instruments an die äußersten Grenzen treibt. Das ist ganz extrem: ständig höchste und tiefste Lagen; für den Ansatz wahnsinnig fordernd. Deshalb muss ich einfach täglich »trainieren«, sonst habe ich am Ende nicht die Kondition für das Stück. Auch fingertechnisch muss ich Dinge erfinden, die es eigentlich gar nicht gibt, weil er permanent Vierteltöne und Glissandi fordert. Dann folgt noch das knapp fünfzigminütige Klarinettenquintett. Das ist physisch eine Tortur, mental absolute Höchstanspannung – mir wird jedes Mal fast schwarz vor Augen, weil es so anstrengend ist. Aber die Belohnung ist ein wahnsinniger sinnlicher Rausch, in den man sich hineinspielt, ein totales Glücksgefühl. Das kann sich natürlich nur einstellen, wenn die physische Vorbereitung stattgefunden hat.

> Müssen Sie dafür jeden Abend das ganze Programm üben, um bei der Aufführung die Kondition zu haben? Oder gibt es andere Möglichkeiten?

Gestern Abend waren es zum Beispiel nur Ansatzübungen.

> Welche Übungen sind das?

Ganz altmodisch: Töne aushalten. Mir zuhören, wie sich der Ton entwickelt. Auf vieles bin ich bewusst erst gestoßen, als ich anfing, an der Hochschule zu unterrichten, im Jahre 2001. In dem Moment, in dem ich gezwungen war, meinen Studenten genaue technische und musikalische Hilfestellungen zu geben, habe ich mir beispielsweise noch einmal detailliert überlegt, wie ein Staccato technisch eigentlich funktioniert. Dadurch habe ich selber ganz viel gelernt. Witzigerweise kann ich auf denselben Zeitpunkt datieren, dass ich viel, viel mehr übe als vorher!

> Das war bei mir genauso. Wahrscheinlich liegt das daran, dass selbstständig gefundene Erkenntnisse die größte Motivation sind. Weil man sich dann endlich frei fühlt in dem, was man tut, nehme ich an.

Das ist mir ganz wichtig, vielleicht sogar das Wichtigste zum Thema Üben: die Selbstständigkeit! Ich weiß von vielen Studenten, dass sie ihre Fingerübungen lustlos machen, währenddessen Zeitung lesen oder sonst was, jedenfalls nicht mit allen Sinnen beteiligt sind, nur damit die »Pflicht« erfüllt ist. Diese Pflichterfüllung bringt gar nichts! Ich möchte es mal zuspitzen: Dummes Üben schadet!

Als Klarinettenprofessor leistet man in erster Linie Reparaturarbeit. Fast alle Verspannungen und technischen Fehler rühren von zu langem und falschem Üben her. Wenn ich Studenten frage, wie lange sie üben, höre ich astronomische Dauern, auf die ich es noch nie gebracht habe. Mich entsetzt das manchmal, und ich denke: Kein Wunder, dass nichts mehr funktioniert. Ich provoziere sie dann, indem ich ihnen sage: Übt weniger! Aber konzentrierter! Unterrichten ist ja nichts anderes als das Aufspüren von Fehlern, die beim Üben gemacht werden.

Ich habe früher ziemlich wenig geübt und war eher faul – das gebe ich gern zu. In der Pubertät war mir etwa mein Synthesizer viel wichtiger, da habe ich fast gar nicht Klarinette geübt. Ich bin noch heute so dankbar, dass der mir eines Tages geklaut wurde. So habe ich mich wieder an die Klarinette gemacht. Die Klarinette und ich – wir mussten uns erst einmal finden … Vielleicht sogar verlieren und dann wiederfinden!

Welche Übungen machen Sie noch außer Tonhalteübungen?

Meistens leite ich die Übungen von dem Stück ab, das ich übe. Sonst kann ich keine Motivation für so etwas finden. Manch einer übt erst einmal zwei Stunden lang Läufe. Das ist bei mir nicht so. Ich hoffe, Sie sind jetzt nicht enttäuscht, für Ihr Buch, meine ich.

Ich kann Sie beruhigen. Ich habe bislang noch niemanden interviewt, bei dem das so war!

Das ist ja komisch! Man nimmt wohl immer nur an, dass es bei anderen so sein müsste, und hat selber ein schlechtes Gewissen, weil man dazu keine Lust hat und auch keine Veranlassung sieht. Üben hat ja irgendwie immer auch etwas mit schlechtem Gewissen zu tun. Üben war früher was Böses. Das war die Zeit, in der man üblicherweise keinen Spaß hatte und zu Hause herumsitzen musste. Das *Spielen* war für mich schon immer mit Spaß verbunden, das Üben nicht unbedingt. Wenn ich aber meine Übungen vom Stück aus ableite, mache ich etwas Sinnvolles, das mir direkt für mein Ziel, das Spielen, etwas nützt.

Gibt es bestimmte Grundsätze für ein solches Extrahieren von Übungen?

Ich leite sie immer von Stellen ab, die ich *nicht* kann. Ich schraube dann den Schwierigkeitsgrad so extrem hoch, dass mir die Stelle im Stück leicht vorkommt.

Wie zum Beispiel in den Übungen von Cortot zu den Chopin-Etüden?

Ja. Als ich das erste Mal das Klarinettenkonzert von Rihm sah, habe ich gedacht: Das kannst du nie spielen. Dann habe ich jede Schwierigkeit noch verstärkt, um bei der Aufführung überhaupt die Kondition zu haben. Da steht man im Live-Konzert und weiß in Takt 1 genau, dass die erste Pause erst nach 32 Minuten kommt! Die Übevorbereitung muss so sein, dass auch der Nervositätsfaktor eingeplant ist, der Adrenalinschub, der manches in der Wahrnehmung verändert. Dadurch, dass ich in meinen selbst gemachten Übungen immer über die erforderte Schwierigkeit hinausgehe, kann ich mich im Ernstfall relativ entspannt fühlen. So mache ich es auch jetzt bei dem aktuell zu übenden Solostück von Rihm.

Und Ihren Studenten geben Sie denselben Tipp?

Ja, sicher. Ich lasse sie oft drei bis vier Minuten selbstständig üben, um festzustellen, ob in der Methodik ein Problem liegt. Sie üben dann brav langsam, weil sie wissen, dass uns Lehrer das so glücklich macht. Man kann leider auch dumm langsam üben!

Auf dem Klavier benötigt man für das schnelle Spiel einer Stelle oft ganz andere Bewegungsvorgänge als für langsames Spiel. Wenn man das beim langsamen Üben nicht berücksichtigt, übt man sich im langsamen Tempo ganz falsche Dinge ein. Ist das auf der Klarinette auch so?

Ja, genau! Und man stellt psychologisch auf Urlaubsmodus.

Statt sich besonders zu konzentrieren.

Ja, statt sich besonders auf die Bindungen zwischen den Tönen zu konzentrieren. Ich bin ein richtiger Legato-Fanatiker. Ein Legato ist für mich nicht nur dann gegeben, wenn ich Luft gebe und die Klappen im richtigen Moment drücke, sondern Legato ist ein spannungsgeladenes melodisches Ereignis. Es geht um das, was *zwischen* den Tönen ist!

Das ist das große Problem aller Tasteninstrumente: Wir können bzw. müssen das suggerieren, was ein Sänger ganz natürlich machen kann.

Das unterstreiche ich auf der Klarinette gern sogar etwas künstlich durch die eigentlich nicht hörbaren Zwischentöne. Ich versuche, die *Natur künstlich* herzustellen. Aber deshalb heißt sie ja auch *Kunst* und nicht *Natur*, weil wir mit viel, viel Aufwand versuchen, es *natürlich* klingen zu lassen!

Wie haben Sie sich einen Gesamteindruck von dem Rihm-Stück verschafft, als sie es das erste Mal gesehen haben? Sie konnten ja nicht einfach eine CD auflegen und sich auf diese Weise eine Vorstellung verschaffen.

Das Stück heißt *Über die Linie* in mehrfacher Bedeutung: Im Tennis heißt das, der Ball ist im Aus ... Es ist aber auch eine Komposition »über die Linie«, das heißt über das Melos. Ich kann mich noch gut erinnern, wie ich es 1999 in München aus dem Briefkasten gezogen habe und anschließend mit der Straßenbahn drei Stationen zu einem wichtigen Termin fahren musste. Nach neun Stationen bemerkte ich beim Partiturlesen, dass ich viel zu weit gefahren war und natürlich meinen Termin verpasst hatte.

Also ganz im Sinne des Titels: über die Ziellinie hinaus ...

Ja! Das lag wahrscheinlich daran, dass ich ganz instinktiv innerlich mitgeatmet und auf die erste Pause gewartet habe. Aber die kam nicht. Alles ist eine beinahe endlose Linie! Dafür braucht man einen fast endlosen Atem. Ich habe damals sofort aufgehört zu rauchen. Allerdings nur bis zur Premierenfeier ...

Die Straßenbahngeschichte interessiert mich sehr: Sie lesen also ein neues Stück erst einmal und versuchen, es sich möglichst genau innerlich vorzustellen? Kann man das schon als den ersten Übeschritt bezeichnen?

Das Allerwichtigste ist die klangliche Vorstellung! Daran mangelt es meistens. Sogar schon bei der allerkleinsten Zelle, der Erzeugung des Tons: Wenn ein Ton quietscht, liegt das zumeist daran, dass die Vorstellung von dem Ton, wie ich ihn wirklich möchte, nicht deutlich genug ist und unfreiwillig ein höherer Oberton entsteht. Wenn man ohne präzise Klangvorstellung spielt, nützt auch zeitintensivstes Üben gar nichts, dann bleibt alles pure Mechanik, die nach künstlich reproduzierter, angelernter Musik klingt.

»Man soll nicht spielen wie ein abgerichteter Vogel«, schreibt Carl Philipp Emanuel Bach.

Das ist das Musikfeindlichste, was es überhaupt nur gibt! Das gilt es grundsätzlich zu bekämpfen! Immer wieder erlebe ich so etwas beim Unterrichten: Die Leute haben schon über zehn Jahre Unterricht und hören zum ersten Mal, dass sie sich einen Ton ganz genau vorstellen müssen, und verstehen nicht, was ich meine. Sie werden zum ersten Mal zur Mündigkeit gezwungen. Das ist eigentlich das Schlimmste, was man von jemandem fordern kann! Schließlich ist das nichts, was von heute auf morgen geht, sondern ein langwieriger, auch schmerzhafter Vorgang. Aber ich lege wahnsinnig viel Wert auf Eigenverantwortung. Damit man am Ende die Autonomie der Mittel, die Freiheit über ein Reservoir auch von Techniken genießen kann.

Wie bauen Sie sich die Klangvorstellung auf? Vor allem lesend?

Was es so komplex macht, ist die Tatsache, dass ich die Vorstellung nicht vom Ohr trennen kann, also von dem, was ich bereits *gehört* habe.

Ja, jetzt sind wir beim entscheidenden Punkt! Können Sie sich, wenn Sie eine neue Rihm-Partitur lesen, wirklich gleich alles vorstellen?

Nein, nein! Vor allem kann ich mir nicht vorstellen, dass ich das jemals spielen kann! Selbstverständlich muss ich so einiges erst ausprobieren, *am Instrument* ausprobieren. Dadurch bildet sich die Vorstellung, die es mir im Umkehrschluss wiederum ermöglicht, bestimmte Dinge überhaupt zu spielen. Z. B. gibt es bei Rihm Töne, die noch höher liegen als alle bisher bekannten Extremtöne. Ein *es⁴ oder gar f⁴* kann ich ohne eine hundertprozentig genaue Tonvorstellung unmöglich spielen. Trotzdem kann ich natürlich sehr viel rein lesend der Partitur entnehmen. Wenn ich Zug fahre z. B., sitze ich da mit meiner imaginären Klarinette und greife die Töne vor meinem Oberkörper. Die Leute sehen mich dann an, als sei ich ein seltsamer Verrückter. Ich habe ganze Stücke auf diese Weise gelernt.

Auch auswendig?

Ja, auch. Wenn ich ein Stück geübt habe, stellt sich die Frage, ob auswendig oder nicht auswendig, sowieso nicht mehr, weil ich dann so in dem Stück drin bin, dass ich es einfach kann. Es läuft dann, wenn ich im Zug sitze und auf meiner imaginären Klarinette spiele, fast wie von selbst ab.

Ist das dann rein reflexhaft oder doch bewusst mental geübt?

Auch wenn vieles irgendwann reflexartig abläuft, mache ich es doch ganz bewusst. In manchen Phasen hätte ich gar nicht genug Zeit zum Üben, wenn ich immer mit Klarinette üben müsste. Außerdem wäre es fatal für den Ansatz, etwa zwei Stunden am Stück die extrem hohen Rihm-Töne zu üben. Danach wäre ich drei Tage erledigt. Aber auch beim Mozart-Konzert mache ich das so. Selbst wenn ich beim Mittagessen sitze und noch vor dem Einschlafen, immer spiele ich in Gedanken das Stück. Am Konzerttag kann ich so tun, als ob ich müde bin und mich hinlege, aber es geht gar nicht anders, als dass ich ständig das Stück innerlich spiele. Am Tag danach übrigens auch. Manchmal noch eine Woche danach. Es verfolgt mich! Ohne Neurosen geht es, glaube ich, nicht.

Können Sie am Ende alles auswendig?

Um Gottes willen, nein. Ich kann vor allem die Sachen auswendig, die ich als junger Mensch gelernt habe, also z. B. das Weber-Konzert, die Schumann-*Fantasiestücke* und natürlich Mozart. Die wichtigsten Stücke eben. Aber ich mache mir nicht den Stress, alles Neue auswendig zu lernen. Das bringt ja auch gar nichts für die Musik. Die Musik soll im Mittelpunkt stehen, nicht irgendwelche Wahnsinns-Gedächtnisleistungen.

Sind Sie beim Auswendiglernen ein visueller Typ, oder lernen Sie eher nach Gehör oder manuell-physisch? Oder analytisch?

Es ist zu 90 Prozent die Klangvorstellung und zu 10 Prozent die physische Erinnerung – vielleicht aber genau umgekehrt …

Ist es beim Entwickeln der Vorstellung ein Unterschied, ob Sie ein Solostück oder ein Orchester- oder Kammermusikwerk einstudieren?

Eigentlich nicht. Natürlich sehe ich mir die anderen Stimmen an, aber vor allem in rhythmischer Hinsicht. Der Rhythmus ist die Basis, auf der ich mich als Solist zurechtfinden muss. Deshalb weiß ich vor allem die rhythmische Struktur der anderen Stimmen, in die ich mich einfüge. Mich persönlich interessiert beim Partiturstudium aber die Harmonik, also das, was tatsächlich zusammenklingt.

> Wie ist es beim Komponieren? Da agieren Sie ja rein aus der Vorstellung heraus. Sie schreiben ein neues Stück, etwas, das es vorher nicht gegeben hat. Dennoch sagten Sie ja gerade, dass man sich eigentlich nur vorstellen kann, was man schon gehört hat. Insofern ist Komponieren eigentlich etwas ganz Paradoxes. Jedenfalls, wenn man etwas Neues machen will.

Ja, unbedingt. Als junger Mensch, als Schüler, habe ich meinen Lehrern oft Sachen vorgelegt, die in meiner Vorstellung so funktioniert haben, wie ich sie aufgeschrieben hatte. Dann sagt mir einer meiner Kompositionslehrer z. B.: Sieh mal hier, die tiefe Flöte kann kein Mensch hören, wenn du sie mit drei Posaunen zudeckst. Natürlich glaubt man das nicht, weil man es sich ja so schön vorgestellt hat. Woher will der Lehrer denn wissen, dass das nicht geht? Der hat es ja nicht geschrieben und noch gar nicht ausprobiert. Dass er trotzdem recht hat, merkt man dann leider bei der ersten Probe ...

Allerdings wird die Klangvorstellung gerade dadurch, dass ich einen bestimmten Fehler gemacht habe und den erkenne, nachhaltig geschult. Beim Komponieren ist es ganz sicher so. Wenn mir nicht schon ganz früh, zu Schulzeiten nämlich, meine Klassenkameraden meine Musik vorgespielt hätten, wüsste ich viel weniger über die Instrumente. Ich habe immer gefragt und konnte deshalb auch Dinge ausprobieren, die vielleicht völlig absurd waren, mich aber dann auf irgendeine Spur gebracht haben. Dadurch lernt man am meisten.

> Ist dieser Lernprozess beim Entwickeln einer genauen Klangvorstellung für Sie als Komponist irgendwann abgeschlossen? Werden Sie eines Tages alles voraushören, was Sie aufschreiben?

Selbst der alte Ligeti, der nun wirklich Ohren wie sonst kaum einer hatte, sagte: »Ob ein Stück gut ist oder nicht, merke ich erst in der ersten Probe.« Ein gewisser Prozentsatz an Unsicherheit bleibt immer, wenn man Neues macht. Für meine neue Oper schreibe ich jetzt einen Orchestersatz, wie ich ihn in dieser Fülle und Dichte noch nie geschrieben habe. Meine Klangvorstellung wächst zwar bzw. wird immer genauer, auf der anderen Seite zweifle ich und bin unsicher. Vielleicht suche ich geradezu das Unwägbare, das unsichere Terrain. Und beim Spielen ist es genauso. Wenn ich auf Tournee bin, will ich nicht jeden Abend gleich spielen. Sonst bin ich todunglücklich. Das Publikum mag klatschen und begeistert sein, aber ich bin unerfüllt. Umgekehrt aber auch: Ich bin überglücklich, wenn mir etwas gelungen ist, was ich vorher noch nie geschafft habe, auch wenn das Publikum davon nichts gemerkt hat.

Ich bin jemand, der das Risiko sucht. Im Laufe der Zeit wird das Bewusstsein für Technik – verstanden als ermöglichender, der Kunst dienende Faktor – immer größer, aber eben bedingt durch die Risikofreude, durch die Suche nach Neuem. Das betrifft beim Komponieren z. B. die Instrumentation: Ich habe eine Vorliebe für absolut durchgehörte, aber auch eine erträumte Instrumentation; ich brauche die »Technik« als meinen Erfahrungsschatz, und ich brauche die Vorstellung eines »un-erhörten« Klangs, also das Risiko. Eines ohne das andere ist nichts.

Dieser Einbruch des Unvorhergesehenen beim Komponieren – so möchte ich das »Risiko« hier einmal nennen –, wann passiert der? Mitten beim Schreiben, oder kann das auch sein, während Sie spazieren gehen oder Straßenbahn fahren und an das neue Stück nur denken?

Immer. Immer kann das passieren. Nur planen kann man das nicht. Meistens geschieht das beim Schreiben selbst. Man sagt nicht ohne Grund: Der Appetit kommt beim Essen. Auch Ideen stellen sich eher ein, wenn man bei der Arbeit ist bzw. in den Pausen dazwischen. Ich kann eine Form quasi am Reißbrett entwickeln, aber das ist nicht das Spannende. Spannend wird es, wenn die Musik sich verselbstständigt und in eine ganz andere Richtung drängt. Gerade erst ist mir das wieder in meiner Oper passiert: Es gibt da eine Frauenfigur, die »Seele«, die ihren ersten Monolog, ihre erste Arie singt. Ich hatte mir ursprünglich einmal eine latente Dreiteiligkeit gewünscht, weil sie aus dem Text hervorgeht, aber keine formalen Eckpfeiler eingerammt, um das zu bewerkstelligen. Trotzdem hat sich ganz überraschend eine Dreiteiligkeit eingestellt, weil just an einem wichtigen Punkt etwas wiederkehrte, das die ganze Arie erscheinen lässt, als handele es sich um eine bewusste, absolut strenge Struktursetzung. Das war mir selbst unheimlich.

Während des Komponierens war Ihnen das gar nicht bewusst?

Überhaupt nicht. Ich komponiere in einer gewissen Heillosigkeit, einem Rausch. Die Musik kommt aus dem Körper, auch beim Komponieren! Das ist überhaupt ein ganz wichtiger Punkt: Musik ist etwas Physisches! Wenn ich ein Fortissimo schreibe, setze ich unwillkürlich den Stift fester auf. Diese Entsprechung brauche ich unbedingt beim Schreiben.

Geht es Ihnen auch so, dass Sie es irgendwann nicht mehr aushalten, sitzen zu bleiben?

Ja, ich laufe herum, wie verrückt. Oder ich schreie. Bei einem Bartók-Pizzicato z. B.: vor der Entladung; diese Energie, die sich davor aufstaut!

Wir haben jetzt über das Verhältnis von »Technik« – als Erfahrungs-Fundus – und Risikobereitschaft gesprochen, bzw. über das Verhältnis von Absicherung und Wagemut. Wie sichern Sie ein fertig einstudiertes Stück? Mut zum Wagnis setzt ja technische Sicherheit voraus. Wenn man eine bestimmte schwere Stelle sehr oft üben muss, kann aber das verloren gehen, was uns so wichtig ist: die physische Unmittelbarkeit, die emotionale Frische.

Man muss immer ein Staunender bleiben; auch wenn man den Lauf zum tausendsten Mal spielt.

Gelingt Ihnen das immer?

Nein. Aber den Anspruch möchte ich immer haben, sonst würde ich gar nicht auf die Bühne gehen. Ich möchte nicht heute so spielen wie gestern Abend. Ich will nicht etwas reproduzieren, was ich scheinbar sicher habe.

Denken Sie nicht manchmal: Das war es jetzt, so geht das Stück, so mache ich es?

Doch, natürlich. Das sind ganz besondere, die beglückendsten Momente. Aber man entwickelt sich weiter, und zwei Jahre später, wenn man das Stück wieder ausgräbt, entdeckt man etwas ganz Neues, was man bisher übersehen hatte. Oder man hört eine Aufnahme eines Konzertes, die man damals nicht schlecht fand. Und ist von sich enttäuscht. Und beim nächsten Auftritt kommt wieder etwas anderes hinzu, das beim Üben gar nicht planbar war.

Wie bereiten Sie sich unmittelbar auf einen Auftritt vor?

Ich habe für mich irgendwann festgestellt, dass endloses Sich-Einspielen für mich nicht nur nicht förderlich ist, sondern mir Energie und Spannung wegnimmt. Ob Sie es mir glauben oder nicht: Meist nehme ich die Klarinette erst 10 oder 5 Minuten vor Konzertbeginn aus dem Kasten.

Fünf Minuten nur? Das ist ja mutig ...

Die Realität sieht ohnehin jedes Mal etwas anders aus. Manchmal muss ich nach einem Konzert sofort den Nachtzug nehmen, weil ich gleich am nächsten Morgen woanders wieder probe oder eine Matinee habe. Aber tendenziell ist es so, dass ich am Tag eines »Konzertes« nicht zu viel übe, um abends frisch zu sein.

Das betrifft auch das Proben. Ein Satz von mir, den meine Kollegen sehr gut kennen, lautet: Wir müssen doch jetzt am Konzerttag nicht alles spielen. Wir haben vorher geprobt und brauchen nicht in der Generalprobe alles schon vorwegzunehmen. Die unmittelbare Konzertvorbereitung beim Proben sollte immer eine gute Mischung sein aus Festlegen und Offenlassen. Wenn ich schon vorher weiß, dass ich eine bestimmte Harmonie besonders schön vorbereiten werde, kann es sein, dass sich gerade der Zauber dieser Harmonie nicht einstellt. Das ist immer unser Dilemma: Wissen – und das Wissen vergessen! Darum geht es.

Ein ganz wichtiger Satz! Der könnte von einem Zen-Meister stammen. Wir haben jetzt von der Generalprobe gesprochen – gehen wir ein paar Schritte in der Zeit zurück: Wie läuft eine erste Probe ab? Wie lernen Sie gemeinsam mit den Kollegen ein neues Stück kennen? Gehen Sie es erst einmal langsam durch, oder gibt es eine andere Methodik?

Ich kann mich an eine erste Probe mit dem wunderbaren Arcanto Quartett erinnern, als wir das Klarinettenquintett von Brahms geübt haben. Wir haben unglaublich langsam gespielt, um wirklich einmal alle Harmonien zu hören. Das Quartett hatte schon ohne mich geprobt und empfand das Tempo bereits als ganz natürlich, was mich zunächst etwas irritierte. Dann stellte ich bei der Wiederholung fest, dass mir das langsame Spiel physisch sehr viel brachte. So konnte ich meine Aufmerksamkeit auf die Bindungen lenken, auf das, was zwischen zwei Tönen passiert. Das war sehr spannend. Nach einer Stunde fragte ich, ob wir es nicht auch einmal schneller spielen wollten, so sehr hatten wir uns in das Stück in diesem Zeitlupentempo vertieft. Es dann *allegro* zu machen, war herrlich: Alles war ausgesungen, so wie wir es zuvor langsam geübt hatten, aber jetzt ganz im Fluss. Das kann man nur mit guten Freunden machen, die man genau kennt. Da kann man sich auch im Konzert überraschen, weil man gern aufeinander hört. Und deshalb proben wir so lustvoll.

Was machen Sie, wenn Sie unterschiedliche Auffassungen haben? Oder kommt das kaum vor?

Doch! Das kommt vor. Dann versucht man, sich auf die anderen Vorstellungen erst einmal einzulassen. Wenn mir etwas physisch eigentlich gegen den Strich geht, finde ich das in einer Probe schwer, aber durchaus auch spannend. Dennoch können die Auffassungsunterschiede an die Substanz gehen. Jeder hat z. B. ein leicht anderes Tempogefühl – aber am Ende müssen wir alle zusammenkommen.

Spielen Sie am Ende eine Kompromissversion oder bei einem Konzert die eine und beim nächsten Konzert die andere Fassung?

Manchmal machen wir es so, dass wir bewusst eine bestimmte Version spielen. Dann sind zwei Leute glücklich und strahlen, während die anderen unglücklich sind. Das kann vorkommen. Dazu gibt es eine schöne Geschichte mit Furtwängler und den Berliner Philharmonikern. Das Orchester wollte einmal erreichen, dass alle Spieler wirklich gemeinsam einsetzten. Furtwänglers Dirigat war aber so, dass es eine gewisse Unschärfe nicht nur in Kauf nahm, sondern geradezu wünschte und die hundertprozentige Gleichzeitigkeit von Einsätzen als primäres Ziel gar nicht intendiert hat. Er hat trotzdem seinem Orchester den Gefallen getan. Nach der Probe waren die Musiker überglücklich und fragten Furtwängler, ob es ihm nicht auch so besser gefallen habe. Aber er war gar nicht zufrieden und sagte: »Ach, es war so scheußlich direkt!« Das kann man unter Freunden sagen, ohne dass jemand beleidigt ist. Selbst wenn man eine andere Version ausprobiert hat und sich hinterher wieder für die erste entscheidet, wird diese anders sein als zuvor, weil neue Erfahrungen hinzugekommen sind. Deshalb kann ich nur appellieren, auch immer wieder an mich selber, offen zu sein und alles erst einmal zu probieren und sich wirklich darauf einzulassen.

> Und wie ist es mit Dirigenten? Mit Kammermusikpartnern ist es vielleicht weniger problematisch, weil man in der Regel öfter proben kann, um sich anzunähern. Aber mit Orchester hat man ein, zwei Proben und, wenn man Pech hat, einen unflexiblen und autoritären Dirigenten.

Man hat ja immerhin die sogenannte Verständigungsprobe. Da kann man die wichtigsten Dinge besprechen. Ich habe mir inzwischen angewöhnt, wirklich gravierende Auffassungsunterschiede in aller Ruhe direkt anzusprechen. Es hat gar keinen Sinn, damit hinterm Berg zu halten. Ich weiß von mir, dass ich sonst so unglücklich werde, dass gar nichts mehr geht. Ich strahle dann auch nichts Positives mehr aus und kann fast nicht mehr spielen. Deshalb ist es am besten, man räumt die Unterschiede vorher aus.

> Gibt es Dirigenten, die darauf verstimmt reagieren?

Was ich jetzt sage, verstehen Sie bitte nicht falsch: Die wirklich guten Dirigenten sind unglaublich flexibel, die tollsten Dirigenten begleiten am besten. Daran zeigt sich, finde ich, die Qualität eines Dirigenten. Ich denke an ein fantastisches Erlebnis mit dem Mozart-Konzert beim Schleswig-Holstein-Festival mit dem NDR-Orchester unter Christoph Eschenbach, Live-Übertragung im Fernsehen. Ich wollte keine Zugabe spielen, weil das nach diesem Stück eigentlich nicht geht, aber das Publikum ließ nicht locker. Wir haben dann doch den zweiten Satz noch einmal gespielt, und zwar ohne irgendetwas zu »machen«. Eschenbach hat mich einfach spielen lassen, er hat mit seinen Händen ganz wenig gezeigt, das Orchester hat traumhaft gespielt. Ich bekomme beim bloßen Gedanken daran eine Gänsehaut. Die schönsten Konzerte sind immer die, in denen man miteinander verschmilzt. Jedes Autoritätsgehabe, jeder Machtanspruch ist in der Musik fehl am Platze. Dann kann eine solche Symbiose nicht entstehen.

Jetzt drehen wir den Spieß einmal um: Wie ist es, wenn Sie als Komponist Ihre Musik den Interpreten überantworten? Nehmen wir ruhig einen Solisten. Der hat seinen eigenen Kopf und macht alles ganz anders, als Sie es sich vorgestellt haben. Was nun?

Das ist eine ganz wichtige Frage. In letzter Zeit sagen mir die Spieler fast immer, dass ich zu viel Dynamik schreibe. Sie sichern sich im Vorfeld schon ab, dass sie es vielleicht anders machen könnten. Es war Hans Werner Henze, der mich auf die Rolle der Dynamik aufmerksam gemacht hat. Ich war damals sechzehn und habe die Notwendigkeit nicht gesehen, den Musikern Dynamik und Artikulation vorzuschreiben. Ich war auf dem pubertär unerfahrenen Standpunkt, dass die z. B. wissen, dass sie crescendo spielen müssen, wenn ein Lauf nach oben geht. Henze hat mir damals in Montepulciano die halbe Ouvertüre zu meiner Schuloper, an einem Tisch sitzend, dabei immer ungehaltener werdend, mit dynamischen und Artikulationszeichen vollgeschrieben. Das war am Ende der beste Moment des ganzen Stückes, weil es einfach der genaueste war. Daraus habe ich viel gelernt.

Wie genau müssen die Musiker Ihre Angaben erfüllen? Sind Sie ein strenger Zuhörer?

Ich habe eine sehr genaue Vorstellung von meinen Stücken und bin insofern in den Proben ziemlich fordernd. Wenn mir aber ein Ensemble eine Fassung vorspielt, die zwar anders ist als meine ursprüngliche Vorstellung, aber in sich geschlossen und stimmig, dann möchte ich gar nicht, dass die Musiker etwas in Richtung meiner eigenen Vorstellung ändern.

Demnach gehen Sie als Komponist an Ihre eigene Musik nicht anders heran als an die anderer Komponisten. Beethoven soll gesagt haben, als ihm eine begabte junge Pianistin ein Stück ganz anders vorgespielt hat, als er es sich vorgestellt hatte: »Wenn es nicht ganz Ich ist, ist es besser als Ich.« Gerade von dem eher strengen Beethoven hätte man einen solchen Satz nicht erwartet.

Das überrascht mich auch. Allerdings kennen wir ihn nicht in Proben. Wir wissen nicht, ob er nicht auch vollkommen ausgerastet ist, wenn ein Sforzato nicht so stark kam, wie er es sich gewünscht hat. Meine Reaktionen als Komponist sind ganz stark davon abhängig, wie geschlossen eine Version in sich ist. Wenn ich ein junges Ensemble höre, das im Furor an sein extrem schnelles (oder langsames) Tempo glaubt und künstlerisch absolut überzeugend spielt, würde ich mir kleinlich vorkommen, den Musikern nach einer gelungenen Aufführung zu sagen: »Also eigentlich steht hier nur Mezzoforte, oder der Teil war zu langsam« usw. Dann gebe ich nach.

Wann würden Sie kritisierend eingreifen?

Wenn ich merke, dass Leute zwar schon fantastisch sind, aber durch ein paar Hinweise noch besser werden könnten. Und manchmal – das gebe ich gerne zu – bin ich in einer Probe sehr pedantisch.

Wie war oder ist es mit András Schiff, der einiges von Ihnen gespielt hat und spielt? Kann man es als junger Komponist überhaupt wagen, solch einer Berühmtheit Ratschläge zu geben?

Sehr angenehm, vollkommen offen gegenüber allem, was ich anzumerken hatte. Gleich bei der ersten Probe sagte er zu mir, ich solle alles sagen. Und das habe ich auch gemacht. Zum Beispiel waren die Tempi noch zu langsam, was ihm aber selber bewusst war, weil es noch Übetempi waren. Er hat alles ganz großartig aufgenommen, nur an einer Stelle hatte er eine ganz andere Auffassung. Aber sie war so überzeugend, dass es ein Fehler gewesen wäre, ihn umstimmen zu wollen. Im Konzert fand ich just diese Stelle ganz wunderbar, woraufhin ich die Metronomzahl im Sinne seiner Interpretation geändert habe. Oft sind die Metronomzahlen erst nach mehreren Aufführungen wirklich klar. Ich habe keine Probleme damit, da noch Änderungen im Nachhinein vorzunehmen. Auch dynamische Angaben verändere ich noch, wenn ich bei Proben oder Aufführungen merke, dass sie so nicht funktionieren.

Also reift die Vorstellung eines Komponisten selbst bei seinen eigenen Stücken durch die Praxis! Sind bei Ihnen die Metronomzahlen vor einer Aufführung auch meistens zu schnell?

Immer! Die schnellen immer!

Vielleicht liegt das daran, dass die Klangvorstellung beim Komponieren noch quasi »materiefrei« ist, sich noch nicht am Widerstand der Klangkörper, der Akustik und auch der Trägheit der Hörwahrnehmung reiben muss. Das sollte einem eigentlich zu denken geben, wenn man Original-Metronomangaben von Beethoven liest. Die schnellen Tempi, die Adorno unbedingt wörtlich verstanden haben wollte, sind fast absurd schnell.

Absolut! Und selbst wenn ein Tempo am Anfang mal stimmt, nach drei Takten gilt es doch schon nicht mehr, weil etwas anderes passiert. Der Klügste in dieser Hinsicht ist Brahms. Der schreibt z.B. »quasi sostenuto« im Allegro; einfach nur »sostenuto« würde bedeuten, dass es kein Allegro mehr ist. Der weiß auch, wo wir Interpreten das Crescendo anfangen wollen und schreibt es allein deshalb schon zwei Takte später hin.

Legen Sie als Klarinettist in einem Ensemble wenigstens prophylaktisch ein Tempo zur Orientierung fest, oder kann das bei jeder Aufführung ganz anders sein?

Ich nenne mal ein Beispiel: *Kegelstatt-Trio* KV 498 von Mozart mit Tabea Zimmermann und Hartmut Höll; wir haben uns einmal Metronomzahlen in die Noten geschrieben, nicht als Festlegung für alle Zeiten, sondern mit Datum, um ein paar Jahre später nachsehen zu können, wie wir es damals gemacht haben. Es gibt durchaus Sätze, die sich nur minimal verändern, andere haben eine größere Bandbreite. Das Extrembeispiel, was die Relativität von Metronomangaben anbelangt, ist mein Stück *Phieberfantasie*: Dort gibt es so viele neue Klänge, dass man das »richtige« Tempo am Schreibtisch gar nicht festlegen kann. Erst durch die Aufführungen ist das Stück richtig entstanden. Ich habe dann eine neue Druckausgabe angefertigt, um nicht jedem Ensemble wieder aufs Neue sagen zu müssen, dass die Tempi eigentlich ganz anders sind. Ich weiß natürlich nicht, wie es in zwanzig Jahren sein wird …

Aus allem, was bis jetzt gesagt wurde, hört man eindeutig, wie notwendig Aufführungen für die Reifung nicht nur der Künstlerpersönlichkeit, sondern tatsächlich auch der Musikstücke selbst sind. Deshalb interessiert mich nun, wie alles bei Ihnen begonnen hat.

Wie es sein sollte: mit der musikalischen Früherziehung, damals noch eine Selbstverständlichkeit. Da wurden alle möglichen Instrumente vorgestellt, und mich hat vor allem die Klarinette begeistert. Wochenlang habe ich meine Eltern gelöchert, die das erst für eine Laune gehalten haben. Ich war aber so hartnäckig, dass ich mit sieben Jahren anfangen durfte.

Der erste Lehrer ist meistens sehr wichtig. Hatten Sie Glück mit Ihrem? War das gleich ein Volltreffer?

Ja, ich hatte Glück. In der Musikschule des Nachbarortes Ottobrunn gab es einen wahnsinnig guten Klarinettenlehrer, Raul Alvarellos: ein argentinischer Vollblutmusiker, der bei meinem späteren Lehrer Gerd Starke an der Münchner Musikhochschule studiert hatte. Ihn »nur« als Klarinettisten zu bezeichnen, trifft diesen Menschen gar nicht. Der hatte *Carmen* in Tokio dirigiert, ein Barockorchester gegründet und mit Ottobrunner Musikern *Così fan tutte* aufgeführt. Bei ihm zu Hause gab es immer Pasta, Tenöre liefen laut singend durch die Wohnung, und unglaublich schöne Frauen waren da immer … Ich kam schüchtern zum Unterricht und merkte auf einmal, dass Musik noch etwas vollkommen anderes ist als die Welt, die ich bisher kannte. Musik ist eben nicht nur Üben müssen und dann vorspielen; beim Essen wurden immer irgendwelche Rossini-Arien geschmettert, Musik war immer, immer dabei. Alles war davon durchdrungen … Der war durch und durch Musiker. Der hat mich am Klavier begleitet mit der Mendelssohn-Sonate, das konnte er auch noch.

Und wie kamen Sie zum Komponieren?

Im Unterricht brauchte ich ein Notenschreibheft, das ich anfangs sinnlos mit Noten vollgemalt habe. Ich hatte einfach physisch Freude daran, Noten zu schreiben. Im Laufe des Unterrichts lernte ich mehr über Musik, und so wurde das sinnlose Gekritzel irgendwann sinnvoller. Das Umfeld spielte sicher eine große Rolle: Meine Eltern waren zwar keine Musiker, hatten aber ein Hobby-Streichquartett, außerdem gingen wir oft ins Konzert und in die Oper. Das waren meine ersten musikalischen Eindrücke. Dabei spielte schon früh die Musik Carl Maria von Webers eine große Rolle. Ich kann mich noch gut an einen *Freischütz* erinnern, der mir auch seine Liebe für die Klarinette deutlich zeigte. Und diese Instrumentationskunst! Ich bin keiner der Musiker, die die Nase rümpfen, wenn es um Weber geht.

Klarinettisten, die über Weber die Nase rümpfen, dürfte es wohl sowieso nicht geben.

Das stimmt! Aber auch als Komponist finde ich die Musik phänomenal. Das sage ich ganz ohne Koketterie: Einmal so ein Stück schreiben wie die *Freischütz*-Ouvertüre – das wär's! So ein geglücktes Stück! Da stimmt alles! Und revolutionär noch dazu! Denn er hat die Instrumentationskunst umgestürzt. Die Franzosen haben das begriffen. Berlioz beschreibt in seiner ganzen Instrumentationslehre webersche Künste; selbst Debussy, der nicht im Verdacht steht, deutsche Musik besonders zu lieben, hat gesagt, die Impressionisten dächten, die Musikgeschichte durch besonders fein abgetönte Klangschattierungen bereichert zu haben (was ja stimmt!), Weber habe das aber bereits vor 100 Jahren getan. Und Strawinsky, auch nicht unbedingt als Liebhaber deutscher Romantik bekannt, sagte, Weber sei »der Fürst der Musik«, er liebte die Noblesse und Eleganz dieser Musik. Weber war für mich ein Erweckungserlebnis, auch was die Lust an der Virtuosität anbelangt.

In welchem Alter passierte das?

Vielleicht so mit neun, zehn, elf. Meine ersten Kompositionen – aber so darf man das eigentlich noch gar nicht nennen – entstanden in der Zeit. Ich hatte das Glück, meine Sachen immer gleich hören zu können. Damals gab es auch die Kinderkonzerte der Münchner Philharmoniker, mit denen ich einen Satz aus dem Mozartkonzert spielen durfte. Und ich bekam dort meinen ersten »Kompositionsauftrag«. Das waren Variationen über Ein »Mädchen oder Weibchen« aus der *Zauberflöte*. Zum ersten Mal konnte ich für ein Horn schreiben – in einer Mollvariation, über die ich sehr glücklich war. Dann gab es andere Stellen, die ich sehr schlecht fand. Jedenfalls konnte ich auf diese Weise schon sehr früh verifizieren, ob etwas funktionierte oder nicht.

Wissen Sie noch, wie Sie überhaupt die Möglichkeit erhielten, für die Münchner zu schreiben? Wer hat das vermittelt? Oder haben Sie einfach etwas hingeschickt?

Es sind immer einzelne Menschen, nicht abstrakte Institutionen. Heinrich Klug, langjähriger Solocellist des Orchesters, war auf mich aufmerksam geworden und gab mir die Chance mich auszuprobieren. Das sind Glücks- und vielleicht auch Zu-fälle. Deswegen kann man Karriere auch nicht am Reißbrett planen. Die schönsten Möglichkeiten ergeben sich und sind eben nicht von langer Hand geplant. Das ist wie beim Komponieren.

Wie kamen Sie zu Ihrem ersten Kompositionslehrer, Kay Westermann?

Den ersten Ansporn gab die damalige Leiterin der Musikschule meiner Heimatgemeinde, Sieglind Bruhn. Sie war mit ihm befreundet und sah, dass ich gerne Musik aufschreiben wollte. Er hat mir mein erstes Handwerkszeug vermittelt. Auch wieder ein Glücksfall. Er hatte auch die Größe, irgendwann zu sagen, dass ich nun zu jemand anderem musste. Wie Alvarellos, der mich zu Gerd Starke vermittelte, als ich dreizehn war. So kam ich an die Hochschule als Jungstudent und wurde gleich ins kalte Wasser geworfen. Es war nie so, dass ich erst die Theorie für etwas gelernt und die dann angewendet hätte, sondern immer umgekehrt. Erst kam der Sprung ins kalte Wasser, dann der Wunsch, etwas zu lernen und theoretisch zu hinterfragen. Nur so hat man ja auch die Motivation. Meine Kompositionslehrer haben mir immer gesagt, ich müsse Kontrapunkt lernen. Nichts war mir fremder und kam mir sinnloser vor. Heute finde ich das ganz enorm wichtig: Aber *glühender* Kontrapunkt muss es sein, Mendelssohnscher oder der des Mozart-Requiems, das ist inspirierter, unakademischer Kontrapunkt. Das ist mir heute ganz wichtig: nicht eine beliebige Idee zu haben und die aufzuschreiben, sondern diese Idee permanent anzuzweifeln und ihr dadurch womöglich viel mehr zu vertrauen und zu ihrem Recht zu verhelfen. Aus diesem dialektischen Spannungsverhältnis kann etwas Drittes entstehen. Das ist komplexer und schwieriger, aber anders würde es mich heute nicht mehr reizen.

Wann haben Sie angefangen, Komposition an einer Hochschule zu studieren? Auch mit dreizehn?

Nein, erst als ich mein Klarinettenstudium beendet hatte, nach den zwei Jahren Meisterklasse in Amerika. Dann erst bin ich 1997 zu Wolfgang Rihm gekommen. Davor hatte ich bei Wilfried Hiller und Hans Werner

Henze Unterricht. Hiller unterrichtete am damaligen Richard Strauss Konservatorium in München. Henze hat damals die Münchner Biennale gemacht und war deshalb viel in München. Aber ich war meistens in Rom. Oder anfangs in Montepulciano.

Irgendwie muss doch auch dieser Kontakt erst einmal hergestellt worden sein.

Unsere Schule, das musische Pestalozzi-Gymnasium, wurde von der Biennale, also von Henze selbst, gefragt, ob wir uns nicht vorstellen könnten, eine Art Schuloper zu machen – in unserer Turnhalle im Rahmen der Biennale. In der Schule hatte sich herumgesprochen, dass ich komponierte, und so bekam ich den »Auftrag« als damals 16-Jähriger, eine etwa 90-minütige Oper zu schreiben. Das war natürlich krass. Da bin ich beinahe durch das Schuljahr gerasselt: Ich hatte vier Fünfer im Zwischenzeugnis! Ein paar davon hatte ich bis zum Ende des Schuljahrs weg, aber es war knapp, und ausgerechnet in den Fächern, in denen mein Vater sehr gut war, blieb es bei der Fünf. Aber für Musik hatte er zum Glück immer Verständnis.

Hat Henze sich schon vor der Aufführung eingeschaltet, oder wurden Sie vollständig ins kalte Wasser geworfen?

Das war die Oper mit der schon erwähnten Ouvertüre, in der er Dynamik und Artikulation ergänzt hat. Wir waren beide der Meinung, die Arbeit fortzusetzen. Trotzdem hatte ich mit vierundzwanzig noch das Bedürfnis, regulär Komposition an einer Hochschule zu studieren. Ich wollte zu Lachenmann oder Rihm. Es war Zufall, dass es Rihm wurde. Ich kannte Ulrich Dibelius[1] und Günter Bialas[2], der noch mit 85 Jahren zu allen Aufführungen kam und lobte oder ganz vorsichtig konstruktive Kritik äußerte, die einem wirklich geholfen hat. Generell gab er den Ratschlag, das alte Stück so zu lassen, aber im nächsten Stück aufzupassen. Als er starb, war das für mich ein ganz herber Verlust. Ich hatte zwar nie offiziell Unterricht bei ihm, aber er war als Mensch und Lehrer für mich sehr, sehr wichtig, ein großväterlicher Freund. Nach der Beerdigung haben wir noch in seinem Haus gefeiert. Ja, gefeiert, denn so war er. Ich glaube, es war bei dieser Feier, als Dibelius mir riet, doch einmal nach Karlsruhe zu Rihm zu fahren. Auch er meinte, ich hätte zwei Möglichkeiten, aber ich fuhr nach Karlsruhe. Das wurden zwei sehr wichtige Jahre für mich. Eigentlich bei Rihm offiziell nur eines, denn im ersten Jahr war Rihm am Wissenschaftskolleg in Berlin und wurde durch Heiner Goebbels[3] vertreten, der mich dazu gebracht hat, mein erstes elektronisches Stück zu machen: eine Tortur, aber wunderbar. Er hat mich zu meinem Glück gezwungen. Mit Rihm begann eine richtige Freundschaft, bei der der Unterricht nicht mit dem letzten Unterrichtstag zu Ende war. Seit damals hat er diese ungeheuere Menge an Klarinettenstücken für mich komponiert. Noch heute schicken wir uns gegenseitig unsere neuesten Sachen und warten auf den Kommentar des anderen.

Bei diesem so wichtigen Schritt haben Sie einerseits auf einen guten Ratgeber gehört, andererseits sind sie ihrer inneren Stimme gefolgt. Können Sie Tipps geben, wie man als Student das Studium gestalten sollte? Sind internationale Erfahrungen wichtig?

Meine erste Reaktion auf Ihre Frage war eigentlich, dass ich gar keine guten Ratschläge geben kann. Ich werde es trotzdem versuchen, auch wenn es naiv und klischeehaft klingt: dass man wirklich seiner eigenen Stimme glaubt, auch wenn sie bei einem jungen Menschen noch gar nicht so ausgeprägt sein kann. Fehler machen – was ich vorhin über die tiefen Flöten gegen die drei Posaunen gesagt habe –, aber offen sein, um genau daraus zu lernen und sich zu verändern. Wichtig finde ich Selbstvertrauen und vor allem Eigeninitiative! Wenn ich dem Lehrer nichts anzubieten habe, kann der so gut sein, wie er will. Es wird nie was! Ich muss die Übung, die mir gesagt wird, weiterdenken. Ich glaube, selbst bei gut ausgebildeten Spielern bisweilen solch ein Nicht-Weiterdenken zu hören. Da gibt es Leute, die ernähren sich förmlich davon, auf Kurse zu rennen, aber sie merken nicht, dass sie sich seit fünf Jahren oder noch länger im Kreise drehen. Es ist entscheidend, dass man seine Individualität entdeckt. Es gibt zwar ein paar Rezepte, die für jeden funktionieren, aber das Wichtigste ist es, individuelle Wege zu entdecken. Nur das Besondere weckt Interesse, nicht das, was alle machen.

Reden wir über ein paar »Rezepte«. Wie ist es mit Beziehungen?

Ja, das geht schon mit den ersten Freunden los, es geht weiter in der Hochschule mit den Kommilitonen. Der Mensch ist ein soziales Tier. Karriere ist auch eine Frage der Kommunikation, der Vernetzung untereinander. Man lernt sich kennen und macht etwas miteinander, weil man sich musikalisch versteht.

Wie denken Sie über Wettbewerbe? Sind sie sinnvoll, oder sind sie in erster Linie ein Schaurennen, bei dem der gewinnt, der die stärksten Nerven, aber die geringste Sensibilität hat? Oder der, der die meisten Jurymitglieder kennt?

Sehr gespalten. Einerseits finde ich Wettbewerbe gut, weil sie die Gelegenheit bieten, sich zu erproben. Man kann einen ganzen Sommer oder auch ein ganzes Jahr lang ein Riesenprogramm vorbereiten. Und in immer mehr Wettbewerben wird Neue Musik verlangt – nicht nur als Feigenblatt, sondern weil es wirklich zu einem modernen Musiker gehört. Meist entsteht erst über den Umweg eines Wettbewerbs die Begeisterung für Neue Musik, weil man merkt, dass das ja wirklich verlangt wird. Andererseits befinde ich mich, wenn ich Juror in einem Wettbewerb bin, oft in einem Dilemma: Der Preisträger kann jemand sein, mit dem niemand aus der Jury wirklich glücklich ist.

Weil es ein Kompromisskandidat ist?

Letztlich ja. Weil er niemandem wehgetan hat und ihn niemand ausgeschlossen hat. Die Leute, die wirklich etwas zu sagen haben, ecken schon auch mal an, was bei einigen Jurymitgliedern zu Ablehnung führt. Manchmal frage ich mich deshalb, ob ein Wettbewerbsergebnis wirklich die Qualität der Bewerber widerspiegelt. Ich habe hier in Freiburg einen internationalen Klarinettenwettbewerb gegründet, bei dem am Ende eine Person leer ausgegangen wäre, was ich aufgrund des Gesamtverlaufs des Wettbewerbs so falsch gefunden habe, dass ich kurzerhand selber noch einen Preis gestiftet habe. Sie sehen, irgendetwas in mir lehnt Wettbewerbe in der Musik ab, aber dennoch denke ich, dass sie nötig sind.

Meine nächste Frage ist etwas provokant formuliert: Haben Sie auch deutsche Studenten? Oder weniger provokant gefragt: Kann es sein, dass die deutschen Bewerber im Durchschnitt schlechter vorbereitet sind als zum Beispiel asiatische?

Da sprechen Sie ein Grundproblem unserer Jugendausbildung an. Vor der Hochschule geschieht leider oft zu wenig. Bei uns Bläsern kamen die Interessenten früher aus den Blaskapellen. Davon gibt es immer weniger – also kommen an den Hochschulen auch weniger Bewerber an. In den Aufnahmeprüfungen stehe ich wieder vor einem ähnlichen Dilemma wie in Wettbewerben: Soll ich den zehnmal besser vorbereiteten Asiaten nehmen, der in *dieser* Prüfung wirklich gut spielt, oder den wahnsinnig faulen, aber irgendwie irre begabten deutschen Studenten, von dem ich nur *hoffen* kann, dass er bald anfängt zu üben und den Ernst der Lage begreift? Bei manchen kann ich mich darauf gefasst machen, dass ich ganz viel reparieren muss, bevor überhaupt eine künstlerische Leistung erbracht wird. Ich frage mich manchmal, was bei uns in der westlichen Herangehensweise eigentlich schief gelaufen ist...

... dass zwischen 8 und 18 Jahren so wenig geschieht, außer man hat Glück.

So etwas wie den von Barenboim in Berlin gegründeten Musikkindergarten gibt es halt viel zu wenig. Ich habe da auch einmal mitgemacht und drei- bis sechsjährigen Kindern neue Spieltechniken auf der Klarinette vorgeführt. Die waren ausgezeichnet vorbereitet und kannten die Kla-

rinette schon. Diese glänzenden Kinderaugen bei Klappen- und Luftge-
räuschen bleiben mir unvergesslich. Ich möchte das auf jeden Fall bald
wieder machen. Hier in Freiburg war ich in drei sechsten Klassen – ein
wirklich schwieriges Alter. Auch da habe ich die Klarinette mitgebracht.

**Wie haben die auf die modernen Spielweisen reagiert? Fanden die das
nicht »cool«?**

Manche haben sich die Ohren zugehalten, als ich meine Klarinettenfanta-
sie gespielt habe, manche haben geschrien: »Hässlich!« Aber zum Glück
gab es eine starke Fraktion, die die Störer gebremst hat. Zum Schluss
waren die wirklich dabei. Als ich »Artist-in-Residence« bei den Salzburger
Festspielen war, haben mich Schüler zwei Wochen lang ständig begleitet.
Erst waren sie total skeptisch und haben mich gefragt, ob ich nicht auch
»normale« Musik schreiben könne. Meine Gegenfrage war, ob sie tatsächlich meinten, dass ihr Techno-Gestampfe »normal« sei. Daraus entstand
eine schöne Diskussion, und am Ende waren alle so interessiert, dass sie
auch ihre Eltern überredeten, mit zu den Konzerten zu kommen. Also es
gibt schon Impulse, ganz so pessimistisch wie Sie sehe ich die Situation
im Jugendbereich nicht. Die sind schon zu packen.

**Mein »Pessimismus« betrifft nicht die Kinder, sondern das musikalische
Ausbildungssystem *vor* der Hochschule. Als Kind kann man Glück in seiner Ausbildung fast nur in Städten mit einer Musikhochschule haben.
Meine letzte Frage: Welche Eigenschaften sehen Sie als notwendig an, um
den Weg als erfolgreicher Musiker auf dem Podium zu gehen, um »Karriere« im vorhin beschriebenen Sinn zu machen?**

Schon früh eine große Begabung zu zeigen, ist an sich nicht schwer, das ist
ein Geschenk. Aber etwas damit anzufangen, vor allem dieses Anfangsge-
schenk auszubauen, das ist die eigentliche Aufgabe. Die beginnende Karriere – mit all ihren Forderungen, aber auch Verlockungen von außen –
kann zum Stolperstein werden, tatsächlich! Das junge Talent wird durch
den Erfolg so überfordert, dass es aufhört, an sich zu arbeiten. Durch eine
Wunderkind-Kindheit bleibt menschlich unter Umständen etwas auf der
Strecke, was irgendwann beim erwachsenen Musiker auch in der Musik
fehlt. Der entscheidende Punkt für die Karriere ist die innere Entwicklung des Künstlers. Und die läuft bei niemandem immer geradeaus. Jeder
macht da Fehler.

**Würden Sie sogar so weit gehen zu sagen, dass diese innere Entwicklung
die eigentliche Legitimation für eine Karriere ist?**

Wenn es so läuft, ist es der Idealfall! Dabei gibt es vor allem immer wieder
Krisen, die einen zwingen, noch einmal alles von vorn zu durchdenken,

noch einmal von vorn zu beginnen. Solche existenziellen Krisen kann ich jedem Künstler nur wünschen. Die sind es, die einen wirklich weiterbringen. Wenn Studienzeiten immer weiter verkürzt werden, nimmt man den begabten Musikern etwas ganz Wichtiges: die Möglichkeit, auch einmal ein Jahr lang in die Irre zu laufen und sich dadurch zu finden. Wenn wir über Karriere sprechen – oder nennen wir es anschaulicher »Laufbahn« –, dann ist es notwendig, auch gegen einen Baum laufen zu dürfen.

Und sich davon wieder zu erholen…

Ja, dafür braucht man nämlich Zeit: Man muss den Kopf wieder aus der Schlinge bekommen, reflektieren, was falsch gewesen ist, den Kurs neu ausrichten…

… und sich eine neue Schlinge suchen…

Ja, dadurch lernt man, was man eigentlich wirklich will und was nicht. Die »Laufbahn« ist kein vorgefertigter Weg. Sie sieht für jeden anders aus.

Wie der Titel eines Orchesterstücks von Luigi Nono: *No hay caminos – hay que caminar*[4] nach einer Inschrift eines Klosters aus dem 13. Jahrhundert.

Ja, in diesem Sinne!

Anmerkungen

Die Legende: Paul Badura-Skoda, Klavier

1 Karl Leimer, *Modernes Klavierspiel nach Leimer-Gieseking*, Mainz 1931.

2 Nobuyuki Tsujii, geb. 1988.

3 Insofern treffen »spielen«, »play« bzw. »jouer« die Tätigkeit des guten Musikers besser als »toccare«, »toccar« bzw. »toucher«. Interessant ist, dass die französische Sprache beide Möglichkeiten bietet. (Michael Wessel)

4 Jenö Takács, österreichischer Komponist ungarischer Abstammung, geb. 1902 in Siegendorf, gest. 2005 in Eisenstadt.

5 in: *Gaspard de la Nuit*.

6 Eva und Paul Badura-Skoda, *Interpreting Mozart. The Performance of His Piano Pieces and Other Compositions*, New York (u. a.) 2008, S. 41, 42, 378: »piano without pedal«

7 Eva und Paul Badura-Skoda, a. a. O 2008.

8 Karl Böhm (1894–1981), österreichischer Dirigent, wurde bekannt, als er 1934 bereitwillig die Nachfolge des von den Nationalsozialisten aus politischen Gründen zum Rücktritt und zur Emigration gezwungenen Fritz Busch an der Dresdner Semperoper antrat. Nach dem »Anschluss« Österreichs an das Deutsche Reich 1938 dirigierte er das »Erste festliche Konzert im neuen Deutschen Reich« in Wien und begrüßte das Publikum mit Hitlergruß. Zur Einleitung ließ er das Horst-Wessel-Lied spielen. 1943 wechselte er aus dem bombenzerstörten Dresden an die Wiener Staatsoper als deren Direktor. 1945 wurde er mit Berufsverbot belegt, dirigierte aber bereits zwei Jahre später wieder in Berlin und Wien. 1955–56 wurde er noch einmal Direktor der Wiener Staatsoper, musste den Posten aber nach heftigen Protesten des Publikums aufgeben. Bekannt insbes. für seine aus heutiger Sicht zu glatten Mozart-Aufnahmen.

9 George Szell (1897–1970), amerikanischer Dirigent ungarischer Abstammung. Chefdirigent u. a. an der Staatsoper Berlin, RSO Berlin, Cleveland Orchestra, New York Philharmonic.

10 Gesammelt und herausgegeben von Imre Ormay, Leipzig 1961, 63, 67, 69 und Budapest 1969

11 Österreichischer Geiger (1915–2002) bzw. italienischer Cellist (1897–1976).

Der Visionär: Pierre-Laurent Aimard, Klavier

1 »Das ist das Universum des Liedes! Die zum Ausdruck gebrachten oder verborgenen Bedeutungen.«

Der Empfindsame: Hartmut Höll, Liedgestaltung und Kammermusik

1 Mitsuko Shirai, japanische Sängerin, Professorin an der Hochschule für Musik Karlsruhe.

2 aus: Robert Schumann, *Liederkreis nach Eichendorff* op. 39.

3 »Und meine Seele spannte / weit ihre Flügel aus, / flog durch die stillen Lande, / als flöge sie nach Haus.«

4 Internationaler Hugo-Wolf-Wettbewerb 1973 in Wien.

Der Magier: Christian Tetzlaff, Violine

1 Jouni Kaipainen, geb. 1956.

2 Esa-Pekka Salonen (geb. 1958), finnischer Dirigent und Komponist. Chefdirigent des London Philharmonic Orchestra und Ehrendirigent der Los Angeles Philharmonic.

3 Kammermusik-Festival Heimbach »Spannungen« unter Leitung von Lars Vogt, veranstaltet vom Kunstförderverein Kreis Düren.

4 Das LaSalle Quartett wurde 1946 gegründet und 1988 aufgelöst. Walter Levin (geb. 1924) war die ganze Zeit dabei. Das Quartett spielte sowohl das gesamte Standardrepertoire als auch mit großem Einsatz Werke der Moderne (Zweite Wiener Schule, Ligeti, Nono).

Die Charismatische: Tabea Zimmermann, Viola

1 Antje Weithaas und Daniel Sepec, Geige, und Jean-Guihen Queyras, Violoncello.

2 Anmerkung von Tabea Zimmermann: Technisch betrachtet möchte ich (fast) jeden Ton als Vorbereitung für den nächsten sehen. Bei optimaler Vorbereitung der kleinsten Bewegungen kann ich sehr viel mehr Energie in den musikalischen Ablauf bringen und eine größere »Abspielgeschwindigkeit« der langsam erarbeiteten Zusammenhänge erreichen. Es geht schlicht viel weniger Energie verloren. Dies gehört zum Thema »gegen die Schwerkraft spielen«. Je nach Saitenlage und musikalischer Aussage muss ich mir »oben und unten« nämlich neu zurechtdenken. Am Beispiel von Bachs Cellosuite Nr. 4: Die wiederkehrenden Bässe auf 1 sollen natürlich auch auf der Bratsche als Fundament für den ganzen Takt zu hören sein. Von der Bewegung des Bogenarms her findet allerdings ein dem Cellospiel umgekehrter Ablauf statt. Unsere tiefste Saite ist für den Bogenarm die höchste und am schwersten zu erreichende. Spätestens beim Einstudieren dieses Werkes wird sich der Bratscher Gedanken über seine sogenannte Haltung machen müssen, da es sonst nicht zu einem befriedigenden Klangergebnis kommen kann.

3 George Neikrug (geb. 1919 in New York), Cellist, Schüler u.a. von Emanuel Feuermann, Professor u.a. in Frankfurt und Detmold, dort eine einzigartige Professur für *sämtliche* Streichinstrumente. Bei ihm wurde Üben zum reflektierten Unterrichtsgegenstand.

4 Anmerkung von Tabea Zimmermann: Zur Haltung: Meiner Meinung nach gibt es *keine* gute Bratschenhaltung! Es gibt nur die bestmögliche dynamische Balance unter Einbeziehung vieler Faktoren: Körpergröße, Größe des Instruments (bei uns variiert das ja bis zu 8 cm!), Wölbung der Instrumentendecke und Krümmung des Stegs, Länge der Arme, Beweglichkeit der Finger, und nicht zuletzt des Repertoires (ich brauche nämlich eine andere Grundhaltung für solistische Anforderungen in den höchsten Lagen als für die »Mittelstimmennormalität« in den unteren Lagen). Unter »dynamisch« möchte ich verstehen, dass ich meinen Körperschwerpunkt verlagern darf – und muss! – um zu jeder Zeit den bestmöglichen Kontakt zwischen Bogen und Saite herstellen zu können.

5 Anmerkung von Tabea Zimmermann: Sehr beliebt sind bei mir (sowohl beim eigenen Üben als auch im Unterricht) die Basisbewegungen von Kreis, Halbkreis und liegender Acht, die allen Bogenbewegungen zugrunde liegen:

Kreis Übung Abstrich: Bogen am Frosch auf die Saite legen, in Spannung verharren, einen schnellen, kurzen Ton mit Entspannung zum Klingen bringen und mit dem Schwung der Attacke zur Ausgangsposition zurückkommen. Kurzes Nachdenken bei liegendem Bogen – und wieder von vorn. Dasselbe gibt es im Aufstrich: Bogen an der

Spitze aufsetzen und gespannt verharren; schneller Aufstrich durch die Luft, großer Kreis, mit Schwung zurück und wieder im Ansatz verharren. Oft wiederholen. Die *Halbkreisübung* setzt sich zusammen aus je einem Abstrich und einem Aufstrich. Ziel der Übung ist es (wie ich es fast immer formulieren würde), bei minimalem Aufwand ein maximales Klangergebnis zu erzeugen. Es soll erlernt werden, die Saite so schnell und effektiv wie möglich in Schwingung zu versetzen. »Maximal« heißt in dem Fall nicht »so laut wie möglich«, sondern »so effektiv wie möglich«. Für einen stets vollen, aber nie gedrückten Klang ist es sehr wichtig, die Rundung der Bogenstange nachzufahren und eben nicht die gerade Linie der Bogenhaare. Hier sehe ich persönlich eine ganz große Schwäche der »normalen« Streicherausbildung. Der Bogen singt heute so selten, obwohl doch das gerade seine Stärke sein kann.

6   Anmerkung von Tabea Zimmermann: Eines meiner Lieblingsprinzipien: Gegen die Schwerkraft üben! Ich persönlich finde Übeanweisungen für Streicher mit der Vorgabe von mehr und mehr Gewicht überhaupt nicht empfehlenswert. Das komplizierte Verhältnis von schwerem Bogenfrosch bei angewinkeltem Arm und leichter Bogenspitze bei gestrecktem Arm bringt nur noch viel größere Klangunterschiede. Meist sind sie dann aber technisch bedingt und eben nicht musikalisch gewünscht. Mein Ziel ist es, je nach musikalischem Kontext mit der Schwerkraft oder aber gegen die Schwerkraft spielen zu können. Der Hörer soll nur die Musik hören, nicht aber sehen müssen, wie ich versuche, das Ergebnis zu erreichen. Dies darf nur den Insidern vorbehalten bleiben. Man sollte nicht den Eindruck haben, dass etwas schrecklich schwer zu spielen ist, es sei denn, dies ist Teil der musikalischen Aussage.

Übung: 1. Schritt (mit der Schwerkraft): laaaanges Crescendo im Aufstrich, ebenso langes Diminuendo im darauffolgenden Abstrich. Mit der Klangvorstellung dieser Übung die Variante probieren: 2. Schritt (gegen die Schwerkraft): langes Crescendo im Abstrich und ebenso langes, fast endloses Diminuendo im Aufstrich.

7   Anmerkung von Tabea Zimmermann: Wichtige Übungen:

1) Triller im weitesten Sinne, also nicht nur kleine oder große Sekunden, sondern alles, was in einer Lage (auch gestreckte Lagen) auf einer Saite abwechselnd wiederholt werden kann.

2) Unabhängigkeitsübungen für Finger und Kopf: Doppelgriffe! Aber auch 2 gegen 3 o. ä. auf 2 Saiten. Wunderbar zu kombinieren sind bei uns Streichern horizontale und vertikale Bewegungen. Z. B.: 2. Finger auf der D-Saite rutscht langsam von *f* nach *fis* in Duolen, während die 1. und 3. Finger auf der G-Saite dazu *a* und *c* in Triolen spielen.

3) Wunderbare Unabhängigkeitsübung und Test für gute Geläufigkeit: lautes Lesen eines Zeitungsartikels bei wiederholter Lagenwechselübung o. ä.

4) Rhythmus in den Fingern scheint mir auch ein Thema zu sein, welches etwas unterbelichtet ist. Rhythmisches Aufheben der Finger üben! Der fallende (weil sofort klingende) Finger wird leider mehr beachtet als der aufhebende Finger. Bei der Abwärtstonleiter bitte alle Finger stumm aufsetzen (auf die richtigen Halbtöne) und dann schnell abspielen. (Das regelmäßige Aufheben kann kontrolliert werden, indem z. B. eine leere CD-Packung über die Finger gehalten wird und die Knöchel regelmäßig klappern müssen.)

8   Anmerkung von Tabea Zimmermann: Oberstes Übeprinzip: Qualität vor Quantität. Elisabeth Schwarzkopf sagte: »nicht lauter als schön singen«, das trifft es für mich sehr gut. Ein Tempo, auch wenn es vom Komponisten »vorgeschrieben« ist, hat meiner Meinung nach keine Qualität, solange die darin vorkommenden Schwierigkeiten nicht gemeistert sind. Ich nähere mich jedem Tempo langsam und stetig an: einem schnellen Tempo von unten und einem extrem langsamen Tempo von oben. Was langsame Tempi betrifft, gilt für mich auch das Prinzip »Qualität vor Quantität«, und das bedeutet, dass ich beim Annähern die (lange) Phrase erst einmal versuche zu erkennen und im gemächlichen, aber eben etwas zu schnellen Tempo mir einen Überblick verschaffe. Erst wenn ich die langen Bögen auf einem Bogen schaffe, werde ich versuchen, noch langsamer und gedehnter zu spielen.

9   Bruno Mantovani (geb. 1974 in Châtillon-sous-Bagneux) studierte Klavier, Schlagzeug und Jazz am Konservatorium von Perpignan und besuchte ab 1993 das Conservatoire de Paris, das er mit fünf ersten Preisen abschloss. An der Universität Rouen studierte er Musikwissenschaft und nahm 1998–1999 Kurse in Informatik und Instrumentation am Ircam in Paris. Für *Concerto pour violon et Turbulences* erhielt er 1999 den ersten Preis im Kompositionswettbewerb der Stadt Stuttgart, für *D'un rêve parti* 2001 den *Gaudeamus* in Amsterdam. Er bekam 1997 ein Kompositionsstipendium der *Académie des Beaux-Arts*, 1999 ein Stipendium der *Fondation Nadia et Lili Boulanger* und 2000 den *Prix Hervé Dugardin*. 2007 wurde Mantovani mit dem Belmont-Preis für zeitgenössische Musik ausgezeichnet.

10   Anmerkung von Tabea Zimmermann über das Üben von Einzelstellen:

1) Bei Moshe Feldenkrais angelehnt: Problem erkennen, vereinfachen und verallgemeinern, dann erst verkomplizieren und spezifizieren, am Ende zurück in den Kontext führen. 2) Wichtig erscheint mir, stets bewusst zu handeln. Es sollte mir vorher klar sein, ob ich eine Stelle übe und sie damit aus dem Kontext nehme, oder ob ich versuche, sie in den Kontext zurückzuführen, und sie (möglichst) ohne Unterbrechung in stetig wachsendem Tempo wiederhole. 3) Das Erkennen eines Problems gibt mir immer wieder neue Möglichkeiten, mein technisches Repertoire zu erweitern, denn ich übe so gut wie nie nur die eine Stelle, sondern immer auch verwandte Themen.

11   Nicolai Roslawetz (1880–1944), russischer Komponist: 2 Sonaten für Viola und Klavier.

12   Anmerkung von Tabea Zimmermann: Beim Üben ist es wichtig, immer zu variieren. Zunächst einen Takt pro Bogen, um eine musikalisch sinnvolle Bogengeschwindigkeit pro Toneinheit festzulegen. Man muss sozusagen die Durchschnittsgeschwindigkeit für jedes Stück ermitteln. Hier erlebe ich oft, dass Streicher meinen, mehr Bogen sei mehr Klang. Bei zu schnellem Strich geht aber viel Klangqualität verloren. Erst nachdem die »Durchschnittsgeschwindigkeit« ermittelt wurde, werden allmählich Artikulationen hinzugefügt. Bei steigendem musikalischen Anspruch sollte die Bogengeschwindigkeit zunehmend variiert werden. Im Idealfall gibt es dann die zuvor ermittelte Durchschnittsgeschwindigkeit nie auf längerer Strecke.

Für die linke Hand: z. B. eine Kantilene erst singen – bitte auf einem langen Atem mit wenig Luft im Klang, dann mit einem Finger auf einer Saite spielen und die Vorstellung präzisieren. Erst danach weitere Schwierigkeiten wie Lagenwechsel, Fingerwechsel, Saitenwechsel, Bogenwechsel hinzufügen.

13   Anmerkung von Tabea Zimmermann: Üben mit Metronom halte ich für sehr wichtig, aber es sollte bewusster eingesetzt werden, als dies meist der Fall ist. Bei klassischen Werken empfiehlt sich, den Metronomschlag als Synkope einzusetzen, was das eigene Empfinden für den Schlag wesentlich stärker kräftigt, als auf dem Schlag dazu zu spielen. Außerdem beleuchten die Synkopen mehr die unbetonten Taktzeiten, die ansonsten oft zu unbedeutend gespielt werden.

14   Sándor Végh (1912–1997), österreichischer Dirigent und Geiger ungarischer Abstammung. Mit seinem Streichquartett, dem Végh-Quartett, spielte er weltweit u. a. sämtliche Quartette von Beethoven und Bartók. Er konzertierte regelmäßig mit Pablo Casals und leitete die Salzburger Camerata academica.

15   Gidon Markowitsch Kremer (lettisch Gidons Kremers), geb. 1947 in Riga, lettischer Geiger deutsch-jüdischer Abstammung, Schüler von David Oistrach.

Der Spontane: Jean-Guihen Queyras, Violoncello

1   Pierre Boulez, *Messagesquisse* (1976/77) für Cello solo und 6 Celli, UA 1977 mit Pierre Pénassou.

2   Bernard Greenhouse (1916–2011), legendärer amerikanischer Cellist und Mitbegründer des Beaux Arts Trio.

3   Internationaler Klavierwettbewerb Ferruccio Busoni in Bozen seit 1949.

4   Rostropowitsch-Wettbewerb der Stadt Paris unter Vorsitz von Mstislaw Rostropowitsch 1977, 1981, 1986, 1990, 1994, 1997 und 2001. Queyras erhielt 1986 den »Jeanne-Marx-Preis« und 1990 den Preis für die beste Interpretation von Messiaens *Quatuor pour la fin du temps*.

Die Grande Dame der Oper: Inge Borkh, Sopran

1   August Everding (1928–1999), u. a. Intendant der Hamburger Staatsoper und der Bayerischen Staatsoper München, ab 1982 Generalintendant der Bayerischen Staatstheater. Gründer der Bayerischen Theaterakademie.

2   Dimitri Mitropoulos (1896–1960), griechischer Dirigent und Pianist. Studium u. a. bei Busoni. 1921–25 Assistent Erich Kleibers an der Staatsoper unter den Linden in Berlin. 1930 Konzert mit den Berliner Philharmonikern mit Prokofiews 3. Klavierkonzert, das er vom Klavier aus dirigierte. 1936 Debüt beim Boston Symphony Orchestra. Amerikanischer Staatsbürger. 1951–58 Musikdirektor des New York Philharmonic Orchestra als Nachfolger von Bruno Walter und Leopold Stokowski. 1954–60 regelmäßiger Gast an der Metropolitan Opera.

3   Heinz Arnold (1906–1994), deutscher Theater- und Opernregisseur. Wurde international bekannt für seine modernen Inszenierungen als Operndirektor der Dresdner Staatsoper. 1950 Opernspielleiter an der bayerischen Staatsoper München.

4   Gian Carlo Menotti: *Der Konsul*. Deutschsprachige Erstaufführung 3. Januar 1951 mit Inge Borkh als Magda Sorel.

5   Ferenc Fricsay (1914–1963), österreichischer Dirigent ungarischer Herkunft. 1949 GMD der Städtischen Oper Berlin und Chefdirigent des RIAS-Symphonie-Orchesters Berlin. 1956–58 GMD Bayerische Staatsoper München. 1959–63 wieder Chefdirigent des RIAS. Er dirigierte die Eröffnungsvorstellung der Deutschen Oper Berlin mit Mozarts *Don Giovanni*, was auch die erste Live-Übertragung einer Oper im deutschen Fernsehen war.

6   Vgl. Michael Wessel: *Die Kunst des Übens*, Wilhelmshaven 2007, S. 421, Gespräch mit Grigory Sokolow.

7   Vgl. Fußnote 8 im Gespräch mit Paul Badura-Skoda, S. 21.

8   Clemens Krauss (1893–1954), österreichischer Dirigent. 1922 Dirigent der Wiener Staatsoper. 1924 Intendant der Frankfurter Oper. 1929 Musikdirektor der Wiener Staatsoper. 1935 Musikdirektor der Berliner Staatsoper. 1937 GMD der Bayerischen Staatsoper München, ab 1939 Leitung des Mozarteums Salzburg. Intimus von Reichsminister Joseph Goebbels, der ihm 1941 die Leitung der Salzburger Festspiele übertrug. 1945 Berufsverbot. Ab 1947 wieder regelmäßig an der Wiener Staatsoper und bei den Bayreuther Festspielen. Einer der bedeutendsten Dirigenten für die Werke Wagners und seines Freundes Richard Strauss, für dessen Oper *Capriccio* er das Libretto verfasste.

9   Concours de Genève: internationaler Wettbewerb vor allem für Klavier und Gesang, die jedes Jahr alternieren; 1939 gegründet. Der erste 1. Preisträger war Arturo Benedetti Michelangeli.

10 Christian Gerhaher, geb. 1969 in Straubing, Professor für Gesang und Oratorium an der Musikhochschule München. ECHO Klassik 2002 und 2004. Neben umfangreicher Tätigkeit im Liedbereich seit 2005 auch ausgewählte Opernproduktionen: 2005 Titelrolle des *Orfeo* (Monteverdi) an der Oper Frankfurt, 2006 Papageno bei den Salzburger Festspielen, 2007 Wolfram (*Tannhäuser*) Oper Frankfurt, Madrid und Wien.

11 Eduard Erdmann (1896–1958), baltisch-deutscher Pianist und Komponist. 1925–35 Professor an der Musikhochschule Köln, tritt aus Protest gegen die Nazi-Repressalien gegen jüdische Kollegen von seinem Amt zurück, wofür er mit Aufführungsverbot für seine Kompositionen belegt wird. Von da an wirkt er nur noch als Pianist. 1950 wird er Professor an der Musikhochschule Hamburg. Einer der bedeutendsten Interpreten der Klavierwerke Schuberts und leidenschaftlicher Büchersammler.

Die Impulsive: Annette Dasch, Sopran

1 Andris Nelsons, Schüler u.a. von Neeme Järvi und Mariss Jansons, wurde bereits mit 24 Jahren Chefdirigent der Lettischen Nationaloper in Riga. 2006 bis 2009 war er Chefdirigent der Nordwestdeutschen Philharmonie Herford. In dieselbe Zeit fallen seine Debüts bei allen bedeutenden Orchestern der Welt, u.a. Deutsche Oper Berlin, Wiener Philharmoniker, Metropolitan Opera New York, Staatsoper Unter den Linden, Berliner Philharmoniker, Concertgebouw Amsterdam. 2010 folgte sein Debüt bei den Bayreuther Festspielen mit Richard Wagners *Lohengrin* in der Inszenierung von Hans Neuenfels.

2 Hans Neuenfels, geb. 1941, Theater- und Opernregisseur, auch Schriftsteller, Dichter, Filmemacher und Librettist. Viele seiner Inszenierungen waren Publikumsskandale. Sprichwörtlich ist seine Inszenierung von Verdis *Aida* 1980 an der Oper Frankfurt, in der er die Titelrolle als Putzfrau zeigte.

3 Fabio Luisi, geb. 1959 in Genua, einer der bedeutendsten Dirigenten seiner Generation. U.a. Chefdirigent des MDR-Sinfonieorchesters 1996–2007, des Orchestre de la Suisse Romande (1997–2002) und der Sächsischen Staatskapelle Dresden (2007–2010). Ab 2012 ist er GMD am Opernhaus Zürich und vertritt den erkrankten James Levine an der Metropolitan Opera New York.

Der Grenzgänger: Kai Wessel, Countertenor

1 René Jacobs (geb. 1946 in Gent), belgischer Dirigent und Countertenor. 1977 Gründung des »Concerto vocale Gent«. Spezialist für Alte Musik und Opern des Barock.

2 Klaus Huber, »*Die Seele muss vom Reittier steigen und gehen auf ihren Seidenfüßen*« *nach einem Gedicht von Mahmoud Darwisch, Ramallah.* Für Cello, Bariton, Contratenor und 2 Orchestergruppen, UA am 20. Oktober 2002 in Donaueschingen mit Kai Wessel.

3 Isabel Mundry (geb. 1963), *Ein Atemzug – Odyssee*. UA Deutsche Oper Berlin 2005

4 Agostino Steffani (1654–1728), *Orlando generoso*, UA Hannover 1691. Wiederaufführung beim Musikfestival Herrenhausen Barock 2008.

5 Philippe Herreweghe, geb. 1946 in Gent, belgischer Dirigent, Spezialist für Alte Musik und Historische Aufführungspraxis. 1970 Leiter des Collegium vocale Gent. Außerdem Leiter des Orchestre des Champs-Elisées, Paris.

6 Barbara Schlick, geb. 1943 in Würzburg. Interpretin barocker und klassischer Musik. Seit 1999 Professorin an der Musikhochschule Köln, Abteilung Wuppertal.

Die Disziplinierte: Gaby Pas-Van Riet, Querflöte

1 Jean-Pierre Rampal (1922–2000), einer der bedeutendsten Flötisten des 20. Jahrhunderts. 1955 Soloflötist an der Pariser Oper. 1968 Professor am Pariser Conservatoire. Wiederentdecker barocker und frühklassischer Literatur für Flöte. Zahlreiche zeitgenössische Komponisten schrieben Werke für ihn, u. a. Francis Poulenc, Jean Françaix, André Jolivet und Krzysztof Penderecki.

2 André Jolivet (1905–1974), französischer Komponist. Schüler von Edgar Varèse, gemeinsam mit Olivier Messiaen an der Spitze der Avantgarde-Gruppe Jeune France. 1945–59 Leitung der Comédie Française. Ab 1966 Professor für Komposition am Pariser Conservatoire. Er verarbeitete Einflüsse indischer und arabischer Musik, ritueller südostasiatischer Musik und des Jazz. Sein Stück *Chant de Linos* für Flöte und Klavier stammt von 1944.

3 Peter-Lukas Graf (geb. 1929 in Zürich), einer der bedeutendsten Flötisten und Lehrer des 20. Jahrhunderts. Erster Preis beim ARD-Wettbewerb. Seit 1973 Dozent für Flöte an der Musikakademie der Stadt Basel. Er gibt internationale Meisterkurse und ist regelmäßiger Juror bei internationalen Wettbewerben.

Der Erfahrene: Ingo Goritzki, Oboe

1 Aurèle Nicolet (geb. 1926 in Neuchâtel) ist ein schweizerischer Flötist. Wilhelm Furtwängler holte ihn 1950 als Soloflötisten zu den Berliner Philharmonikern, denen er bis 1959 angehörte. 1952–1965 war Nicolet Professor an der Hochschule für Musik in Berlin und 1965–1981 Leiter der Meisterklasse in Freiburg.

2 Gustav Scheck (geb. 1901 in München, gest. 1984 in Freiburg im Breisgau) war Flötist und spielte in zahlreichen deutschen Orchestern, u. a. an der Hamburger Staatsoper. 1934–1945 lehrte Scheck an der Berliner Musikhochschule, ab 1942 als Professor. Nach dem Zweiten Weltkrieg wurde er gemeinsam mit Wilibald Gurlitt zum Mitbegründer der Hochschule für Musik Freiburg, deren Direktor er zwischen 1946 und 1964 war. Der international renommierte Solist Scheck wurde zum Lehrer zahlreicher Flötisten, darunter Hans-Martin Linde. Gustav Schecks 1975 publiziertes Buch *Die Flöte und ihre Musik* ist bis heute eines der Standardwerke der Querflötenliteratur.

3 *A Conversation with Bruce Duffie* (1997): www.bruceduffie.com/goritzki2.html

4 Helmut Winschermann (geb. 1920 in Mülheim an der Ruhr) studierte in Essen und in Paris und wurde 1939 Oboist im Städtischen Orchester Oberhausen. Bald nach Kriegsende 1945 wurde er Erster Solo-Oboist im Sinfonieorchester von Radio Frankfurt, dem späteren Hessischen Rundfunk (HR). 1948 wurde er als Dozent an die Nordwestdeutsche Musikakademie Detmold berufen und übernahm 1956 die neu geschaffene Professur für Oboe. Er gründete die Kammermusikvereinigung »Collegium Pro Arte«, die er 1954 zum Umwandlung in das »Collegium Instrumentale Detmold« auch selbst leitete. Er unternahm viele Konzertreisen als Solist und Kammermusiker. 1960 gründete er das Kammerorchester »Deutsche Bachsolisten«, das er bis heute leitet.

5 Hans Peter Schmitz (geb. 1916 in Breslau, gest. 1995 in Berlin). 1935/36 Studium der Flöte bei Gustav Scheck in Berlin. Zwei Jahre Soloflötist des Nordmark-Orchesters in Hamburg. Studium der Musikwissenschaft in Halle. 1943–1950 Soloflötist der Berliner Philharmoniker. 1953–1972 Professor für Flöte in Detmold. 1971–1983 Flötenprofessur in Berlin.

6 Klaus Schilde (geb. 1926) verbrachte seine Jugend in Dresden. Er unterrichtete an den Musikhochschulen Detmold und West-Berlin und schließlich in München (1979–1994). Klaus Schilde erhielt seine musikalische Ausbildung u. a. bei Walter

Gieseking, Edwin Fischer, Marguerite Long und Nadia Boulanger. Er erhielt 1947 den
1. Preis beim Internationalen Franz-Liszt-Wettbewerb Weimar; 1948 den 1. Preis beim
Carl-Maria-von-Weber-Wettbewerb in Dresden; 1957 Prix de la Ville de Paris Concours
International Marguerite Long-Jacques Thibaud. Er konzertierte mit führenden europäischen Orchestern, seine Tourneen führten ihn regelmäßig nach Südamerika, Mexico, in
die USA, nach Japan und Korea.

7 Joseph Fiala (geb. 1748 in Lochovice, Böhmen, gest. 1816 in Donaueschingen) war
ein böhmischer Oboist, Cellist und Komponist. 1774 wurde er Oboist in der Kapelle des
Fürsten Ernst von Oettingen-Wallerstein. 1777 wechselte er in die Münchener Hofkapelle. Dort lernte er Wolfgang Amadeus Mozart kennen, mit dem ihn eine lebenslange
Freundschaft verbinden sollte. Vermutlich durch Fürsprache Mozarts wurde Fiala 1778
Mitglied der Kapelle des Erzbischofs Hieronymus von Colloredo-Mannsfeld. Von da an
widmete er sich mehr dem Cellospiel und war 1784 Solocellist in der ersten Salzburger
Aufführung der »Entführung aus dem Serail«. 1785 folgte Fiala Mozart nach Wien. Später war er in St. Petersburg engagiert, bevor er 1792 Violoncello-Virtuose des Fürsten
Benedikt zu Fürstenberg in Donaueschingen wurde.

8 Jost Michaels (geb. 1922 in Hamburg, gest. 2004 in Detmold) wurde zunächst auf
dem Klavier und in Musiktheorie von seiner Mutter, der Komponistin und Pianistin
Ilse Fromm-Michaels (1888–1986) unterrichtet. Als Zwölfjähriger erhielt er bei Richard
Gräfe, dem zu dieser Zeit Ersten Klarinettisten des Philharmonischen Staatsorchesters
Hamburg, Klarinettenunterricht. Mit 20 Jahren wurde er Erster Klarinettist im Städtischen Orchester Göttingen. Nach dem Zweiten Weltkrieg war er von 1945–50 Solo-
Klarinettist im Symphonieorchester des damaligen Nordwestdeutschen Rundfunks in
Hamburg. 1949–1984 lehrte Michaels – ab 1956 als Professor – an der Nordwestdeutschen Musikakademie in Detmold. Michaels trat als Musiker in der gesamten Welt in
Tourneen auf, verfasste mehrere Aufsätze für Fachzeitschriften und zwei Standardwerke
zur Klarinette.

9 Die Cappella Coloniensis ist ein Orchester, das Kompositionen so zu Gehör zu bringen möchte, wie sie nach dem Willen und den Vorstellungen des Komponisten zur Zeit
ihrer Entstehung vermutlich geklungen haben. Seit ihrem Debüt im Jahre 1954 war die
durch den WDR geförderte Cappella Coloniensis weltweit das erste Orchester, das im
Sinne der sogenannten historischen Aufführungspraxis musizierte, allerdings in den
ersten Jahrzehnten noch auf modernen Instrumenten.

10 Paul Sacher (geb. 1906 in Basel, gest. 1999 ebenda) war ein einflussreicher Schweizer Dirigent und Mäzen. Er heiratete die Witwe des Sohnes von Fritz Hoffmann-La
Roche, Begründer des gleichnamigen Pharma-Unternehmens. Die damit verbundenen
materiellen Vorteile erlaubten es ihm, bedeutende, oft auch befreundete Komponisten
wie Béla Bartók, Igor Strawinsky, Anton Webern und Alfredo Casella mit Kompositionsaufträgen zu unterstützen, wodurch er die Musik des 20. Jahrhunderts entscheidend förderte. Die von ihm gegründete Paul-Sacher-Stiftung betreut heute den Nachlass
von Komponisten wie Igor Strawinsky und Anton Webern. Sacher gründete das Basler
Kammerorchester (BKO) und das Collegium Musicum Zürich (CMZ) und leistete als
Dirigent auch viele Uraufführungen der von ihm geförderten Werke. 1933 gründete er
die Schola Cantorum Basiliensis.

11 Edith Picht-Axenfeld (geb. 1914 in Freiburg im Breisgau, gest. 2001 in Hinterzarten)
war eine deutsche Cembalistin und Pianistin. Zu ihren Lehrern gehörten Rudolf Serkin
und zeitweise auch Albert Schweitzer, der sie im Orgelspiel unterwies. Neben ihrer solistischen Tätigkeit, in deren Mittelpunkt die Musik Johann Sebastian Bachs, seiner Söhne
sowie die Kompositionen der Wiener Klassik standen, widmete sie sich mit besonderem
Einsatz zeitgenössischen Werken. Picht-Axenfeld war als Professorin an der Hochschule

für Musik Freiburg auch eine bedeutende Klavierdidaktikerin. Einer ihrer Schüler, der sich später dem Dirigieren und Komponieren zuwandte, war Hans Zender. Sie war mit dem Altphilologen und Religionsphilosophen Georg Picht verheiratet.

Der Komponist und Interpret: Jörg Widmann, Klarinette

1   Ulrich Dibelius (1924–2008), Musikredakteur und Musikkritiker. Autor u.a. des Standardwerkes *Moderne Musik*, Bd. 1: *1945–1965*, München 1966, Bd. 2: *1965–1985*, München 1988.
2   Günter Bialas (1907–1995), Komponist, Professor an der Musikhochschule München.
3   Heiner Goebbels, geb. 1952.
4   »Es gibt keine Wege, aber man muss gehen.«

Abbildungsnachweis

Georgia Bertazzi, S. 62
Marco Borgreve / Deutsche Grammophon, S. 29
Marco Borggreve, S. 80, S. 194
Franz Hamm, S. 45
Sebastian Hoppe, S. 154
Hugo Jehle, S. 120
Daniel Pasche / Sony BMG, S. 136
Guido Sawatzki, S. 167
François Sechet, S. 107
Herbert Vieth, S. 180
Irene Zandel, S. 9